스쿼시의 전략과 전술

윤 태 훈

한양대학교 체육대학원 체육학 박사
스쿼시국가대표 선수 · 코치 · 감독 역임
롯데월드 스포츠부 근무
코오롱 스포렉스 근무
삼성 스포츠단 근무(삼성라이온스, 신라호텔, 삼성레포츠센터)
현) 남서울대학교 스포츠경영학과 교수
대한스쿼시연맹 경기위원장
아시아스쿼시연맹 홍보이사
충남스쿼시연맹 전무이사
문화체육관광부 생활체육 2급· 3급 지도자 심사위원(스쿼시)

스쿼시의 전략과 전술

2012년 8월 25일 초판 인쇄
2012년 8월 30일 초판 발행

지은이 | 윤태훈
발행처 | 남서울대학교 출판국
발행인 | 공정자
주소 | 충남 천안시 서북구 성환읍 매주리 21
전화 | 041) 580-2000
팩스 | 041) 580-2303
홈페이지 | www.nsu.ac.kr
ISBN | 978-89-6324-216-3(93690)

값 15,000원

스쿼시의 전략과 전술

윤태훈 지음

남서울대학교 출판국

CONTENTS

I

스쿼시의 이해

제1장 | 스쿼시 개요

1. 스쿼시 소개

200년 역사와 전통을 갖고 있는 스쿼시는 건강부족 및 스트레스 해소를 위한 박진감 넘치는 경기를 즐기려는 젊은이들뿐만 아니라 모든 이들이 부담 없이 즐길 수 있는 운동이다. 현대인들의 건강관리는 물론 체력 향상과 체중조절, 심폐기능 강화, 순발력, 지구력, 유연성 등을 종합적으로 길러주는 운동으로 전 세계적으로 폭발적인 인기를 끌고 있는 라켓 운동의 대명사라 할 수 있다. 30분의 운동으로 테니스 2시간 정도의 높은 운동효과를 볼 수 있으며 바쁜 시간에 쫓겨 운동부족과 권태로움에 시달리는 현대인들에게 가장 적합한 운동이다. 스쿼시는 가로 6.4m, 세로 9.75m, 전면벽 4.57m, 후면벽 2.13m의 사방이 벽으로 둘러싸인 코트 안에서 2명(단식) 또는 4명(복식)의 선수가 라켓으로 바닥에 바운드되기 전이나 원바운드된 공을 직접 또는 옆벽, 후면벽을 이용하여 공이 앞 벽에 이르도록 교대로 한 번씩 치는 경기로 단식과 복식이 있다.

스쿼시의 묘미는 앞면과 좌우면, 후면 등 직육면체 경기장에서 천장만을 제외하고 다섯 면을 이용한다는 점과 볼의 탄력과 속도가 그다지 빠르지 않지만 많은 힘의 소모와 순발력을 요구하고 매순간 마다 고도의 두뇌회전을 요하는 데 있다. 또한 단위 시간당 운동량이 높아 스트레스 해소와 심폐기능 강화에 더 없이 좋아 바쁜 시간에 쫓기는 도시인들에게 알맞은 스포츠이며 밀폐된 공간에 울려 퍼지는 경쾌한 소리와 함께 정신적 스트레스 해소와 박진감 넘치는 스릴을 맛볼 수 있어 다른 스포츠에서 전혀 느낄 수 없는 특별한 만족을 얻을 수 있는 스포츠 중의 하나이다.

현대인들에게 스포츠 활동은 여가선용을 넘어 필수적 요소로 생활 속의 중심이 되고 있다. 많은 학업과 시간에 쫓겨 운동 부족과 성적부진으로 인한 만성 스트레스 증후군을 호소하는 학생들에게 스포츠는 삶의 활력과 즐거움을 주기 때문이다.

스쿼시는 이러한 시대 변화에 맞추어 발전된 레포츠 개념의 스포츠이다. 쾌적한 실내에서 간편하게 즐길 수 있는 편리성과 짧은 시간에 많은 운동량의 효과로 체내의 지방과 노폐물을 배출하는 장점을 지니고 있다. 또한 실전 경기의 격렬하고 긴장감 넘치는 지능적인 전술로 상대를 교란시켜 결정 샷을 칠 때는 다른 스포츠와는 비교할 수 없는 카타르시스를 만끽하게 해준다.

스쿼시의 박진감 넘치는 경기 중 충분한 운동량은 스트레스와 운동 부족을 해소시켜 심신건강을 가능하게 하는데, 구체적인 효과는 다음과 같다.

① 체력증진 효과가 크다.
② 성적부진으로 인한 스트레스 해소에 적합하다.
③ 상대와의 전술경기를 통해 지능 감각을 만족 시켜준다.
④ 기후와 날씨에 관계없이 전천후로 실내공간에서 간편하게 즐길 수 있다.
⑤ 남녀노소가 부담 없이 참여할 수 있다.
⑥ 간편한 운동용구와 복장으로 손쉽게 참여할 수 있다.
⑦ 짧은 운동시간에 많은 운동량의 효과가 있다.
⑧ 전신운동으로서 근력 강화 및 심폐지구력 향상 등 종합적으로 체력을 증진시킬 수 있다.
⑨ 엄격한 경기규정으로 상대를 존중할 줄 아는 스포츠맨십을 배울 수 있다.
⑩ 학생들에게 정신건강과 육체건강에 많은 도움이 될 것이다.

2. 스쿼시의 기원과 역사

실내 스포츠로 각광 받는 스쿼시(Squash)는 '구석에 밀어 넣다', '공을 일그러뜨리다'란 뜻으로 집중적인 운동이라는 점으로 인해 바쁜 현대인들에게 매력적으로 인식되어

왔다. 스쿼시는 새롭게 창안된 스포츠가 아니라 200년의 오랜 역사와 전통을 가진 스포츠로서 스쿼시 경기는 이 시기에 영국의 플리트(Fleet) 감옥에서 죄수들이 벽으로 둘러싸인 넓은 공간에서 작고 딱딱한 공을 치면서 연습하던 것이 스쿼시 경기의 유래가 되었고, 이후 이 경기는 영국의 공립학교에서 가장 인기 있는 경기가 되었다. 1830년경 이들 학교 중의 하나인 영국의 헤로우 스쿨(Harrow school)에서는 학생들이 작은 공간에서 벽에 부드러운 고무공을 치며 연습을 했고, 이것이 정형화된 스쿼시 경기의 기원으로 믿어진다. 스쿼시라는 이름도 벽에 공을 친다는 'Squashish'에서 유래한 것이다. 1923년에는 부드러운 재질의 공을 공식적으로 사용하게 되었다. 현재 스쿼시는 전 세계적인 스포츠로 5대륙 135개국에서 성행하고 있다. 전통적으로 스쿼시가 강세를 보이는 지역은 미국, 캐나다, 이집트, 영국, 호주, 뉴질랜드, 파키스탄 및 남아프리카공화국이다. 그러나 최근 20년간 독일, 스페인, 네덜란드, 이탈리아, 중동, 말레이시아, 싱가포르, 아르헨티나, 한국 등에서 괄목할 만한 성장을 이루어 왔다.

1) 유럽의 스쿼시 역사

지난 1000년간 사람들은 볼을 이용한 다양한 스포츠를 개발하여 발전시켜오고 있다. 야자열매를 손으로 치던 것이 오늘날의 테니스로 발전했던 것처럼 스쿼시의 기원은 19세기 초 영국의 교도소에서 몇몇의 모범수들이 운동 삼아 벽에 공과 유사한 것을 치던 것에 유래되어 처음에는 '라켓'이란 이름으로 시작되었다.

스쿼시는 "라켓으로 볼을 치다"라는 뜻으로 여가를 즐기는 학생들에 의해 다양한 샷들이 경기에 응용되면서 점차 오늘날의 스쿼시로 발전되었다.

스쿼시에 대한 첫 번째 기록은 1890년 뷰포트 공작이 쓴 배드민턴 도서관의 스포츠와 오락에 나타나 있으며, 첫 번째 프로 스쿼시 챔피언 대회는 1920년 영국에서 열렸다.

행정 구조상의 기운은 처음 독립국가 협회로 '미국스쿼시라켓협회(US Squash Racket Association; USSRA)'가 1907년 창설되었고, 캐나다의 '스쿼시라켓협회'가 1911년에 창설되었으며 종주국인 영국은 1908년부터 '테니스라켓협회'의 산하단체로 활동해오다가 1928년에 독립적인 활동을 시작하였다.

코트의 규격은 길이 18.3m, 넓이 9.1m이었으나 20세기 초 영국 런던의 베스클럽에

만들어진 코트가 표준사이즈(길이 9.75m, 넓이 6.4m)로 선택되었다. 스쿼시의 모든 경기에서 랠리 포인트 득점 방식을 사용하였으나 1926년 이후 새로운 득점방식(hand-in, hand-out system)을 도입해 현재까지도 대부분의 경기에서 득점방식으로 이용하고 있다.

한편, 남자 프로선수권의 경우 경기시간 단축을 위해 1991년부터 랠리 포인트 방식을 사용하고 있다. 세계메이저 대회의 하나인 브리티시 오픈은 남자 경기보다 여자 경기가 1992년에 먼저 개최되었다.

2) 북미의 스쿼시 역사

정확한 연도는 알 수 없지만 북미지역에서 스쿼시의 시작은 1882년 제임스 코너비가 쓴 학교 잡지에서 스쿼시의 내용이 나와 있는 것으로 보아 1882년부터 미국과 캐나다에서 행해진 것으로 추측된다.

초창기 북미 코트는 넓이와 높이가 영국의 코트보다 훨씬 높았다. 공은 호두와 비슷한 크기로 고무로 만들어졌으며 공의 파손을 막기 위하여 추이에 강한 하드볼(Hard Ball)을 사용하였다. 하지만 이 볼은 코드 벽과 라켓 선수들의 관절에도 손상이 많아 그 후 소프트(Soft)한 공으로 바뀌었다.

스쿼시 코트의 규격표준은 1924년에 지금의 코트보다 좁은 5.4m의 코트 넓이로 결정되었으며, 이 규격은 하드볼 경기의 성장과 함께 미국스쿼시라켓협회에 의하여 받아들여졌으며 하드볼 경기는 1980년대 중반까지 오직 미국에서만 행해졌다. 그러나 국제 경기가 계속 개최됨에 따라 많은 사람들에게 국제규격의 볼과 코트가 알려지면서 소프트한 공의 사용이 증가하였다.

이러한 추세에 힘입어 미국스쿼시라켓협회도 표준규격을 인정하게 되고 라켓볼 코트도 스쿼시 코트로 개조하여 현재에는 대부분의 코트가 바뀐 상태이며, 명문 대학인 예일대학과 하버드대학교의 코트도 현재 스쿼시 코트로 전향하는 등 스쿼시 팀이 창설되어 활동하고 있다.

한편, 1907년 이후부터 열린 미국 국내대회는 1960년대까지 남녀 모두 필라델피아와 보스턴 출신의 선수들이 우승을 차지하였으며, 프로선수들의 대회인 US오픈, 브리티시 오픈의 우승자들이 우승을 차지했다.

북미에서는 복식경기도 성행하여 오다가 1933년 첫 미국 국내대회가 개최되었으며 지금은 국제대회도 개최될 정도로 크게 성장하였다.

3) 오세아니아의 스쿼시 역사

호주에서의 스쿼시 발달은 1913년 호주 내의 첫 코트가 멜버른에 설립되었으며, 공식협회는 1934년에야 설립되었다. 호주 내의 모든 스쿼시는 멜버른에서 시작되었다고 해도 과언이 아닐 정도로 모든 스쿼시의 업무 및 대회, 우승자도 멜버른에서 나왔다.

1차 세계대전 이후 뉴 사우스 웨일즈에도 첫 코트가 만들어졌고, 1939년 첫 패넌트 경기가 시드니에서 열렸으며, 1960년대까지 스쿼시가 호주 내에서 급성장하여 호주 전역에 스쿼시 코트가 확대되었다. 히더 맥케이, 제프 헌트 등 세계적인 스타의 발굴로 인해 호주뿐만 아니라 전 세계 대중화에 기여하였다.

그 후 1976년 호주스쿼시라켓협회가 퀸스랜드로 옮겨왔으며, 1990년경부터는 'Squash Australia'로 바꾸어 사용하고 있다.

4) 우리나라의 스쿼시 역사

스쿼시는 국내에 도입된지 10년 만에 누구나 하고 싶어 하는 인기 스포츠 종목 중의 하나로 자리 잡고 있으며 스쿼시의 오랜 역사와 전통에 힘입어 생활체육의 한 부분으로 이미 정착되어 되어 많은 사람들에게 호평 받는 스포츠로서 인식되고 있다.

우리나라의 스쿼시는 1980년대 중반 주한 외국인 전용클럽과 몇몇 대규모의 일류 호텔에서 외국인 투숙객의 편의시설 형태로 소개되었으나 1980년대 후반에 들어 회원제 종합스포츠센터 시설이 등장하면서 보급되기 시작, 이후 퍼블릭 형태(월회원제)의 스쿼시 전용클럽이 서울을 중심으로 오픈되면서 본격화되어 전국적으로 확산 되었다.

도입 당시 국내에서는 다른 운동 종목에 비해 다소 생소했던 것은 사실이나 김원관 회장을 비롯한 최인수, 조규성, 윤태훈 씨 등을 중심으로 1989년 5월 한국스쿼시볼협회(1992년 '현 대한스쿼시연맹'으로 명칭변경)가 창설되면서 각종 대회 유치와 행사개최로 획기적인 전환점을 맞아 전국에 현재 약 350여 개의 전용클럽(1,500개 코트/동호인 1백만)이 성황리에 운영 중에 있으며 또한, 신세대가 가장 하고 싶은 운동 종목으로 스쿼시를 최우선 순위로 꼽을 만큼 선호도가 가장 높은 스포츠로 인정받고 있다.

스쿼시는 1998년 방콕 아시안 게임 정식 종목 채택이후 2002년 부산아시아 경기 대회에 정식종목으로 채택 되었으며 2006년 카타르 도하 아시아 경기대회 정식종목으로 채택되어 아시아경기대회 영구종목으로 자리 잡는 기반을 확립하게 되었다.

1998년 1월 대한체육회 인정종목 경기단체로 승인된 대한스쿼시연맹은 2001년 2월 대한체육회 가맹 경기단체로 승인되었으며 2003년 2월 27일 정 가맹경기단체로 승인되어 엘리트 체육으로 정착을 도모하고 있다.

현재 대한스쿼시연맹은 우수선수를 적극적으로 발굴 및 양성하여 대표팀을 구성하였고 스쿼시를 통한 국위선양을 목표로 우수 전담 코치를 배정하여 2010년 광저우아시아경기대회 메달권 진입을 목표로 과학적이고 효율적인 훈련을 통한 실력향상에 주력한 끝에 아시안게임에서 두 번째 메달을 획득하였다.

대한체육회 공인 5개 국내 선수권 대회 및 연간 최소 5개의 각종 국제대회에 지속적으로 선수를 파견하여 실전경험을 쌓아가고 있다. 한국 스쿼시의 세계무대 진출을 위해 1999년 9월부터 매년 정기적으로 서울국제 코칭 아카데미를 유치하여 국제 코칭 자격을 갖춘 지도자들을 배출하고 있으며 아시아 국제코칭컨퍼런스, 아시아 코칭 크리닉 등 각종 국제 연수회에 지속적으로 국내 우수 지도자를 파견하고 있다.

대한스쿼시연맹은 한국 스쿼시를 이끌어 나갈 우수 지도자 및 심판양성을 위해 전국 산하시도지부별로 연간 2회의 3급 연수를 개최하고 있으며, 대한스쿼시연맹 주최로 2급 지도자, 심판 연수회를 년1회 실시하고 있으며, 현재 스쿼시 선진국에서 세계적 유명선수들을 육성한 코치들을 초청해 "국제 지도자 아카데미"등을 개최 하는 등 국제적 위상을 위한 노력을 경주하고 있다.

2000년부터 국제무대에 두각을 나타낸 한국 스쿼시는 각종 국제주니어대회에서 우승 및 상위권에 입상하는 등 2002년 아시아 챔피언쉽 여자부 3위, 제14회 부산아시아경기대회 동메달, 2004 세계여자프로연맹 주최 캘거리오픈 준우승, 2007 세계남자프로연맹 주최 호주 Naracoorte open 우승, 2009 세계여자프로연맹 주최 China Open 준우승을 차지하였다. 스쿼시 종목은 2004년 제85회 충북전국체전 및 2005년 제86회 울산전국체전 시범종목으로 채택되었고, 2006년 제88회 경북전국체전부터 정식종목으로 채택되었으며, 2010년 남녀고등부 개인전, 남녀일반부단체전, 해외동포 남녀 일반부 개인전이 전국 16개 시 · 도와 10개 해외지부가 참가한 가운데 성황리에 개최되었다.

또한 한국 스쿼시의 세계무대 진출을 위해 1999년 9월부터 매년 정기적으로 서울국제 코칭 아카데미를 유치하여 국제 코칭 자격을 갖춘 지도자들을 배출하고 있고 아시아 국제코칭컨퍼런스, 아시아 코칭 클리닉 등 각종 국제 연수회에 지속적으로 국내 우수 지도자를 파견하고 있다.

아울러 대한스쿼시연맹은 한국 스쿼시를 이끌어나갈 우수 지도자 양성을 위해 1994년부터 하계 · 동계방학 중 년 2회에 걸쳐 정기적으로 3급 지도자 연수회를 개최하여 전문지도자 확보에도 박차를 가하고 있으며 2001년부터 2급 지도자 연수회도 개최하여 학교체육으로 정착될 것을 감안하여 우수한 지도자를 사전에 양성하기 위한 많은 사업을 전개하고 있다.

스쿼시는 이제 우리나라에서도 신생 스포츠가 아니라 누구나 하고 싶어 하는 신세대 선호 스포츠 종목 1순위로 꼽힐 만큼 많은 사람들이 즐기고 있다. 또한 전국 30여개 대학에서 교양체육 및 전공과목으로 채택되었고 전국 50여 개의 대학에서 스쿼시 전용코트가 신설되고 있으며, 특히 대학 스쿼시 팀을 창단함으로 스쿼시 활성화에 기여하고 있다.

3. 대한 스쿼시연혁(2010년 11월 기준)

1) 1980년대

1988. 3. 현) 연맹 김원관 회장에 의해 국내 최초 스쿼시 보급 시작

1989. 5. 한국스쿼시볼 협회 창설
(K.S.A. / 김원관 회장 외 발기인 20명 참석)

2) 1990년대

1992. 5.	제1대 연맹회장 취임
1992. 11.	대한스쿼시연맹(K.S.F)으로 명칭변경
1993. 1.	세계스쿼시연맹(W.S.F)회원국 가입 세계스쿼시연맹 정기총회 회원국 자격(최초)
1993. 6.	아시아스쿼시연맹(A.S.F.)회원국 가입 아시아스쿼시연맹 정기총회 회원국 자격참석(최초)
1998. 1.	대한체육회 인정종목 경기단체 승인
1998. 12.	제13회 방콕 아시안게임 스쿼시 정식종목 채택 및 대회참가

3) 2000년대

2000. 3.	월간스쿼시 라이프 창간(월간발행)
2000. 11.	제 14 회 부산아시안게임 정식종목 채택
2001. 2.	대한체육회 가맹 경기단체 승인
2001. 7.	스쿼시 국가대표팀 태릉선수촌 최초 입촌
2002. 10.	제14회 부산아시아경기대회 여자부 동메달 획득
2003. 2.	대한체육회 정가맹 경기단체 승인
2003. 7.	제83회 대한체육회창립기념 최우수 경기단체상 수상
2003. 12.	제85회 충청북도 전국체육대회 시범종목 채택 (남/여 고등부, 남/여 일반부)
2005. 2. 2	제87회 경상북도 전국체육대회 정식종목채택 (고등부, 일반부 각각 남/여)
2005. 11.	대한스쿼시연맹 전국 16개 시 · 도지부 설치완료 및 시 · 도체육회 가맹
2006. 2.	대한스쿼시연맹 해외지부(뉴질랜드) 창립
2006. 4.	대한스쿼시연맹 해외지부(홍콩) 창립

2006. 5.	제1회 동아시아스쿼시 선수권대회 국내 개최(대구)
2009. 4.	제6대 연맹회장 취임(김원관)
2009. 6.	제1대 동아시아스쿼시연맹 김원관 회장 선출
2009. 10.	대한스쿼시연맹 해외지부(호주) 창립
2010. 11.	제16회 광저우아시아경기대회 여자부단체전 동메달 획득

제2장 | 스쿼시의 경기용품 및 시설

1. 스쿼시 용품

1) 라켓(Rackets)

스쿼시 라켓은 라켓볼과 비슷하지만 축(Shaft)이 길다. 그리고 테니스라켓보다 작고 가볍고 배드민턴라켓보다 무거우며 크다.

1980년대 초까지 라켓은 나무로 만들어졌다. 우드(Wood)는 꽤 무게가 나가면서 휘어지는 경향이 있었다. 즉, 헤드와 손잡이를 같은 방향으로 당겼을 때 축이 휘어지곤 했다. 이 때문에 선수가 볼을 칠 때 탄력을 얻어 타구의 강도를 높일 수 있었다. 그러나 1980년대 이 후 부터 많은 선수들이 그라화이트(Graphite) 라켓을 사용했다. 무게는 가볍고 프레임은 더욱 견고했다. 이 무게의 차이는 타구의 강도를, 견고한 프레임은 정확도를 높일 수 있었다. 덕분에 우드라켓은 몇 년 내에 거의 자취를 감추었다. 그 후에는 라켓 헤드의 크기가 커졌다. 헤드가 클수록 라켓의 '스윗 스팟(Sweet Spot: 진동 없이 선수가 최대한의 힘을 끌어낼 수 있는 라켓 면)' 이 커지기 때문이었다. 초보자는 헤드가 클수록 좋다. 힘으로 볼을 칠 가능성이 크기 때문이다.

오늘날, 라켓은 경량화, 견고화, 헤드의 거대화를 향해 나아가고 있지만, 이런 종류의 라켓이 모든 사람에게 최고라고는 볼 수 없다.

라켓을 구입하기 전에 가능한 한 다양한 종류의 라켓을 시도해 보는 것이 바람직하다. 가벼운 라켓으로 빠른 스윙을 구사해 파워를 높일 수 있는 선수는 스윙에 능숙한 선수이다. 스윙이 서툰 선수가 가벼운 라켓을 사용할 경우 오히려 파워가 떨어질 수 있

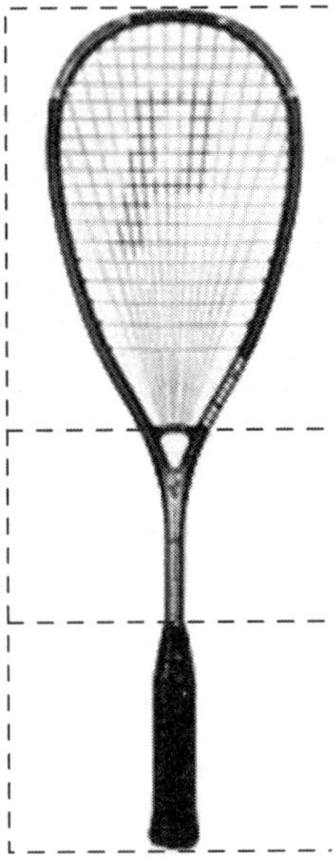

다. 라켓의 중량은 110g~240g으로, 헤드의 무게 차이가 날 수 있다. 동종의 라켓이 헤드의 크기만 다를 수도 있다. 근래 들어 라켓의 소재는 글라스 화이바, 그라파이트, 보른, 케플러, 알루미늄 등이 사용되어 높은 강도를 지닌 라켓이 만들어지고 있으며 최근에는 티타늄 소재 라켓이 개발되어 100g 정도의 초경량 라켓이 보급되고 있다.

라켓을 선택할 때 가장 유의해야 하는 부분은 무게, 헤드 사이즈 그리고 견고함이다. 초보자는 본인의 예산에 맞는 라켓을 구입하는 편이 좋다. 스쿼시에 능숙해질수록 고가의 라켓을 사용할 때 경기력이 향상되는 것을 알게 된다.

라켓 헤드 형태

- Open Throat Head
- Small Round Head
- Large Oval Head

〈시합구와 연습구〉

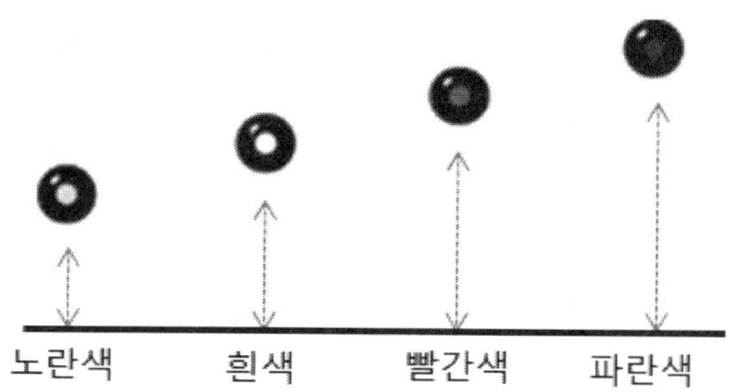

〈색깔에 따른 탄성의 차이〉

스쿼시 공

2) 공(Balls)

볼은 표면이 무광택 고무 재질로 이루어져있으며 색상은 검은색 계통으로 표준 규격은 직경이 3.95~4.15cm(약 4cm), 무게는 23.3~24.6g(약 24g)이다. 네 가지 색깔로 표시된 볼을 자신의 훈련 수준과 경기 스타일에 따라 선택할 수 있다.

가장 보편적인 공은 'DUNLOP XX'으로 현재 USSRA의 공식 볼이며 전 세계 거의 모든 경기에 사용된다. PRINCESKS BLACK KNIGHT 등의 볼도 경기에 사용한다.

스쿼시 볼은 오래될 경우 종종 깨지거나 갈라져서 바운드가 지속되지 않는다. 깨지지 않았어도 볼이 빛나거나 벽과 마루에서 미끄러지기 시작하면 볼의 수명이 다된 것이라 볼 수 있다.

볼은 표면이 무광택 고무재질로 되어 있으며 색상은 검은색 계통으로 표준규격은 직경이 3.95~4.15cm(약 4cm), 무게는 23.3~24.6g(24g)이다. 볼에는 노란색 더블 도트(경기구), 하얀색, 빨간색, 파란색의 점이 있는데 각각의 탄성이 다르므로 용도에 맞게 선택한다.

- 노란색 볼(1) : 탄력이 적고 바운드가 낮다(경기용)
- 노란색(더블 도트) : 노란색(1)보다 탄력과 스피드가 조금 빠르다(국제경기용)
- 하얀색 : 노랑 볼보다 바운드가 높다(연습용)
- 빨간색 : 하얀 볼보다 바운드가 높다(초보자용)
- 파란색 : 빨강 볼보다 바운드가 높다(초보자용)

스쿼시 볼은 안이 비어있기 때문에, 볼을 강하게 칠수록 내부공간의 온도가 상승하면서 공기가 팽창해 탄력이 좋아지게 된다. 공식대회에서 선수들의 경기는 바운드가 제일 낮은 노란색 볼을 사용하는데 그 이유는 경기시간을 단축시키기 위해서이다. 만약 바운드가 높은 연습용으로 경기를 한다면 경기 소요 시간이 필요이상으로 늘어나 스쿼시 경기를 효율적으로 진행할 수 없기 때문이다. 1999년도부터는 세계 아시아 스쿼시연맹 공인구로 수준에 따라 도트의 형태로 바꾸거나 볼 자체의 색상, 크기가 바뀐 볼도 사용하고 있다.

처음 스쿼시를 시작할 때에는 파랑이나 빨강색 볼로 시작해서 점차 수준에 따라 흰색 단계로 올린다. 그 후 노란색 볼을 사용할 때에는 하나의 볼로 여러 가지 형태의 기술을 구사할 수 있는 수준이어야 하며 볼 하나로 랠리 진행이 가능하여야 할 것이다.

3) 보안경(Eyewear)

미국에서는 스쿼시 경기 중에 보안경을 반드시 착용해야 한다. 많은 선수들이 착용시 불편함과 렌즈가 증기로 흐려지는 등의 이유로 이 규정을 귀찮아한다. 그러나 불편

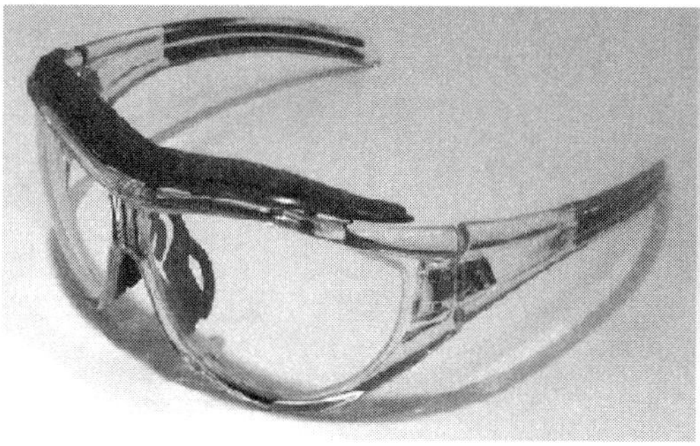 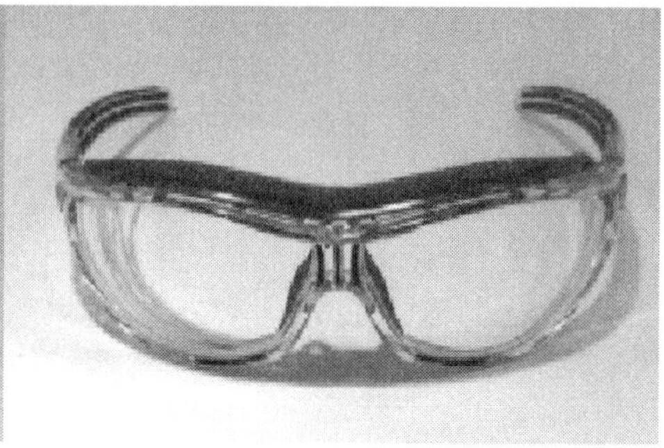

함보다는 안전이 최우선이다. 스쿼시 볼은 정확히 안구 크기여서 눈에 맞았을 경우 실명까지 갈 수 있는 심각한 상황을 초래할 수 있다.

가벼우면서도 볼이나 라켓의 충격을 지탱할 만큼 강한 보안경을 선택하며 렌즈가 아닌 안경(유리이건 플라스틱이건)을 끼고 보안경을 착용해서는 안 된다. 라켓에 맞았을 경우에도 지탱할 수 있을 만큼 안경테가 강하지 않기 때문이다. 스포츠 안경이나, 안경 위에 덧쓰는 보안경 착용을 권장한다.

보안경은 고체 폴리카보네이트(합성수지의 일종)로 만들어진 눈과 머리 부근의 보호 장비로 만 18세 미만인 자는 공식 대회에서 의무적 착용해야 하며 18세 이상은 자신의 필요에 따라 착용을 선택할 수 있으나 복식경기에서는 의무적으로 착용하도록 되어 있다.

4) 거트(Strings)

거트는 굵기에 따라 다르며 보통 12～14mm를 쓰는 것이 좋다.

5) 그립(Grips)

그립은 땀을 흡수하여 미끄럼을 방지하기 때문에 대부분의 사람들이 손의 크기에 따라 여러 가지 종류의 그립을 라켓에 감아서 사용한다.

▼ 그립 감는 방법

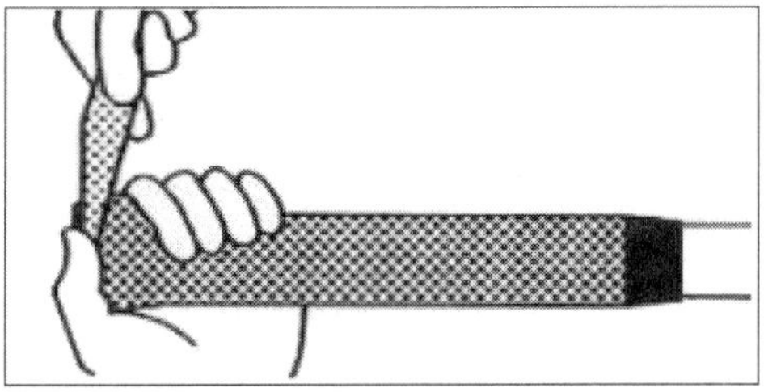

1. 라켓 끝부분부터 단단하게 고정시켜준다.

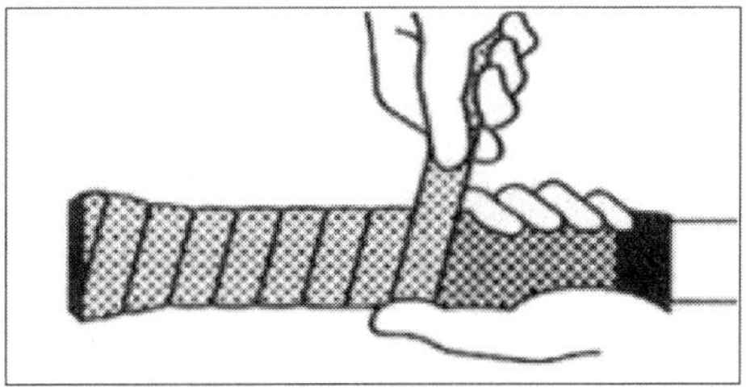

2. 일정한 간격으로 천천히 힘을 주어 촘촘히 유지시켜준다.

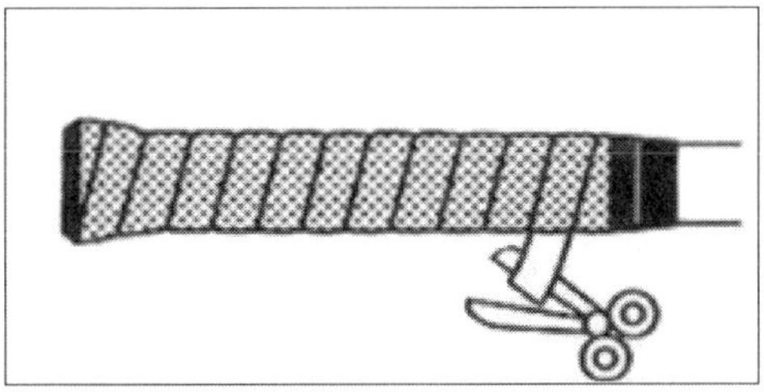

3. 원하는 위치만큼 감은 다음 가위로 비스듬히 잘라준다.

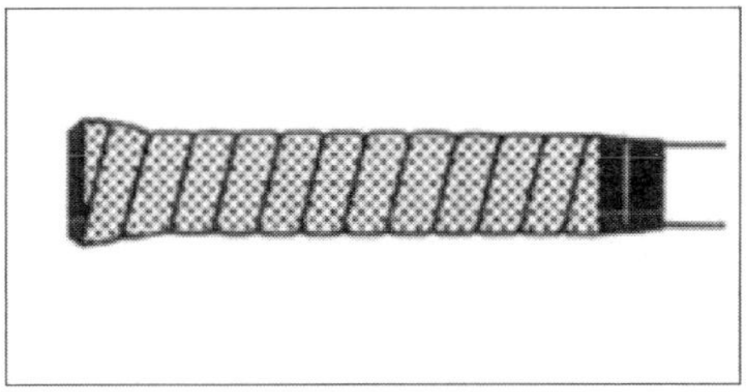

4. 마무리 테이프로 깔끔하게 마감해준다.

6) 신발(Footwear)

운동화는 일반 실내 운동용 운동화와 비슷하다. 그러나 스쿼시 전용화는 바닥이 생고무재질로 되어있는 인도어 슈즈이어야 한다. 움직임이 편하고 미끄럼을 방지할 수 있는 것이 좋으며 또한 발목을 조이면서 받쳐주는 뒷부분과 움직임을 효과적으로 도울 수 있는 바닥 구조를 가지고 있어야 한다.

정규선수일 경우 한 켤레로 버틸 수 있는 기간은 2~3개월 정도이다. 볼을 향해 뻗을 때, 바닥에 미끄러지면서 발가락 부분이 다른 부분에 비해 빨리 닳게 되지만, 가죽을 댈 경우 무게가 약간 증가하는 반면, 닳는 속도를 줄일 수 있다.

발자국이 남는 신발, 특히 검은 밑창의 운동화는 절대 착용해서는 안 된다. 코트에 검은 자국을 남길 뿐만 아니라, 지우기도 어렵기 때문이다.

운동화를 고를 때 착용감과 내구성도 중요하지만 중량, 흡착력, 지지력 등도 고려해 봐야 한다. 가벼울수록 움직임이 빨라지고, 흡착력이 높을수록 미끄러지지 않으며, 지지력이 높을수록 발목 부상의 위험 없이 턴이나 비틀기 등의 움직임이 자유롭다.

7) 복장(Apparel)

스쿼시 역시 라켓볼이나 테니스처럼, 주로 사설 남성 전용 클럽에서 유행했을 당시에는 복장에 대한 규율이 엄격하여, 깃 있는 상의로 흰색만이 허용되었다. 그러나 최근에는 급격한 대중화로 활동인구가 다양해짐에 따라 많은 규칙들이 관대해졌다. 국제경기에서조차 복장이 적절하다고 판단될 경우 색깔 있는 의상을 착용해도 무방하다. 스피드한 경기에 적합하게 활동성 있는 복장이면 된다.

2. 스쿼시 시설

1) 코트(Court)

스쿼시 코트는 많은 변화를 겪어왔으며, 현재는 코트 안에서는 코트 밖이 보이지 않지만 밖에서는 코트 안을 사방에서 볼 수 있는 특수 유리나 아크릴 코트가 보급되고 있다. 이러한 변화는 방송중계와 관중을 동원함과 어느 위치든 경기장을 설치할 수 있는 곳이면 개최 국가나 개최지에 따라 가장 돋보이고자 하는 상징적 위치나 건물, 상징물, 그 곳을 상징하는 명소 앞이나 그 곳의 중심에서 경기장을 지어 경기를 한다는 것은 스쿼시만의 매력일수도 있다. 이동식 사면유리코트가 개발되면서 사막한가운데나 해변, 호텔로비, 컨벤션센터 내, 기차역, 공원광장 등 대규모 공간에 설치하여 화려한 조명과 분위기로 최첨단 화된 스포츠를 경험하며, 다른 어떤 스포츠와는 전혀 다른 독특한 감동과 느낌을 느끼게 한다.

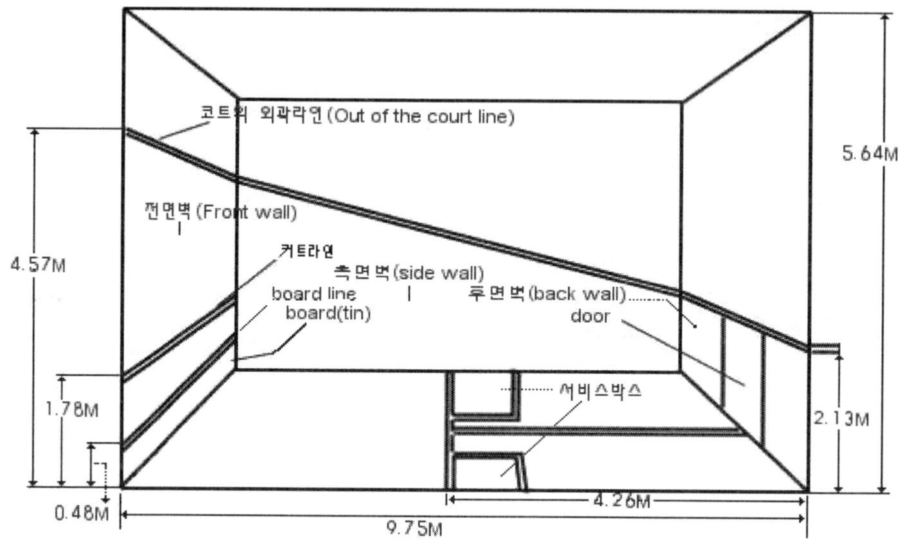

스쿼시 코트는 대부분 특수한 판넬로 벽을 만들고, 충격을 흡수하는 마룻바닥으로 이루어진다. 코트 벽과 바닥은 적색라인이 마킹되어 있으며, 앞 벽 아래쪽은 "틴(tin)"으로 볼이 부딪치면 금속판넬의 "팅"하는 소리가 난다.

코트의 전체 규격은 단식 코트를 기준으로 전면에서 볼 때 세로 길이가 9.75m, 가로 6.4m, 높이는 4.75m이다. 벽면은 흰색이나 흰색 계통의 색깔을 사용하고 라인은 적색으로 폭은 5cm 그어진다(최근에는 컬러코트 영역을 구분하여 연습에 효율성을 높이고 있다. 코트 내부 컬러 사용기준은 3색 이하로 규정).

코트 벽과 바닥 라인은 서브를 하는 자리와 볼이 맞아야 하는 구역을 구분해 주는데 높이 4.57m와 넓이 6.4m로 된 앞 벽에 반드시 볼이 맞아야 한다. 코트 바닥의 길이는 9.75m이며, 코트의 높이는 앞 벽에서 뒤 벽에 이르기까지 점점 낮아져 뒤 벽의 높이는 2.13m이다. 모든 서브는 바닥에서 1.83m(라인 포함) 높이에 있는 커트 라인 위와 4.57m의 프런트 월라인 사이의 공간을 반드시 맞추어야 한다.

쇼트라인(Short Line)과 하프코트라인(Half-Court Line)이 만나는 지점을 T지역(T-Zone)이라 하는데, 전략적으로 매우 중요한 핵심적인 위치이다.

스쿼시 경기장의 라인은 코트 규격 바깥쪽으로 그어져 있기 때문에 라인에 볼이 닿을 경우 '아웃' 처리 된다.

2) 코트규격(국제규격)

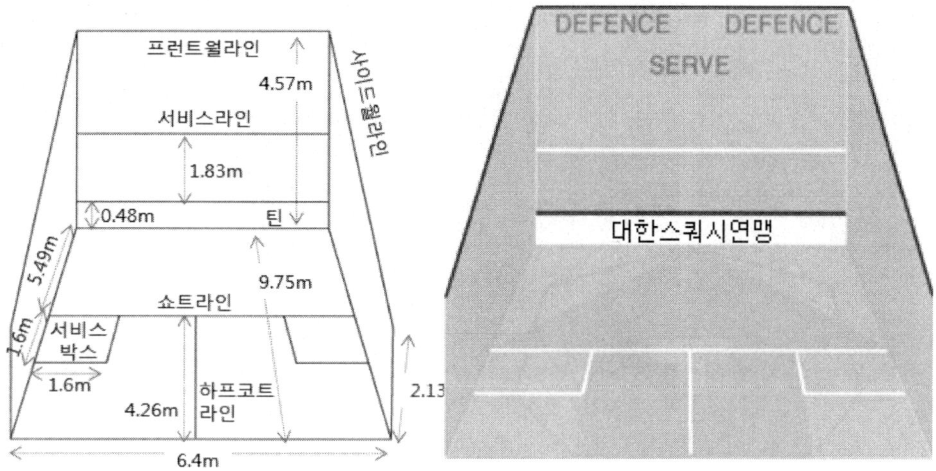

단식 코트

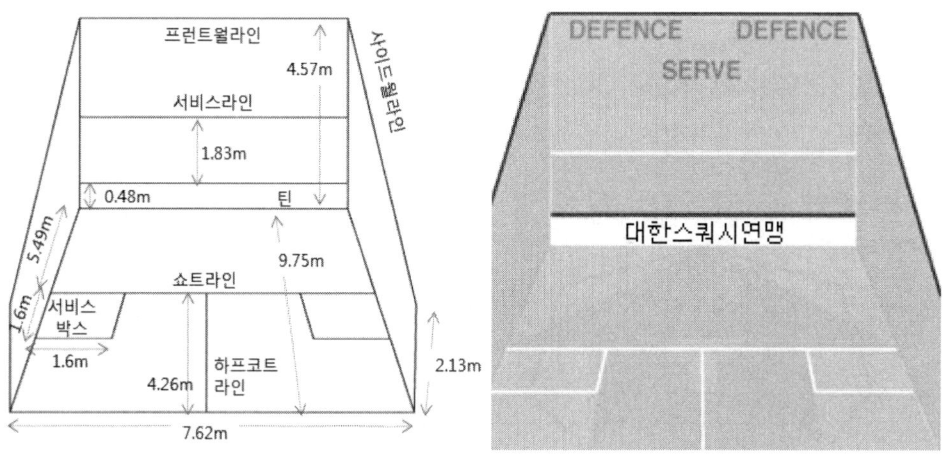

복식 코트

※ 복식 코트의 경우 단식 코트의 규격과 동일하나 폭이 1.22m 넓다.

호주 달링하버 야외경기장

이집트 야외경기장

◆ 스쿼시코트 내부규격

(단위 : m)

구 분		단식코트	복식코트
마킹(라인)		0.05	0.05
프론트월	바닥-프론트월라인	4.57	4.57
	바닥-서비스라인	1.83	1.83
	바닥-보드	0.48	0.48
사이드월	(앞쪽)바닥-사이드월라인	4.57	4.57
	(뒤쪽)바닥-사이드월라인	2.13	2.13
백월	바닥-백월라인	2.13	2.13
바닥	가로×세로	6.4×9.75	7.62×9.75
	쇼트라인	6.4	7.62
	하프라인	4.26	4.26
	사이드월-하프라인	3.2	3.81
	프론트월-쇼트라인	5.49	5.49
	서비스박스	1.6×1.6	1.6×1.6
	코트 사선(코트 대각선)	11.66	12.37

제3장 | 스쿼시의 경기규칙

1. 스쿼시 경기

스쿼시 경기는 단식, 복식으로 구분되며 대부분의 경기는 단식으로 진행된다. 단식 경기의 경우는 2명의 선수가 약 20평의 사면이 벽으로 둘러싸인 코트에서 천정을 제외한 벽과 바닥 다섯 면을 이용하여 경기를 하게 된다. 체력과 두뇌, 기술, 전략과 순간적인 판단으로 승부가 결정되는 스포츠이다. 반면, 기본적인 스윙과 스텝만 익혀도 볼을 받아치는 것이 가능하기 때문에 누구나 쉽게 경기에 임할 수 있는 장점이 있다.

복식경기는 4명의 선수가 단식경기장보다 폭이 1.22m 넓은 코트에서 진행되며 정해진 규칙으로 인해 다소 복잡하지만 스릴과 흥미는 단식보다 훨씬 우월하다고 보여진다.

2. 경기 규칙

1) 단식경기

단식경기는 11점 5게임 3선승제(국제공인대회) 또는 3게임 2선승제로 이루어진다. 한 게임은 11점을 먼저 획득하는 선수가 이기게 되며 서브를 하는 선수나 받는 선수 모두 랠리에서 이기면 포인트를 얻게 되는 포인트어랠리(Point a rally) 스코어링 방식으로 진행된다. 또한 랠리에서 지게 되면 실점과 함께 서브권도 상대에게 넘어간다. 서비스박스는 점수가 가산될 때마다 이동하여 교대로 사용하여야만 하며, 서브권이 넘어온 후 첫 서브 시에만 양쪽 어느 박스에서나 서브를 넣을 수 있다. 경기 중 점수가 10대10이 된 경우에는 한선수가 먼저 2점 차이를 낼 때까지 경기를 진행한다(ex: 24대22).

경기에서 서브하는 선수는 사이드 인(Side in), 리시브하는 선수는 사이드 아웃(Side out)이라고 한다.

2) 복식경기

복식경기는 15점제와 11점제가 있으며 5게임 3선승 또는 3게임 2선승으로 이루어진다(국제경기는 11점 3전2선승제). 한 게임은 11(15)점을 먼저 획득하는 팀이 이기게 되며 서브를 하는 팀이나 받는 팀 모두 랠리에서 이기면 포인트를 얻게 되는 포인트어 랠리(Point a rally) 스코어링 방식으로 진행된다.

서브권은 팀당 한 번씩 기회가 주어진다. 예를 들어 경기 시작 후 첫 서브를 A팀 1번이 넣고 실점을 하면 B팀 1번이 서브를 넣게 된다. B팀 1번이 서브를 넣고 실점을 하면 A팀2번이 서브를 넣게 되고 다음엔 B팀 2번이 서브를 넣고 나면 다시 A팀 1번 순서로 교대 된다.

서비스박스는 점수가 가산될 때마다 이동하여 교대로 사용하여야 하며 서브권 획득 시에는 양쪽 박스 아무데서나 선택하여 서브를 넣을 수 있다. 서비스 이후 랠리는 누가 스트로크해도 상관없으며 상대 선수들과 계속적으로 번갈아가며 어떤 방법으로든 단식경기처럼 전면 벽을 맞추면 된다.

11점제 경기 중 점수가 10대 10인 경우 11점을 먼저 획득한 팀이 승리하게 된다.

15점제 경기 중 점수가 14대 14인 경우 15점을 먼저 획득한 팀이 승리하게 된다.

3) 혼합복식

복식경기와 같으며 단지 남녀가 한 조를 이뤄 경기를 진행하며 나머지는 같다. 현재 많은 동호인들 및 선수들에게도 널리 보급되어 있으며 많이들 즐겨 경기를 한다.

4) 기본 규칙

① 서비스 다음부터는 아웃라인 위와 틴(Tin) 이외에 어느 벽을 이용해도 상관없으나 리턴 된 볼은 반드시 앞 벽에 맞아야 한다.

② 리시버가 서브된 볼을 정상적으로 리턴 했을 경우 같은 방법으로 서로 번갈아가며 치면 된다.

③ 볼은 바닥에 한번만 바운드 될 수 있다(볼이 바닥에 맞는 것만 바운드로 한다).

④ 한 번의 스트로크만이 허용된다.

⑤ 상대의 진로나 스윙을 방해하면 렛(Let) 또는 스트로크(Stroke)를 허용되어 렛의 경우 카운트를 다시 하며 스트로크의 경우 서브권을 상실하거나 점수로 인정된다.

⑥ 실점

- 리시버가 투 바운드되기 전에 볼을 앞 벽에 맞추지 못했을 경우
- 리턴 한 볼이 앞 벽에 맡기 전에 바닥에 먼저 맞았을 경우
- 리턴 한 볼이 규정 라인을 벗어나 벽에 맞았을 경우
- 고의적으로 상대의 플레이를 방해했을 경우
- 자신이 친 볼에 자신이 맞았을 경우나 상대 플레이어 시야를 완전히 가렸을 경우
- 상대가 친 볼의 진로를 방해하였을 경우
- 상대가 스윙할 수 있는 공간을 확보해주지 않았을 경우 등

⑦ 득점

- 서브를 넣은 사람이 이겼을 경우와 리시브한 사람이 이겼을 경우 서브권과 득점이 주어진다.
- 상대가 실점했을 경우

⑧ 기타

- 서브권을 얻은 사람은 최초의 서브를 원한 위치(좌측 또는 우측 선택)에서 할 수 있다.
- 첫 세트가 끝나고 두 번째 세트 이후 첫 서브는 이전 게임 승자가 한다.

5) 서비스

서브는 반드시 앞 벽이 최초로 맞아야 하며 앞 벽의 커트라인(Cut Line)위와 프런트 라인 아래의 공간에 맞고 쇼트 라인(Short Line)을 지나 리시버 코트 안으로 들어와야 한다. 만일 볼이 리시버 코트까지 오지 못하거나, 아웃라인(Out Line) 위나 라인에 맞으면 서브권을 잃게 되며 옆 벽이나 뒷벽에 맞고 리시버 코트 안으로 들어오는 것은 무방하다.

서브권자는 서비스 박스를 선택할 수 있으나 랠리에서 지게 되면 상대에게로 서브권을 넘겨주어야 한다. 서브 시 한쪽 발은 서비스 박스 안에 반드시 올려놓고 실시해야 한다.

(1) 서비스 진행

① 처음 서브권자는 라켓을 돌려 “Up” “Down” 으로 결정한다. 서브권자는 서비스 박스를 선택할 수 있으며, 랠리에서 이기면 “핸드 인”으로 득점이 인정되면서 계속 자리를 바꿔가며 서브한다.

② 서브권 자를 랠리를 지게 되면 “핸드 아웃”으로 서브권만 상대에게로 넘어 간다.

③ 서브를 할 때에는 두발 중 한발은 반드시 서비스 박스 안에 두어야 한다(라인을 밟는 경우, 허공에 떠있는 경우는 ‘풋 볼트’로 서브권 상실).

④ 라인에 맞는 모든 볼은 아웃으로 처리되어 서브권을 빼앗기거나 실점하게 된다.

(2) 서비스 반칙

① 서비스 박스 안에 있던 한쪽 발이 볼을 치기 전체 벗어난 경우

② 서비스 박스 라인에 한쪽 발이 닿았거나 벽에 닿는 경우

③ 서브한 볼을 상대 서비스코트 안에 넣지 못했거나 라인을 맞춘 경우

④ 볼이 커트라인 아래와 아웃라인 위, 틴 보드에 맞거나 경기장 밖으로 나가는 경우

⑤ 볼이 앞 벽을 맞추기 전 옆벽을 먼저 맞추는 경우

⑥ 서비스 반칙을 범했을 경우 상대 선수에게 서브권이 넘어간다

- 낫업(Not up) : 라켓으로 볼을 맞추지 못했거나 두 번 친 경우와 바닥에 한 번

이상 바운드 된 다음에 친 경우

- 다운(Down) : 볼이 바닥이나 틴 보드에 맞은 경우
- 아웃(Out) : 볼이 아웃 라인이나 그 위쪽에 맞은 경우

6) 렛(Let)

안전한 랠리를 위해 상대에게 위협이 되거나 어쩔 수 없이 방해를 하게 된 경우 "렛"이 선언되며, 랠리는 다시 진행된다.

선수는 스트로크를 방해받는 어떤 경우에도 경기를 멈추고 "렛"을 요구할 수 있다. 그러나 경기를 계속하려는 시도를 한다면 인정되지 않는다. 또한 상대방의 부상이 우려되는 경우, 리시버가 준비되지 않은 상태에서 서브를 한 경우, 볼이 경기 중에 파손된 경우 "렛"이 선언된다.

이러한 결정은 절대적으로 심판의 판단에 의해 이루어진다. 그러나 주심이 없는 경기에서는 두 선수가 합의해야 한다. 렛이 선언된 경우 서브는 시작 전 위치에서 하여야 한다.

7) 스트로크(Stroke)

스쿼시 경기는 매우 격렬하기 때문에 상대의 시야를 보장하고 볼에 자유롭게 접근할 수 있는 공간을 확보해 주어야만 서로의 안전을 보장받을 수 있게 된다. 따라서 상대의 공격적인 랠리를 고의성 있게 방해한 경우 "스트로크"가 선언되며, 서브권이나 점수를 실점하게 된다.

또한 우세한 경기를 상대의 방해로 중단했을 경우, 상대선수가 볼 진행 방향에 서있는 경우, 볼의 진행방향 과 관계없이 고의성 있게 상대를 볼이나 라켓으로 맞춘 경우 등에서 스트로크를 요구할 수 있으며, 유효가 인정될 수 있다. 이러한 사항에 대한 모든 결정은 절대적으로 심판의 판단에 의해 이루어진다.

3. 경기진행

1) 워밍 업

경기 직전 선수들에게는 5분간의 코트 내 워밍업을 허용하며 랠리 중 볼의 파손이나 경기가 지연되어 랠리를 재개 할 경우에도 경기자들의 워밍업이 허용된다. 2분 30초가 지나면 사이드를 바꿔준다. 모든 게임과 게임 사이에는 90초간의 휴식 시간이 허용된다.

2) 부상

경기자의 부상이 발생되면 다음과 같은 사항을 구분하여야 한다.

- 자신에 의한 부상
- 상대 선수에 의해 사고로 발생된 부상
- 상대 선수의 고의적이고 위험한 행동에 의한 부상

자신에 의한 부상일 경우는 최대 3분의 회복 시간을 허용한다. 부상 정도에 따라 회복 시간이 더 필요하면 다시 회복 시간을 허용한다. 만약 부상당한 선수가 3분경과 후 회복 시간을 더 요구할 경우 그 게임을 포기하고 게임과 게임간 주어지는 90초의 시간을 줄 수 있다. 부상당한 경기자는 플레이를 지속하거나 매치를 인정한다(출혈의 경우에도 동일함).

상대선수에 의해 고의성 없이 발생된 부상의 경우는 회복에 필요한 적절한 시간을 허용하고, 회복에 많은 시간이 필요하다면 시합 대진표에 따라 경기 연장이 가능하다. 부상당한 경기자는 플레이를 지속하거나 매치를 인정한다.

고의적이고 위험한 행동으로 상대에게 부상을 입힌 선수는 경기 참가 자격을 잃게 된다. 또한 부상의 정도가 심한 경우에도 심판의 권한에 의해 경기에서 패할 수 있다. 부상당한 경기자가 피를 많이 흘리는 경우 경기를 중단한다.

※ 근육 피로에 의한 근육경련(쥐)은 부상에 포함되지 않으며 경기를 계속 진행할 수 없을 경우 근육경련이 일어난 경기자는 게임 또는 매치를 인정해야 한다.

3) 방해 행위

다음과 같은 내용은 심판의 적절한 제재를 받게 된다.

언어적 · 신체적 폭력, 사소한 시비, 판정에 대한 과도한 어필. 위협을 주는 스윙, 정도를 넘는 코치의 지도, 제시간에 코트에 입장하지 않는 경우, 고의적이고 위험한 행동, 시간 낭비 및 지연 등의 행동이 해당된다.

4) 사고예방

스쿼시는 제한된 공간에서 빠른 속도로 진행되는 경기이기 때문에 안전사고 예방을 위하여 경기 중 선수들은 정해진 규칙을 엄격히 준수해야 하는 의무를 가지며 특히 상대를 의도적으로 위협하는 스윙은 주의를 받게 된다. 상대가 의도한 샷을 칠 수 있도록 시야와 최소한의 공간을 보장해야 하며 경기자 모두에게 안전에 대한 책임을 묻는다.

5) 방해(Obstruction)

격렬한 랠리 중에는 두 선수 모두 볼과 다음 샷을 위해 T지역으로 돌아가는 데만 집중하고 있기 때문에 때로는 상대의 진로를 방해하게 된다. 만일 방해 행위가 어쩔 수 없는 경우였다면 랠리는 다시 재개되지만, 고의성이 인정되면 스트로크가 인정되어 점수를 잃게 된다. 특히 육체적 접촉뿐만 아니라, 상대 때문에 스윙마무리가 제대로 되지 않은 경우에도 방해 행위로 간주한다.

그러나 볼을 칠 수도 있었음에도 불구하고 방해 행위만을 주장하는 것은 정당성을 객관적으로 인정받을 수 없으며 볼을 적극적으로 치려는 의지를 보였을 경우에 발생하는 방해 행위에 대하여는 인정받을 수 있다.

6) 경기진행 시 주의점

① 최선을 다해 샷을 시도하기 위한 노력이 보이지 않으면 방해가 인정되지 않는다.

② 자신의 실수로 인한 방해는 인정받지 못한다.

③ 상대 선수가 진로를 막았다 해도 칠 수 없는 볼은 방해가 인정되지 않는다.

④ 볼 파열은 누구의 실수도 아니기 때문에 렛이 선언된다.

⑤ 자신의 라켓이 부러지거나 신발이 벗겨지며 상대방에게 방해가 발생한 경우 실수가 인정되어 스트로크를 당하게 된다.

⑥ 서브 각도가 커서 상대 서비스 코트에서 볼을 리턴하는 경우 정상적으로 플레이가 진행된다. 만약 리턴을 하지 않으면 렛이 선언되어 다시 원위치에서 경기가 진행된다.

⑦ 볼이 경기장내 어떠한 장애물에 맞아 불규칙한 바운드가 발생한 경우 경기는 계속 진행된다.

⑧ 모든 외부작용으로 인한 경기중단은 렛이 선언된다.

※ 경기 중에는 심판의 판단으로 선수의 요구에 의해 렛(let) 또는 스트로크(stroke) 결정이 내려진다. 심판의 결정은 객관적 시각으로 정확하게 내려진 판정으로 받아들여야 하며 특히 어느 쪽 선수의 방해도 들어나지 않을 경우에는 '렛'이 되어 서브권을 갖고 있던 선수가 다시 랠리전의 서비스 박스에서 재 서브를 시도한다.

4. 준비 운동과 스트레칭 운동

일반적으로 스쿼시 경기 전 스트레칭은 근육의 성과를 20~30% 느슨하게 만든다. 즉, 스트레칭 대신 동적 준비 운동을 고려할 필요가 있다.

① 사용 가능한 모든 증거에 기초할 때, 준비 운동과 스트레칭이 성과 개선에 기여한다는 데에는 거의 의심의 여지가 없는 것 같다. 특히 스쿼시에서 코트에 들어가기 전 준비 운동과 스트레칭은 대부분의 학생, 동호인, 선수들에 의해 무시된다. 경기의 속도와 갑작스런 방향 전환으로 인해 준비 운동과 스트레칭의 부족은 스쿼시 선수들의 무릎, 발목 및 허리 부상의 주요한 원인이 될 수 있다.

② 코트에 들어가기 전 최소한 15분간 준비 운동을 해야 한다. 최고 실력의 스쿼시

선수들일지라도 매 운동 또는 시합 전 약 30분 이상을 준비 운동에 할애한다고 알려져 있다.

③ 준비 운동과 스트레칭 세션은 생리적 준비일 뿐 아니라 심리적인 준비도 된다는 점도 또한 기억해야 한다.

④ 경기 전 준비 운동을 하는 가장 중요한 이유는 준비 운동이 부상을 줄이고 성과를 개선하기 때문이다. 준비 운동은 혈액과 근육의 온도를 높여준다. 이러한 온도 증가는 생리적으로 초래하게 된다.

- 전신에 가용 산소를 만드는 혈류의 속도를 높인다.
- 근육의 수축과 이완 속도를 높인다.
- 일반적인 인체 신진대사를 높인다.

⑤ 근육은 더 유연해지고 부상 위험은 줄어들어 이러한 장점으로 인체의 신진대사는 스포츠의 격렬한 요구사항에 더 빨리 적응하게 된다. 당신이 격렬한 스쿼시 경기를 연습 또는 경기할 때마다 당신의 근육은 약간씩 손상되는데 치료를 받으면 부상당한 근육이 짧아지고 이는 추가된 긴장을 받게 된다. 이렇게 증가된 긴장은 근육을 부상에 더 취약하게 만듦으로 준비 운동과 스트레칭은 이에 대응하기 위한 확실한 방법이다. 반면 준비 운동과 스트레칭을 하지 않으면 인대, 힘줄 또는 근섬유 자체에 부상을 초래할 수 있다.

⑥ 준비 운동에 대한 두 가지 핵심 개념은 약간만 해야 한다는 것과 코트에 들어가기 직전에 해야 한다는 것이다. 준비 운동을 하는 동안 또는 하고 난 후 땀을 많이 흘리면 과하게 한 것이다. 신체가 점점 더워짐에 따라 유용한 신체 작업을 계속할 능력을 점점 잃게 된다. 경기를 시작하기 한 시간 반전에 준비 운동을 마치고 앉아서 쉰다면 준비 운동을 한 가치를 잃어버리는 것이고, 근육은 다시 경직되어 준비 운동을 아예 하지 않은 경우보다 더 나빠질 수 있다.

⑦ 필자는 준비 운동을 두 단계로 할 것을 권장한다. 즉, 일반 준비 운동과 특정 준비 운동이다. 일반 준비 운동을 먼저 해야 하는데 이는 격렬한 운동을 하는 동안 기능을 잘 수행하도록 몸을 전체적으로 준비시킨다. 일반 준비 운동을 하는 동안 혈액 순환이 증가하고 따라서 폐활량이 높아진다. 산소가 당신의 세포에 더 접근

하기가 쉬워진다. 근육의 온도가 약간 올라가므로 신경 자극을 전달하는 것을 포함하여 모든 화학 작용의 가속을 촉진한다. 근육의 수축과 이완이 빨라진다. 일반 준비 운동은 근육통과 경직을 막는 것을 돕고 당신의 신체가 더 자유롭게 움직이도록 해준다.

⑧ 일반 준비 운동 직후 특정 준비 운동으로 진행해야 한다. 특정 준비 운동은 경기의 실제 움직임과 관련이 있다. 이 운동은 움직임을 제어하는 신경계를 연습시켜 시합의 움직임에 익숙해지도록 한다. 볼이 있건 없건 시합을 복제하는 식으로 스쿼시 라켓을 사용한다. 천천히 그리고 점진적으로 시작하여 운동의 강도를 높인다. "스쿼시를 하는 사람"은 경기 전 최소 5-8분간 실제 랠리를 모방해야 한다. 좋은 준비 운동의 열쇠는 당신의 운동 페이스를 증가시켜 당신의 근육이 빨라진 경기 페이스에 서서히 적응하고 부상을 당하지 않도록 하는 것이다.

⑨ 전통적인 스트레칭 운동

스트레칭 운동으로의 체계적인 접근은 발목부터 시작하여 어깨, 목으로 올라가거나 또는 그 반대로 한다. 이 운동은 스스로 할 수 있다. 발목부터 시작했다면 신전시키거나 풀어야 할 근육과 관절은 다음과 같다.

스트레칭 순서	
a) 발목	i) 허리
b) 아킬레스건	j) 등
c) 종아리	k) 복부
d) 정강이	l) 옆구리
e) 무릎	m) 어깨
f) 오금줄	n) 팔꿈치
g) 사두근	o) 손목
h) 사타구니	p) 목

⑩ 정리 운동

정리 운동과 준비 운동은 거의 비슷하다. 격렬한 운동 또는 경기를 한 직후에는 따뜻한 근육이 갑자기 수축되지 않도록 정리 운동을 해야 한다. 경기 후 약 10~15분까지 추리닝을 입고 있는 것이 권장된다. 근육이 식기 시작하면 원래의 길이보다 짧은 위치로 수축된다. 그러므로 이렇게 짧아진 근육은 정리 운동에 의해 원래의 크기로 되돌아가야 한다. 시합 다음 날 근육이 뻣뻣해지는 이유 중 하나는 정리 운동을 하지 않은 탓에 있을 수 있다.

격렬한 활동을 하기 전 준비 운동의 중요성은 아무리 강조해도 지나치지 않다. 어떤 스트레칭 운동을 하건 본격적인 활동에 들어가기 수 분 전에 마쳐야 하고 스포츠에 사용되는 모든 근육은 스포츠 동안 사용되는 식으로 신전되어야 한다고 말하는 것으로 충분할 것이다.

1) 스트레칭의 규칙

목표 훈련 또는 시합 동안 수행될 두드러진 운동 유형에 맞춰 준비하기 위함.

방법 특정한 기술적 요소와 특정한 강도의 운동을 반복한다. 훈련 세션 또는 시합의 주요한 부분에서 수행할 연습 유형에 따라 수행할 운동을 선택한다.

이는 모든 선수들, 특히 매우 복잡한 기술을 요하는 스포츠에 참여하는 선수들이 해야 한다는 것은 대단히 중요하다.

스트레칭은 왜 하는가?

- 부상의 위험을 줄이기 위해.
- 반대 근육군의 충분한 발달을 가능케 한다.
- 이동성을 높이고 나이가 듦에 따른 이동성 부족 문제를 줄인다.
- 이완을 개선시키고 스트레스를 줄인다.
- 자세 개선을 가져온다.
- 이완된 근육을 통해 자유로운 혈류를 허용함으로써 혈액 순환을 개선한다.

- 천천히, 깊게 그리고 고르게 호흡한다.
- 호흡이 부자연스러워지는 지점에서는 스트레칭을 하지 않는다.
- 특히 초기 단계에서는 지나치게 스트레칭 하지 않는다.
- 편안한 위치에서 스트레칭을 한다. 스트레칭을 하면서 긴장이 가라앉아야 한다.
- 스트레칭을 하기 전 준비 운동을 하라.
- 스트레칭 할 부위에 집중한다.
- 적절한 경우, 서로 다른 유형의 스트레칭을 한 세션에서 결합한다.
- 연장 운동을 하기 전과 후에는 스트레칭을 한다.
- 스트레칭은 정적이거나 PNF (고유수용성 신경근 촉진)이어야 한다.
- 뛰거나 변덕스러운 운동은 피한다.

2) 스트레칭의 지침

- 근육이 훈련되지 않은 경우 특히 위험할 수 있다.
- 주요한 관절에서 구체적인 관절로 진행한다.
- 격렬한 스포츠 경기 전, 후 그리고 경기를 하는 동안에도 수행해야 한다.
- 스포츠에 고유한 유연성이 개발되어야 한다.
- 유연성 훈련은 규칙적이어야 한다.
- 팽팽한 근육을 강제로 지나치게 스트레칭 하지 않으면서 가볍게 시작한다.
- 근육이 균형 있게 발달하도록 가끔씩 유연성 진전을 평가한다.

3) 정리운동(마무리운동)

- 정의: 부정적인 생리적 효과를 피하기 위해 연습 후에 신체의 생리적 기능을 점차적으로 낮추도록 수행되는 활동
- 긍정적인 효과: 회복 속도를 개선하고, 혈액 속의 피로물질인 젖산의 제거가 빨라진다.
- 방법: 생리적 기능을 늦춘다. 3~10분정도 → 호흡운동 → 가벼운 스트레칭

5. 밴드운동

1) 팔꿈치 굴곡

① 밴드 위에 섭니다.

② 손바닥을 위로 하고 팔을 쭉 펴서 손으로 밴드를 잡습니다.

③ 팔꿈치를 구부리면서 위쪽으로 잡아당깁니다.

④ 처음 자세로 천천히 돌아와 반복합니다.

2) 팔꿈치 신전

 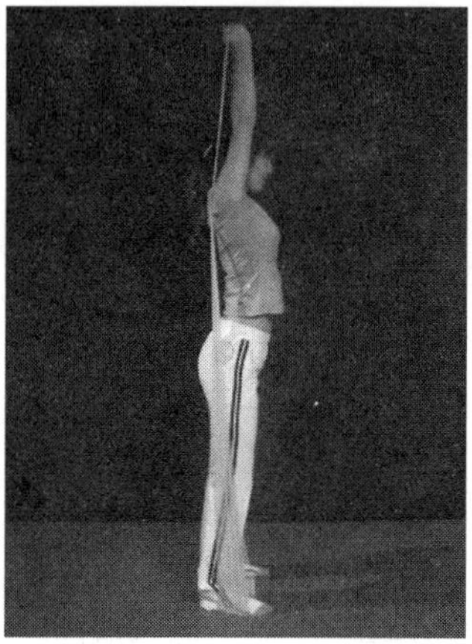

① 밴드를 양 발에 고정시킵니다.

② 밴드를 잡고 팔꿈치를 구부려 양 귀에 닿도록 팔을 위로 듭니다.

③ 팔꿈치를 폅니다.

④ 처음 자세로 천천히 돌아와 반복합니다.

3) 손목 굴곡

① 밴드를 발아래에 고정시킵니다.

② 손으로 밴드를 잡습니다.

③ 그림처럼 손바닥을 위로 하고 손이 모서리 바깥으로 나오게 하여 팔뚝을 테이블 위에 놓습니다.

④ 손목을 위로 들어 올립니다.

⑤ 처음 자세로 천천히 돌아와 반복합니다.

4) 손목 신전

① 밴드를 발아래 고정시킵니다.

② 손으로 밴드를 잡습니다.

③ 그림처럼 손등을 위로 하고 손이 모서리 바깥으로 나오게 하여 팔뚝을 테이블 위에 놓습니다.

④ 손목을 위로 하여 들어 올립니다.

⑤ 처음 자세로 천천히 돌아와 반복합니다.

5) 척골 굴곡

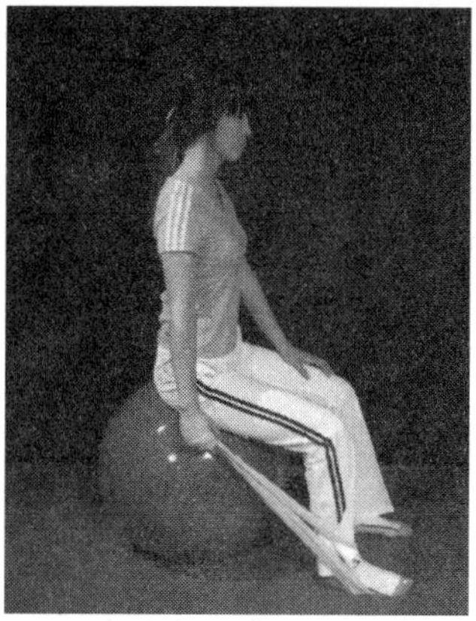

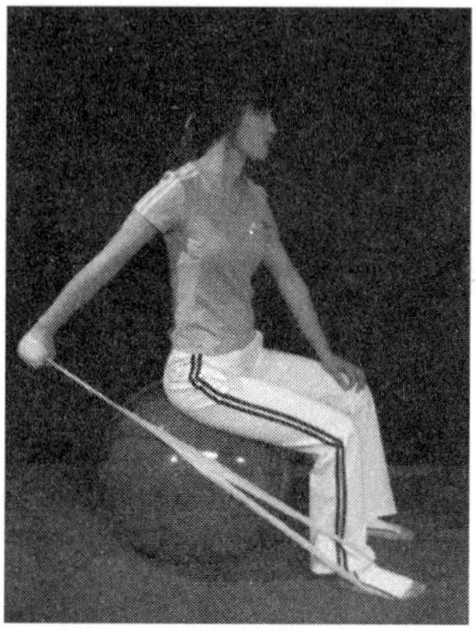

① 의자에 앉아 밴드의 양 끝을 발아래 고정시켜 가운데에 고리를 만듭니다.
② 팔꿈치를 몸 옆에 두고 밴드의 가운데 고리를 잡고 엄지손가락을 앞쪽으로 합니다.
③ 팔꿈치를 계속 몸 옆에 두고 손목을 뒤로 움직이십시오. 잠시 그 상태로 있습니다.
④ 처음 자세로 천천히 돌아와 반복합니다.

6) 요골 굴곡

① 밴드를 발아래에 고정시킵니다.
② 팔뚝을 테이블이나 무릎 위에 둡니다.
③ 엄지손가락을 위로 하여 손으로 밴드를 잡습니다.
④ 손을 위쪽으로 움직입니다.
⑤ 처음 자세로 천천히 돌아와 반복합니다.

7) 팔꿈치 뒤로 펴기

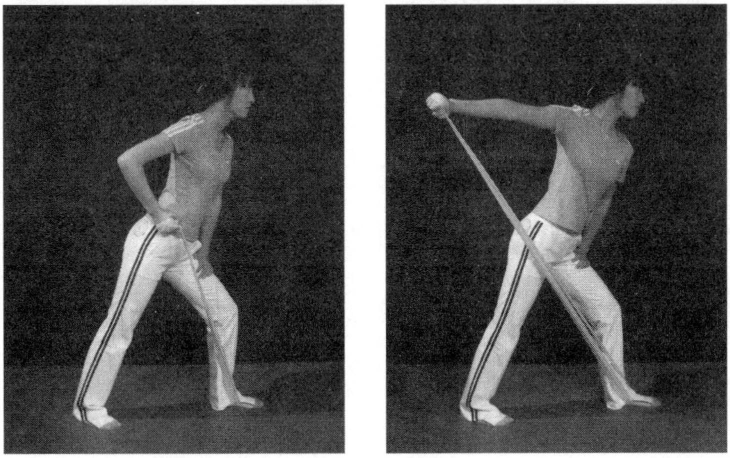

① 밴드를 발 아래에 고정시킵니다.
② 팔뚝을 테이블이나 무릎 위에 둡니다.
③ 엄지손가락을 위로 하여 손으로 밴드를 잡습니다.
④ 팔을 뒤쪽으로 폅니다.
⑤ 처음 자세로 천천히 돌아와 반복합니다.

8) 집중 구부리기

① 바닥에 있는 사물에 밴드를 고정시키고 손바닥을 위로 하고 양 팔을 곧게 펴서 손으로 밴드를 잡습니다.
② 팔꿈치를 구부리면서 위로 잡아당깁니다.
③ 몸통은 구부리지 마십시오.
④ 처음 자세로 천천히 돌아와 반복합니다.

제4장 | 스쿼시의 기본기술

1. 스쿼시의 기본자세

기본자세

기본자세를 흔히 기마자세라고 많이들 표현을 하는데 어깨 넓이로 다리를 벌린 뒤 시선은 앞쪽을 주시하며, 항상 라켓은 땅으로 쳐져있는 것이 아니라 손목을 '콕' 상태로 시킨 뒤 라켓을 들고 있어야 한다. 항상 라켓을 들고 있는 상태에서 볼이 어느 쪽으로 이동을 하든지 자세는 흔들림 없이 신속하게 방향 전환을 할 수 있게끔 편안한 자세를 취하는 것이 가장 바람직한 기본자세이다.

특히 허리를 곧게 펴고 있으면 방향 전환을 할 때 신속하게 이동하기에 어려움이 있으니 무릎을 살짝 굽혀 주며 자세를 조금 낮게 가져가는 것이 가장 바람직한 자세라 할 수 있을 것이다.

첫 걸음마인 자세부터 바르지 못하면 올바른 스쿼시를 접하지 못할 것이다. 이 점을 유념하여 이제부터 본격적으로 스쿼시의 기본 기술에 대해서 알아보도록 하자.

2. 스쿼시의 기본그립

그립은 스쿼시를 함에 있어 가장 중요한 부분의 한 과정이다.

일반적으로 테니스를 예로 많이 들고 있는데, 테니스는 포, 백핸드 그립이 모두 틀리게 잡는 것이 스쿼시와 다른 큰 특징이다. 스쿼시는 한 그립으로 포핸드와 백핸드를 스트로크 한다는 것에 큰 특징이 있을 뿐만 아니라 초보자가 접하기에 테니스보다는 크게 쉽다는 것이 큰 장점이다.

그립을 바로 잡아야지만 정확하고 완벽한 스트로크를 자유자제로 구사를 할 수 있을 것이며, 또한 볼이 맞을 때의 느낌 또한 경쾌하고 좋은 느낌을 받을 수 있다.

여기서 그립을 잡을 때 중요한 부분을 지적하면 다음과 같다.

서로 악수를 하듯이 라켓을 쥐는 방법과 총을 쏜다는 느낌으로 라켓을 쥐면 될 것이며, 특히 손가락을 조금 벌리면서 라켓 그립 위 안쪽 부분에 엄지손가락과 두 번째 손가락이 V자 모양이 되도록 자연스럽게 감싸며 손목을 콕(Cock)시켜 라켓과 팔의 각도가 90~100°정도를 유지시키는 것이 중요하다. 게임 시에는 라켓을 무리하게 힘을 주어 쥐고 있을 필요가 없다. 라켓을 가볍게 쥐면서 게임 시 긴장감을 풀어 주는 방법 또한 중요하다 하겠다.

올바른 라켓 잡기

3. 기본기술

1) 포핸드와 백핸드 드라이브(fore/backhand drive)

드라이브는 가장 기본적인 기술로써 공을 강하게 앞 벽을 향해 치는 기술이다. 공이 바닥에 바운드되어 무릎 높이 정도로 튕겨 올라오면 스피드 있고 강하게 앞 벽을 향해 샷을 한다. 드라이브는 공의 방향에 따라 스트레이트와 크로스 코트로 구분할 수 있다.

(1) 스트레이트(straight)

샷 동작 시 마주보고 있는 옆벽을 따라 뒷벽을 향해 곧게 쳐내는 샷으로 스쿼시 경기에서 가장 중요하며 기본적인 기술이다. 스트레이트 기술은 경기 중 크로스코트 샷과 함께 다른 기술보다 그 빈도수가 많은 기술이며 아울러 강한 스트레이트 샷은 상대를 위협하기에 충분하며 경기의 주도권을 잡는 중요한 기술이다.

(2) 크로스코트(cross court)

스트레이트를 칠 때보다는 임팩트를 조금 앞에서 이루어지게 하여 코트의 대각선을 따라 뒤쪽 코트의 구석으로 공을 쳐 보내는 기술이다. 이것은 대각선 방향으로 공을 치는 기술이므로 상대를 좌우로 흔들어 놓기에 적당한 기술이다. 크로스코트는 스트레이트와 함께 경기 중 랠리를 구성하는 중요한 기술이다.

2) 서비스와 리턴(service & return)

경기를 시작하기 위해 실시하는 기술로 랠리의 시작이 되며 서브를 실시하는 선수는 경기의 주도권을 가질 수 있으며 유리하게 경기를 이끌어 갈 수 있다. 서브의 종류는 다음과 같다.

(1) 로브(lob) 서브

로브 서브는 앞 벽의 상단을 겨냥하여 공을 쳐 상대의 키를 넘겨 상대의 뒤쪽 코트의 구석을 목표로 하는 서브이다.

(2) 세미-로브(semi-lob) 서브

이 서브는 가장 일반적으로 실시하는 서브기술로 로브 서브보다는 높지 않게 넣는 안전한 서브 방법이다.

(3) 스매싱(smashing) 서브

이 서브는 상대가 서 있는 코트의 옆벽의 닉 부분을 향해 아주 강하고 낮게 서브하는 기술이다.

(4) 드라이브(drive) 서브

드라이브 서브는 아주 강하게 서비스 서비스라인(service line) 바로 위를 맞추어 상대 코트의 뒤쪽 깊은 구석을 목표로 한다.

3) 발리(volley)

발리는 공이 바닥에 닿기 전에 공중에 있는 상태에서 치는 기술이다. 발리는 공이 바닥에 바운드되기 전에 쳐 내는 기술이기에 코트의 뒤로 뛰는 동작을 줄일 수 있어 체력적인 부담을 줄일 수 있는 기술이다. 그리고 상대가 미쳐 다음 동작을 준비하기 전에 공을 치기 때문에 상대의 경기 리듬을 뺏을 수 있는 장점이 있다. 발리는 주로 코트의 뒤쪽으로 길게 날아가는 공을 끊어 내거나 길게 날아와 뒤쪽 코너에 떨어질 서브를 리턴 할 때 주로 실시한다. 정확히 컨트롤된 발리는 계속 이어지는 랠리를 끝내기에도 충분한 위력이 있다.

또한 발리와 보스트가 합쳐진 기술로 바운드되지 않은 공을 쳐내 보스트를 만들어 낼 수 있는데, 이 기술을 발리 보스트(volley boast)라고 한다. 발리기술의 다양한 응용의 하나로 볼 수 있으며, 상대의 움직임 타이밍을 뺏음과 동시에 상대로부터 먼 반대쪽 방향을 겨냥하도록 보스트를 구사하는 것이다. 견고한 자세유지와 공에 대한 집중, 그리고 정확한 임펙트가 이루어지는 것이 중요하다.

4) 보스트(boast)

보스트는 스쿼시 경기를 다른 구기종목과 확연히 구별되는 기술이다. 보스트는 옆벽과 뒷벽을 이용하여 앞 벽을 맞히는 기술이다. 옆벽을 이용하게 되면 공의 진로가 각을 형성하며 앞 벽을 향하게 되어 앵글 샷(angle shot)이라고도 한다. 이 기술은 주로 코트의 뒤쪽 구석에 몰린 공을 처리할 때에 주로 사용하는 수비적 성향이 강한 기술이며, 코트의 중간지점이나 앞쪽에서는 상대를 속여 공격성을 가미하는 티클(tickle)보스트를 구사하기도 한다.

보스트를 응용한 기술로 리버스 앵글(reverse angle)이 있는데, 이 기술은 바라보는 옆벽이 아니라, 등지고 있는 반대쪽 벽면을 각도 있게 먼저 맞추어 앞벽을 향하게 하는 기술이다. 이 기술은 상대의 움직임을 고립시키거나, 예상치 못한 각도 있는 스트로크로 상대를 속일 수도 있다.

5) 드롭(drop)

드롭은 공을 코트의 뒤쪽을 향해 길게 치는 것이 아니라, 앞 벽의 구석 틴(tin) 바로 위를 낮게 맞추어 옆벽의 닉(nick ; 벽과 바닥이 만나는 모서리 부분)을 겨냥해 약하게 치는 기술이다. 이것은 경기 중 상대가 뒤쪽에 몰려 있을 때 앞쪽을 짧고 낮게 공략해 득점을 내기 위해 주로 사용하는 기술이다. 라켓으로 공을 칠 때는 라켓면(flat)을 오픈(뒤로 조금 기울임)시켜 썰어내듯 공의 아래 부분을 긁으며 스윙하여 공 자체가 아래로 회전되게 하여 벽면에 닿는 순간 아래 가까운 바닥을 향해 급히 바운드되게 한다. 잘 훈련된 드롭 기술은 주어진 기회를 놓치지 않고 랠리를 이길 수 있는 원동력이 된다.

6) 로브(lob)

수비를 하기 위한 기술로 상대가 앞쪽 코트를 향해 보스트나 드롭 등으로 공격했을 때 상대의 키를 넘겨 코트의 직선 또는 대각선 방향으로 뒤쪽코트의 구석을 겨냥하는 것이다. 이렇게 공이 높이 체공하는 동안 다시 경기의 리듬을 되찾으며 전세를 가다듬을 수 있다. 수세에 몰려 수비를 하기 위해 실시하는 기술이기는 하나 정확히 뒤쪽코너를 목표로 할 수 있다면 상대를 구석에 위치시켜 샷을 하는 데 어려움을 더해 줄 수도 있다.

7) 리버스 앵글(reverse angle)

보스트와 반대되는 경로로 볼을 쳐서 상대의 균형을 무너뜨리는 샷.

반대쪽 옆벽을 먼저 맞추고 반대편 코너로 볼을 떨어뜨리는 샷.

상대가 예측하지 못한 반대쪽 벽으로 볼을 각도가 있게 쳐, 앞 벽 코너에 바로 떨어뜨리거나 반대쪽 벽 코너로 볼을 보내는 응용된 샷이다.

8) 킬 샷(kill shot)

킬 샷은 이름 뜻 그대로 '죽이는' 샷이다. 앞쪽코트 코너의 틴 바로 위를 쳐 닉을 겨냥한다는 것은 드롭과 비슷하나, 드롭과는 달리 바운드의 정점에서 아주 강하게 스윙하여 공이 닉을 맞은 이후 바운드가 거의 되지 않게 하는 위력적인 기술이다. 킬 샷 역시 랠리 중 상대가 뒤쪽에 위치하고 공이 다소 크게 바운드되었을 때에 기회를 놓치지 않고 득점으로 연결할 수 있는 공격적인 기술이다.

9) 멘탈터닝 샷(mental turning shot)

멘탈터닝 샷 역시 보스트와 함께 다른 경기에서는 찾아보기 힘든 기술이다. 이는 공이 길게 날아가 뒷벽 가까이에서 바운드된 후 뒷벽을 맞고 다시 튕겨져 나와 바닥에 닿기 전에 받아 치는 기술을 말한다. 경기 중 스트레이트나 크로스 등 뒷벽을 향해 길게 날아가는 공은 대부분 이렇게 뒷벽을 맞춘 다음 받아 치게 된다. 이때는 우선적으로 뒷벽을 이용할 것인지에 대해 빨리 판단해야 한다. 그리고 공이 뒷벽을 맞은 다음에는 공의 탄성이 많이 죽어 있어 스윙을 할 수 있는 공간이 충분치 않기 때문에 볼을 향한 올바른 위치선정과 손목관절과 팔꿈치 관절을 이용한 정교한 스윙동작이 요구된다.

10) 코트에서의 움직임: 풋워크(foot work)

풋워크는 크게 앞쪽 코트로 향하는 스텝, 가운데에서 움직임, 뒤쪽 코트로 향하는 스텝으로 나누어 연습할 수 있다. 각각의 방향에 따라 포핸드와 백핸드로 구분되므로 여섯 방향으로의 움직임을 연습하게 된다. 경기 중 상대와의 속도감 있는 랠리에서 정확하고 힘 있는 스트로크를 위해서는 민첩하고 순발력 있는 움직임이 필요하다. 코트에서의 움직임은 러닝스텝과 사이드스텝을 사용하게 되는데, 코트 중앙과 뒤쪽 코트에서는 주로 사이드스텝에 의한 움직임이 유용하다. 반복적으로 훈련된 정확한 풋워크는 옆벽과 뒷벽에 의한 장애를 잘 극복하는 데 도움이 된다.

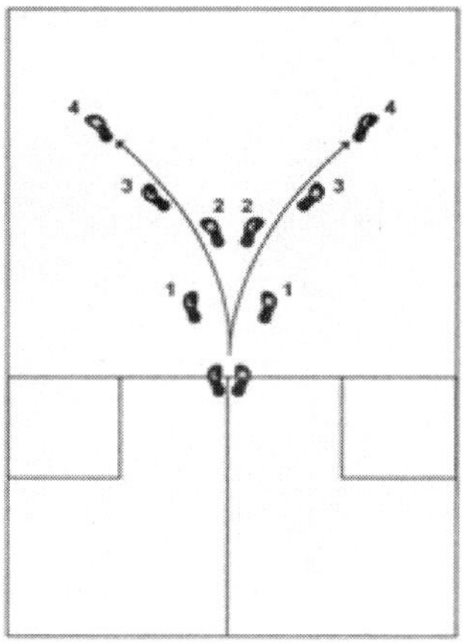

코트 앞쪽으로 풋워크

- T에서 신속한 판단 후, 움직임을 시작한다.
- 런닝 스텝을 이용한다.
- 오른쪽은 오른발부터, 왼쪽은 왼발부터 시작한다.
- 4스텝으로 움직임을 마무리한다.
- 공에 접근하는 진로는 약간의 곡선을 유지한다.
- 마지막 디딤발에 맞추어 스트로크를 실행한다.
- 스트로크 후에는 뒷걸음으로 신속히 T로 복귀한다.

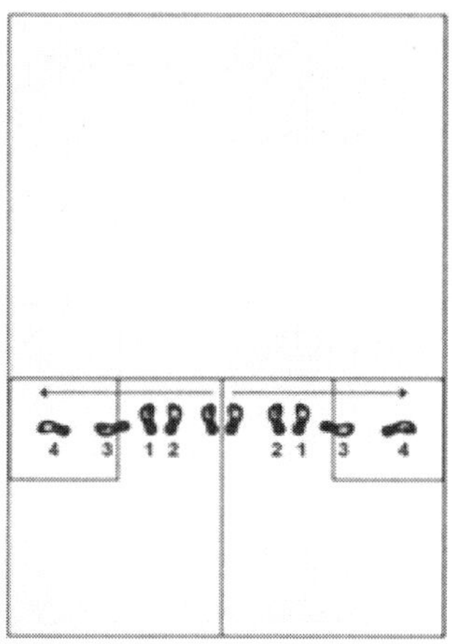

코트 중앙에서 풋워크

- T에서 신속한 판단 후, 움직임을 시작한다.
- 사이드스텝을 이용한다.
- 오른쪽은 오른발부터, 왼쪽은 왼발부터 시작한다.
- 마지막 디딤발에 맞추어 스트로크를 실행한다.
- 스트로크 후에는 신속히 T로 복귀한다.

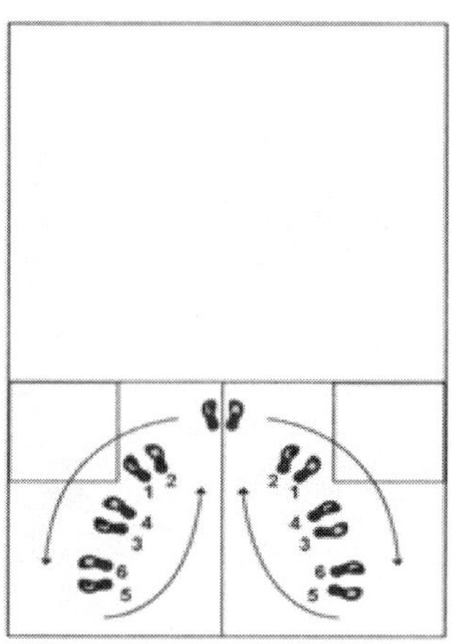

코트 뒤쪽으로 풋워크

- T에서 신속한 판단 후, 움직임을 시작한다.
- 사이드스텝을 이용한다.
- 오른쪽은 오른발부터, 왼쪽은 왼발부터 시작한다.
- 공에 접근하는 진로는 J모양을 유지한다.
- 반복연습으로 코너에서 원활한 스트로크를 익힌다.
- 스트로크 후에는 하프라인을 따라 신속히 T로 복귀한다.

제5장 | 스쿼시의 기본샷

1. 기본기술

1) 드라이브(Drive)

무릎 정도의 높이로 오는 볼을 백월 가까이에서 바운드가 되게끔 강하고 낮게 치는 샷을 말하며 드라이브는 스쿼시에서 가장 기본이 되는 기술 중의 하나이다.

이 드라이브가 잘 되지 않는다면 항상 상대편에게 끌려가는 페이스를 하게 되기 때문에 많은 연습과 노력이 필요하다.

항상 드라이브를 정확하게 치기 위해서는 자세가 안정이 되어 있어야 하며, 볼을 항상 주시해야 된다. 특히 라켓은 항상 들고 있어야 하는 것을 잊어서는 안 된다.

※ 드라이브 기술(포핸드/백핸드 드라이브, 크로스 코트 드라이브)

(1) 포핸드 드라이브

지도를 시작하기 전에 먼저 그립 잡는 법을 가르쳐야 하는데 스쿼시는 선수들이 그립을 바꾸는 시간이 거의 없기 때문에 코치는 선수들이 포핸드와 백핸드에 같은 그립을 사용하도록 가르쳐야 한다. 올바른 그립은 모든 스쿼시 타법의 전제 조건이다.

선수에게 오른손으로 라켓의 손잡이를 잡고 라켓 면은 바닥과 직각을 이루도록, 즉 손잡이와 악수하듯 잡도록 한다. 그러면 선수는 엄지를 손잡이의 등에 걸치고 나머지 손가락으로 손잡이를 거머쥐어야 한다. 엄지와 검지는 V자를 이루어야 한다. 이 V자는 라켓 손잡이의 중앙에서 약간 왼쪽으로 비껴 있게 된다. 검지는 중지에서 약간 떨어져야 한다. 그립은 손잡이를 너무 꽉 조이지도 너무 헐겁지도 않게 편안해야 한다. 손잡이의 크기가 적절하지 않으면 팔뚝과 팔꿈치에 부상을 가져올 수 있다.

※ 모든 지시사항은 오른손잡이 선수와 관계가 있다. 그러므로 왼손잡이 선수는 반대로 해석해야 한다.

1 개요

포핸드 드라이브의 목표는 볼이 전방의 벽을 때린 후 옆벽에 근접하여 평행으로 상당한 길이를 날아, 바닥을 맞고 뒷벽 가까운 곳에서 바운드가 약해지는 것이다. 볼의 첫 바운드에서 어디로 바운드하는가는 타구의 힘과 높이는 물론 속도에 달려 있다. 볼이 서비스 박스 뒤쪽 옆벽을 스친 경우, 볼의 속도가 떨어져 코트 후위에서 반동 없이 떨어지는데 도움이 된다. 코치는 볼을 멀리 쳐내기 위해서는 볼을 강타하는 것보다 높이를 이용하는 것이 더욱 중요하다는 것을 학생들에게 강조해야 한다. 직선으로 긴 타구는 상대 선수를 반대 코너로 움직이게 하여 랠리 중 위치를 벗어났을 때, 중심을 잃었을 때 랠리에서 이기기 위한 가장 필수적인 타구이다.

2 시범

코치는 서비스 박스 후방 근처에서 몇 개의 타구를 날리고 이어서 요점을 강조하기 위해 적당히 멀리 타구를 보임으로써 마무리한다.

처음에는 선수들을 옆벽과 코너 근처의 뒷벽을 따라 자리를 잡게 한다. 그런 다음 선수들은 서로 다른 시범의 핵심 사항을 관찰하기 위해 위치를 바꿀 수 있으며 코치는 옆벽을 따라 선 선수들을 보면서 시범을 관찰하도록 해야 한다. 볼 없이 단순한 설명만으로 스트로크를 부분적으로 나누어 지도한 후 몇 차례의 타구 시범을 보임으로써 선수들이 쉽게 따라할 수 있도록 한다.

3 설명

포핸드 드라이브 동작은 수면 위로 돌을 던져 물수제비뜨기 할 때 동작과 비슷하다. 볼이 틴 보드 약간 위로 스치듯 날아가도록 서비스 박스에서 스쿼시 볼을 던지면서 선수들을 돌아가면서 연습시킨다. 특히 다음을 강조해야 한다.

- 던지기 전 팔의 위치
- 던지기 전에 체중이 실린 발
- 뒤에 놓인 발에서 앞에 놓인 발로 체중 이동 방법
- 몸, 어깨, 볼을 던진 팔과 손목의 움직임

기억할 점

① 볼과 관련된 자세
- 측방 자세, 몸과 어깨가 옆면을 향한다.
- 볼이 바운드 되어 최 정점에 이르는 것을 주시하며 친다.
- 스윙하기 편안한 거리에서 볼을 친다.

② 발 동작
- 왼발을 앞으로 내딛는다.
- 무릎을 구부려서 볼을 받는다.

③ 스윙(설명을 하는 동안 강조)
- 팔꿈치를 구부려 미리 백스윙을 한다.
- 손목을 젖힌다.
- 팔의 긴장을 풀되 직선으로 볼을 친다.
- 볼의 방향으로 라켓을 멈춤 없이 끝까지 휘두른다.

④ 라켓 면의 조작
- 라켓 면은 볼에 약간 오픈 되어 바른 그립으로 볼을 친다.
- 타구 순간 라켓 면과 손목의 위치는 수평이 된다.

⑤ 균형과 체중 이동

- 양발을 적당한 넓이로 벌려 균형을 유지한다.
- 체중 이동은 무게 중심을 오른발에 두었다가 스윙과 함께 왼발로 이동시킨다.

이 설명은 스트로크를 지도할 때 핵심적인 사항이다. 그러나 이 모든 설명을 선수들에게 한 번에 전달하기 보다는 부분적으로 세분화하여 지도하는 것이 바람직하다.

4 활동

선수들은 코트에 줄을 지어 정열 한다. 스윙을 단계로 준비한다. 준비 자세부터 ① 백스윙 ② 왼발을 먼저 내디디면서 옆벽을 향해 움직인다. ③ 팔꿈치를 이끌면서(내전작용) 동시에 체중을 앞선 발로 옮기면서 임팩트 지점으로 라켓을 낮춘다. ④ 볼의 방향으로 라켓을 멈춤 없이 끝까지 휘두른다. 코치는 선수들의 움직임에 만족할 때까지 학생들과 함께 훈련을 수행한다. 그런 다음 단계적인 피드로 시작하여, 핸드 피드, 라켓 피드, 라켓 연속 피드, 조건부 경기 및 재미있는 경기 등으로 훈련을 진행으로 이동한다.

5 요약

스윙, 발놀림 및 몸의 위치의 요점을 강조한다. 질문을 주고받는다. 과제를 내고, 다음 강습을 내용에 관해 알려준다.

포핸드 드라이브 동작

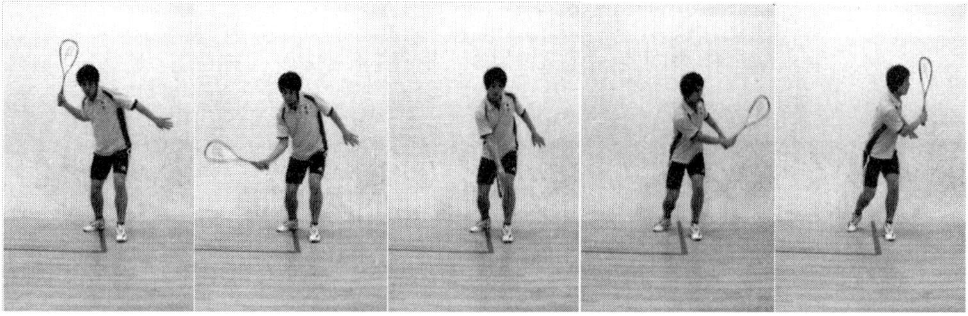

백스윙 다운스윙 임팩트 팔로스루

(2) 백핸드 드라이브

1 개요

백핸드 드라이브의 목표는 볼이 상당한 거리를 백핸드 옆벽 가까이 평행으로 날아 바닥을 맞고 뒷벽에 가깝게 바운드 되어 약해지게 하는 것이다. 코트를 가로지르는 타구를 칠 때에는 주의를 기울여야 한다. 충분한 너비로 날아가지 않는 이상 상대가 쉽게 가로챌 수 있기 때문이다. 상대의 공격 차단을 피하려면 볼이 앞 벽을 맞은 후 바운드 되어 서비스 박스 뒤의 옆벽을 맞도록 지도한다.

2 시범

포핸드와 같은 내용을 백핸드 코트에서 시범을 보인다. 이 단계에서는 직선 백핸드 드라이브의 시범만 보인다.

3 설명

백핸드를 칠 때의 동작은 '프리스비'를 던질 때 동작과 상당히 비슷하다. 유일한 차이는 프리스비를 던질 때에는 손목을 젖히지 않는다는 점이다. 스쿼시에서는 손목을 젖힌다.

기억할 점

① 볼과 관련된 자세

- 측방 자세
- 볼을 주시하고 바운드 정점에서 친다.
- 오른 무릎 바로 앞의 편안한 거리에서 볼을 친다.

② 발 동작

- 오른발을 앞으로 내딛는다.
- 오른 무릎을 구부려서 볼을 받는다.

③ 스윙(강조할 점)

- 팔꿈치를 구부린 채로 라켓을 뒤로 보내 백 스윙을 한다.
- 손목을 젖힌다.
- 긴장을 풀고 팔을 직선으로 끝까지 휘둘러 라켓이 11시 방향을 가리키게 한다.

④ 라켓 면의 조작

- 라켓 면이 약간 오픈된다.

⑤ 균형과 체중 이동

- 발은 어깨넓이 정도로 벌린다.
- 스트로크를 하면서 왼발에서 오른발로 체중을 이동시킨다.

경기를 학습하는 초기 단계에서는 상기 사항들만 언급하도록 한다. 다른 사항들은 선수들이 기본기를 일단 발전시킨 후 점차적으로 스트로크에 도입될 수 있다. 처음에 강조할 가장 중요한 부분은 다음과 같다

- 미리 백스윙을 한다.
- 측방자세를 취한다.
- 볼을 주시한다.
- 오른 무릎 바로 앞 편안한 거리에서 볼을 친다.
- 라켓을 끝까지 휘두른다.

4 활동

백핸드 코트에서 이루어진다는 점을 제외하고는 포핸드 드라이브의 훈련 진행과 매우 유사하다.

5 요약

스윙, 발놀림 및 몸의 위치의 요점을 강조한다. 질문을 주고받는다. 과제를 내고, 다음 강습을 내용에 관해 알려준다.

백핸드 드라이브 동작

백스윙 다운스윙 임팩트 팔로스루

포핸드 드라이브(Forehand Drive)		백핸드 드라이브(Backhand Drive)
1. 라켓은 항상 손목을 세워 눈높이로 들고 있는다. (콕 상태 유지) 2. 자연스럽게 공의 방향으로 몸을 이동시켜 옆벽과 자기 자신의 가슴이 평행을 이루도록 한다.("우향우"를 한다는 생각으로 자세 이동!) 3. 라켓은 가볍게 뒤로 넘기더라도 팔꿈치는 바닥을 향하도록 한다. 4. 백스윙이 이루어짐과 동시에 발동작 또한 옆벽을 가리키며 "11"자를 만들어 준다. 5. 라켓을 든 손의 위치가 자기 자신의 오른쪽 귀의 위치에 오도록 한다. 6. 자신의 시선은 볼을 항상 주시한다.	백스윙	1. 라켓은 항상 손목을 세워 눈높이로 들고 있는다. (콕 상태 유지) 2. 자연스럽게 공의 방향으로 몸을 이동시켜 옆벽과 자기 자신의 가슴이 평행을 이루도록 한다. ("좌향좌"를 한다는 생각으로 자세를 이동!) 3. 정면 쪽으로 어깨를 돌려 팔의 팔꿈치를 밑으로 향하게 한 상태에서 라켓 헤드를 수직으로 높이 든다. 4. 시선은 어깨너머로 볼을 보고 있다. 5. 라켓을 든 손의 위치가 자신의 왼쪽 귀의 위치에 오도록 한다. 6. 팔동작은 "X"로 교차를 한다는 자세를 취한다.
1. 백스윙에서 볼을 맞추는 그 순간까지 항상 볼에서 시선을 떼서는 안된다. 2. 라켓은 백스윙에서 오른쪽 무릎 앞까지 위치하는데 타원형으로 스윙을 한다. 3. 도끼질을 하는 생각으로 라켓을 임팩트 까지 위치를 시켜준다. 4. 항상 임팩트 순간까지는 손목을 고정시켜야 한다. (콕 상태유지) 5. 임팩트 시 팔과 손목과 라켓은 "ㄴ"이 되게끔 해 준다. 6. 중심축은 왼쪽 발로 이동 시켜 준다. 7. 볼이 라켓에 맞는 순간까지 시선을 고정시킨다.	임팩트	1. 라켓과 볼의 이상적인 위치는 내딛은 발로부터 정면쪽으로 약30cm정도 앞에서 서도록 하는 것이 가장 이상적이다. 2. 볼을 좀더 강도있게 스윙을 하기위해서는 어깨를 정면쪽으로 돌리면서 몸을 최대한 돌리고, 라켓헤드를 위쪽으로 높이 든 상태에서 스윙이 이루어져야 한다. 3. 중심이동은 왼발에서 오른쪽 발로 이동을 시켜준다. 4. 볼이 맞는 순간까지 손목은 고정이 되어 있어야 한다. ("ㄴ"자가 되게끔 해준다.) 5. 시선은 항상 볼에 고정을 시킨다.
1. 임팩트 후 라켓에 맞은 볼을 앞으로 밀어내는 느낌으로 약30cm정도 더 밀어 준다. 2. 균형을 잡기 위해서는 무릎을 구부려 자세를 낮추어야 한다. 3. 임팩트한 라켓은 왼쪽 목덜미 쪽으로 이동을 시키거나 아님 왼쪽 상박에 라켓을 가볍게 가져다 놓는다는 생각으로 마무리동작을 하면 된다. 4. 스윙 후 앞쪽 어깨가 열리지 않도록 한다. 5. 중심이동을 한 왼쪽 발이 움직여서는 안된다. 6. 스윙 후 시선은 볼이 날아가는 방향으로 주시해야 한다.	팔로스루	1. 임팩트 후 라켓은 볼이 가는 방향으로 이동을 시켜준다는 느낌으로 뻗어 준다. 2. 비행기가 이륙한다는 느낌으로 스윙을 한다. 3. 항상 손목은 고정을 시켜준다. 4. 팔꿈치는 굽히는 것이 아니라 펴준다. 5. 스윙 후 앞쪽 어깨가 열리지 않도록 한다. 6. 스윙을 하고 난후 고정된 오른 발이 움직여서는 안된다. 7. 볼이 가는 방향으로 시선 처리를 해 준다.
1. 포핸드 드라이브는 도끼질을 한다는 느낌이거나 아님 잔잔한 호숫가에 돌맹이를 물위로 연속해서 튕기도록 던진다는 생각으로 스윙하는 것이 가장 바람직하다. 2. 스윙 후 항상 상체가 열려서는 안 된다. 3. 볼에 대한 시선은 항상 고정 되어있어야 한다.	포인트	1. 포핸드와 다른 점은 임팩트시 무릎 앞에서 하는 것이 아니라 무릎 보다 정면으로 약 30cm 앞에서 임팩트 하는 것이 가장 이상적이다. 2. 스윙 동작은 부메랑을 던진다는 생각으로 가볍게 행한다. 3. 스윙 후 팔고 팔은 서로 교차하면서 뻗어 준다.

2) 발리(Volley)

1 개요

발리(volley)는 로브, 드라이브 및 보스트로 이루어지는 특별한 타구이다.

발리는 볼이 바닥에 이르기 전 공중에서 치는 타구이다. 공격형 타구로 경기를 적극적으로 운영할 때 도움이 된다. 발리에는 몇 가지 유형이 있는데 본 교습에서는 발리 드라이브만 가르친다.

2 시범

선수는 코치를 마주보고 옆벽을 따라 자리를 잡는다. 코치는 발리를 치기 위해 앞벽에서 볼을 던진다. 코치는 앞벽 근처에서 첫 시범을 보이고 'T' 영역으로 돌아온다.

3 설명

포핸드 발리와 백핸드 발리의 기술은 동일하다. 옆벽으로 몸을 향한다. 왼발을 앞으로 내딛는다. 백스윙을 줄이고 체중은 뒤쪽 발에 두고 손목을 젖혀서 라켓 헤드는 위를 향한 채로 볼을 주시한다. 무릎을 구부려 어깨 높이나 허리 위치한 볼에 맞춘다. 스윙에 맞추어 체중을 앞쪽으로 이동하고 이때 볼은 앞쪽에 위치한 발과 동일 선상에 위치한다. 라켓을 끝까지 스윙하여 볼이 원하는 방향으로 날아가도록 한다.

4 활동

① 볼 조정 연습으로 시작한다.

- 라켓 면으로 볼을 튀긴다. 포핸드 & 백핸드
- 벽 가까이에서 발리를 연습한다. 포핸드 & 백핸드

② 라켓 피딩, 라켓 연속 연습, 조건부 경기 및 재미있는 경기 등으로 훈련을 진행하면서 계속한다.

5 요약

스윙, 발놀림 및 몸의 위치의 요점을 강조한다. 질문을 주고 받는다. 과제를 내고, 다음 훈련 내용에 대해 알려준다.

※ 발리와 스매시의 차이는, 스매시는 팔을 위로 들어 던지는 자세로 볼을 치는 오버헤드 타구이다. 스매시는 대개 높고 느린 느슨한 타구로 친다.

10가지 단독 발리 훈련 (각 연습에서 20개의 연속 타구를 목표로 한다.)

① 백핸드 라켓 면으로 볼을 공중에 튀긴다.

② 포핸드 라켓 면으로 볼을 공중에 튀긴다.

③ 백핸드와 포핸드를 번갈아 가며 볼을 공중에 튀긴다.

④ 벽에서 1m 떨어져서 포핸드 발리를 연속으로 친다.

⑤ 벽에서 1m 떨어져서 백핸드 발리를 연속으로 친다.

⑥
- 포핸드 스트레이트 발리 1회
- 코트를 가로지르는 포핸드 발리 1회
- 백핸드 스트레이트 발리 1회
- 코트를 가로지르는 백핸드 발리 1회

⑦ 코트를 가로지르는 포핸드와 백핸드 발리를 번갈아 가며 친다.

⑧ 포핸드 발리를 아래로 때려 볼이 틴 바로 위를 맞도록 한 다음 벽 아래로 다시 발리를 친다.

⑨ 같은 방법으로 동일하게 백핸드를 연습한다.

⑩
- 포핸드로 볼을 직선으로 올린다.
- 포핸드 발리로 아래로 때려 볼이 코트를 가로질러 틴 위쪽을 맞도록 한다.
- 백핸드로 볼을 직선으로 위로 올린다.
- 백핸드 발리로 아래로 때려 볼이 코트를 가로질러 틴 위쪽을 맞도록 한다.

발리는 스쿼시의 기술수준 가장 중요한 결정적인 샷으로 경기 시 완벽하고 정확한 컨트롤의 발리를 구사하면 항상 페이스를 자기의 것으로 만들 수 있으며 경기를 승리로 이끌 수 있는 중요한 기술 중의 하나이다.

발리 기술을 사용을 할 시에는 상대방으로 하여금 시간적 여유를 주지 않을 때라든지 공격적인 면을 사용 할 때 가장 많이 쓰는 기술이 발리이다. 항상 발리는 수비형 이기 보다는 공격형으로 보는 것이 나을 것이다. 그리고 발리로 처리할 수 있는 볼이면 항상 발리로 처리하는 것이 좋다. 그 이유는 발리로 처리 할 수 있는 볼을 처리하지 않고 뒤로 보낸다면 그 만큼 상대방이 쉴 수 있는 시간적 여유와 T존에 위치할 수 있는 그런 여유를 주기 때문에 발리로 끊는 것이 매우 효과적이며 상대의 패턴을 뺏는 것이다.

발리로 차단을 하더라도 볼의 컨트롤은 정확하게 이루어 져야 함을 잊어서는 안 된다.

※ 발리 기술: 발리 드롭, 발리 킬샷, 발리 닉샷, 발리 롭, 발리 보스트, 발리 리버스 보스트

포핸드 발리 동작

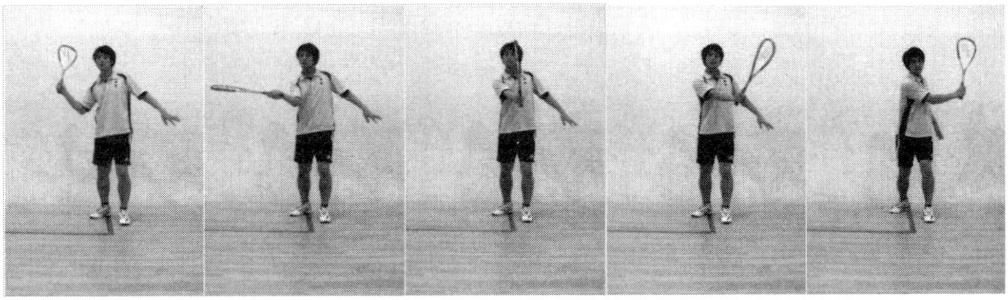

백스윙 임팩트 팔로우

백핸드 발리 동작

백스윙 임팩트 팔로우

포핸드 발리(Forehand Volley)		백핸드 발리(Backhand Volley)
1. 라켓을 눈높이에 고정 시킨 상태에서 준비를 한다. 2. 포핸드 드라이브 백스윙과 동일하게 라켓을 뒤쪽으로 넘기며 팔꿈치는 항상 바닥을 향하게 한다. 3. 볼이 날아오는 방향으로 자세를 틀어 어깨를 정면으로 향하게 한 다음 왼쪽 발을 앞으로 내딛는다. 4. 항상 시선은 볼을 주시한다. 5. 왼쪽 손끝은 볼을 가리킨다.	백스윙	1. 스윙 시 허리에서부터 몸을 돌려주어야 한다. 2. 오른쪽 어깨를 정면 벽을 향하도록 회전을 시켜주어야 한다. 3. 라켓과 팔꿈치를 가슴으로부터 멀리 들어 거의 어깨와 뺨이 닿는 백스윙 자세가 되는 것이 효율적이다. 4. 팔과 팔은 서로 “X”자로 교차 시켜준다. 5. 우측 어깨너머로 정면 벽을 쳐다본다는 느낌으로 자세를 취한다. 6. 손목은 항상 고정된 상태이다.
1. 볼의 높·낮이에 따라 디딤발의 높이도 다르게 위치한다. 2. 임팩트는 자신의 왼쪽 발 위치에서 이루어지도록 한다. 3. 항상 손목은 15°정도 대각선으로 제쳐준다. 4. 왼쪽 팔은 볼을 끝까지 지향한다. 5. 임팩트 시 팔은 전체가 펴준다. 6. 볼이 맞음과 동시에 라켓은 고정된 상태에서 앞으로 30cm정도 더 밀어준다.	임팩트	1. 볼의 높·낮이에 따라 오른 발의 높·낮이도 달라져야 한다. 2. 임팩트 시 자신의 오른쪽 발 위치에서 이루어 져야 한다. 3. 임팩트 시 팔 전체가 펴져야 한다. 4. 항상 라켓과 손목은 90°가 유지 되어야 한다. 5. 오른 무릎이 중심을 잡아 볼의 컨트롤을 도와야 한다. 6. 시선은 항상 볼에서 떨어져서는 안 된다.
1. 볼이 맞음과 동시에 라켓은 볼이 밀어주다가 가볍게 좌측 상박이나 목덜미 쪽으로 가져다주는 것이 가장 이상적인 자세이다. 2. 볼을 치는 순간 라켓을 가능한 수평으로 유지를 하면서 마무리를 해주는 것이 좋다. 3. 항상 시선은 볼이 날아가는 방향으로 주시한다.	팔로스루	1. 포핸드와는 다르게 스윙을 좀더 빨리한다는 생각으로 해야 한다. 2. 스트로크 순간부터 손목과 팔꿈치는 가능한 바닥과 평행되게 누르듯이 뻗는 스윙을 해줘야 한다. 3. 스윙 시에는 볼과 거리는 최대한 편안한 거리를 두도록 한다. 4. 반대 팔은 균형을 잡아주듯 서로 교차시켜준다. 5. 시선은 항상 볼을 주시한다.
1. 상대의 불완전한 롭 샷을 중간에서 차단한다. 2. 볼의 위치는 허리와 어깨 높이가 가장 이상적이며, 팔을 굽히지 말고 항상 뻗어 안정감 있게 스윙을 한다. 3. 빠른 공격으로 상대의 타이밍을 완전히 뺏는다. 4. 체력적인 면을 보완 할 수 있다.	포인트	1. 오른쪽 어깨를 돌리면서 백스윙을 가능한 충분히 해준다. 2. 스트로크 타이밍에 맞추어 중심을 이동한다. 3. 볼과의 충분한 거리를 확보한다.

3) 드롭(Drop)

1 개요

드롭 샷은 기본 공격 타구로 볼이 앞 벽에 정교하게 맞고 앞 벽에 가깝게 가능하면 앞 벽 코너로 떨어지는 타구를 말한다. 드롭 샷은 상대가 자신의 뒤에 있을 때 T 지역 앞쪽에서 할 때 가장 효과적이다. 옵션이 없고 풀 스트레치에 있을 때 드롭은 수비 타구가 된다.

2 시범

선수들을 앞 벽에 가까운 쪽의 옆벽을 따라 자리 잡게 한다. 코치는 T에서 약간 앞쪽에 자리를 잡는다. 코너를 바라보면서 드롭 샷을 쳐서 볼을 공급하거나 앞 벽에서 볼을 공급한 다음 코너로 드롭 샷을 때린다. 몇 번 시범을 보인 후 스윙, 발동작 및 몸의 위치의 다양한 부분을 강조한다.

3 설명

몸은 측방으로 어깨는 볼을 보내고자 하는 방향과 일치하며 무릎은 구부리고 손목은 젖혀 라켓 헤드를 위로 한다. 백스윙은 드라이브만큼 높지 않으며 라켓 면을 약간 오픈하여 볼은 앞선 발 앞에서 친다. 라켓의 스윙은 최소한으로 볼을 보내고자 하는 방향으로 하지만 너무 제한되어서도 안 된다. 드롭 샷은 볼이 앞 벽에 먼저 맞고 가능한 옆벽에 가깝게 바운드 되게 한다.

4 활동

간단한 볼 컨트롤 연습으로 시작한다. 드롭 샷을 앞 벽에 아주 가깝게 친 다음 코트 주변을 '걷는다'. 발동작이 올바른지 확인한다. 학생들이 드롭 샷을 치는 감을 터득해감에 따라 드롭 피드, 핸드 피드, 라켓 피드, 연속 피드, 보스트로부터 피드, 조건부 경기 및 재미있는 경기 순서로 드롭 샷 피딩을 진행한다.

5 요약

스윙, 발놀림 및 몸의 위치의 요점을 강조한다. 질문을 주고받는다. 과제를 내고, 다음 강습을 내용을 설명해 준다.

드롭샷의 공격은 어떠한 공격보다 빠르고 정확하여야 하며, 경기의 진행속도를 높인다던지 상대에게 결정적 일침을 넣는 데 의의가 있다.

드롭 샷은 상대방을 효과적으로 지치게 하거나 위협을 줄 수 있는 샷이다. 항상 드롭샷을 연습을 할 때는 사이드 월과 바닥이 만나는 지점인 닉(Nick)존을 향해서 샷을 연습해야 한다.

드롭을 정확하게 놓지 않고 어설프게 볼을 띄운다든지 아니면 볼을 사이드 월 가까이 붙이지 않는 다면 상대방은 이 볼을 역공으로 대 받아 칠 수 있기 때문에 조심해서 정확하고 정교하게 샷을 사용하여야 한다. 그렇다고 드롭 샷을 너무 낮게 치려고 하다 보면 틴 보드에 맡기 일수 이다. 이점을 유념해서 정확하고 정교한 드롭샷을 반복해서 연습하는 것이 중요하다.

※ 드롭 기술: 숏 드롭, 롤 드롭, 크로스 드롭

포핸드 드롭

백스윙 임팩트 팔로스루

백핸드 드롭

백스윙 임팩트 팔로스루

드롭 연습 시 point

- 앞쪽 코너를 향하도록 몸의 방향을 비스듬히 한다.
- 슬라이스(slice) 스트로크 방법을 익힌다.
- 손목 콕을 견고하게 유지한다.
- 팔로우 스윙을 공의 진행방향으로 끝까지 유지시킨다.
- 하체를 견고하게 유지한다.
- 공을 끝까지 주시하며 임팩트를 정확히 한다.

슬라이스 구질과 닉(nick)

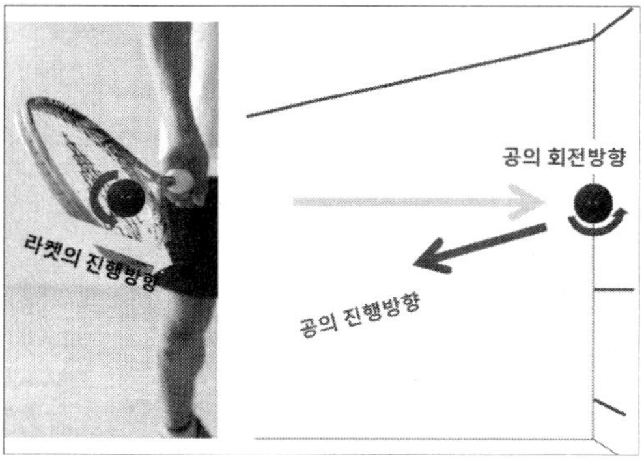

슬라이스에 의한 공의 구질

- 라켓을 약간 기울여 임팩트 시킨다.
- 손목을 강하게 유지해야 한다.
- 공의 약간 아래 부분을 쳐 회전이 걸리게 한다.
- 정면 벽에 맞는 공은 회전이 작용한다.
- 회전력에 의해 아래로 낮게 깔려 나온다.
- 낮게 반발된 공은 바운드가 낮고 강해 상대에게 위협적이다.
- 드롭, 킬 샷 시 유용하다.
- 드라이브 시에도 강한 슬라이스를 줄 수 있어야 한다.

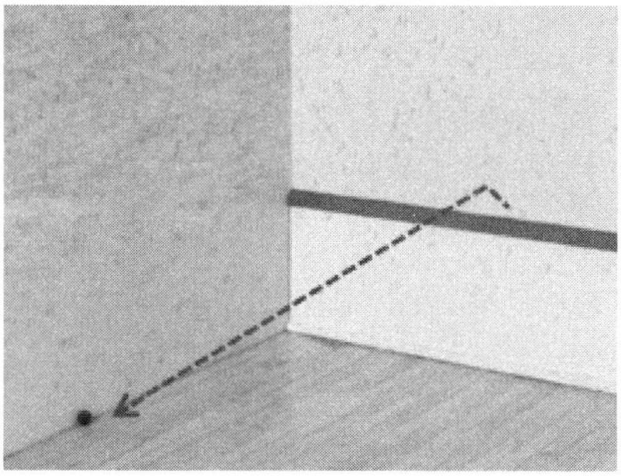
닉

- 닉(nick)은 벽면과 바닥이 맞닿는 곳이다.
- 공이 닉에 맞게 되면 바운드가 작거나 사라지는 현상이 발생한다.
- 공격적인 샷을 위해 목표로 삼는다.
- 드롭, 킬 샷 시도 시 닉이 목표가 된다.
- 닉을 위해서는 스트로크 자세가 중요하다.

	드롭 (Drop)		드롭 (Drop)
포핸드 드롭	1. 백스윙은 마치 강한 드라이브를 할 것처럼 라켓을 높이 들며 상황에 따라 적절한 스트로크 타이밍이 되도록 응용력을 발휘한다. 2. 중심은 왼발을 앞으로 뻗으면서 오른발로 단단히 지탱해 준다. 3. 스윙 시 양 무릎을 굽혀 다음 동작에 유연하게 대처 할 수 있어야 한다. 4. 스트로크 순간에 체중을 앞으로 이동시키면서 균형을 유지해야 한다. 5. 시선을 볼에 집중 시켜야 한다.	백핸드 드롭	1. 상대가 드롭임을 알지 못하도록 라켓을 높이 든다. 2. 오른발이 볼이 오는 쪽으로 향하게 하고 균형을 잡는데 집중한다. 3. 스트로크는 너무 세지 않은 정도로 세밀하게 쳐야 한다. 4. 볼 밑을 세밀하고 정확하게 스트로크 하면서 강한 스핀이 걸리도록 유연하게 밀어준다. 5. 의도한 방향과 각도로 볼이 갈 수 있도록 안정된 마무리를 한다.
포핸드 크로스코트 드롭	1. 충분한 백스윙을 해주며 안정된 중심이동으로 스트로크 타이밍을 맞춘다. 2. 상대가 예측하기 어렵게 스트로크 순간에 손목을 유연하게 꺾어 반대편 코너로 밀어준다. 3. 안정된 균형을 유지하는 것이 중요하다. 4. 항상 손목을 콕 상태를 유지해야 한다. 5. 임팩트 시 손목이 움직이면 안 된다. 6. 볼이 가는 방향으로 라켓방향도 동일하게 이동해야 한다.	백핸드 크로스코트 드롭	1. 스트로크 타이밍에 맞춰 안정감 있게 접근한다. 2. 어떤 응용 스트로크도 가능할 수 있도록 안정된 균형을 잡아주면서 반대편코너로 세밀하게 스핀을 주어 밀어 친다. 3. 유연한 마무리와 함께 상대의 움직임에 집중하면서 "T"지역으로 이동한다. 4. 스윙의 마무리 동작은 볼이 날아가는 방향으로 뻗어주는 것이다. 5. 항상 손목은 콕 상태를 유지한다. 6. 라켓의 흔들림이 있어서는 안 된다.
포핸드 쇼트	1. 백스윙을 생략하거나 상대를 속이는 백스윙동작을 시도하면서 볼에 접근한다. 2. 스트로크 순간에 상대가 예측하기 힘든 방향과 각도로 유연하게 스핀을 주면서 짧게 밀어 친다. 3. 의도한 방향과 각도로 볼이 안정감 있게 갈수 있도록 세밀하게 마무리 한다. 4. 볼이 날아가는 방향으로 시선을 집중시킨다. 5. 항상 손목이 쳐져 있으면 안 된다.	백핸드 쇼트	1. 안정된 스트로크를 위해 순간적으로 균형을 잡는다. 2. 라켓면과 볼에 집중하고 의도한 방향과 각도로 짧게 밀어 친다. 3. 볼이 의도한 방향으로 갈 수 있도록 안정감 있게 마무리한다. 4. 항상 자세는 볼의 바운드에 맞게끔 낮아야 한다. 5. 손목은 고정시키고 시선은 항상 볼을 향한다.
포인트	1. 드롭은 자신의 의도를 노출시키지 않는데 있다. 2. 상대가 알지 못하도록 라켓을 높이 들어 상대를 속인다. 3. 볼이 맞는 순간 라켓이 흔들리면 안 되기 때문에 손목이 고정되어 있어야 한다.	포인트	1. 스트로크는 너무 세지 않은 정도로 세밀하게 쳐야 한다. 2. 상대가 뒤에 있을 때 당황하게 만들거나 체력적으로 많은 소모를 가져다주기를 원할 때 사용한다. 3. 오른발이 볼이 오는 쪽으로 향하게 한다.

4) 롭(Lob)

1 개요

로브는 볼이 앞 벽을 맞고 위로 튀어 올라 코트의 길이만큼 떨어져 (또는 코트를 가로질러) 다시 튀고 뒷벽에 가깝게 떨어지는 타구이다. 주로 쇼트 라인 이상의 코트 앞쪽에서 친다. 스트레이트 로브와 크로스 코트 로브의 두 종류가 있다. 여기서는 크로스 코트 로브만 가르친다.

2 시범

선수들은 앞 벽에 가까운 옆벽을 따라 정열 한다. 코치는 학생을 마주보면서 크로스 코트 로브를 치도록 앞 벽에서 로브 한다. 스윙, 몸의 위치 및 발동작의 다양한 부분을 강조하면서 몇 번 시범을 보인다.

3 설명

몸은 앞 벽과 옆벽의 코너를 향하고 어깨는 볼을 보내고자 하는 방향과 일직선을 이룬다. 백스윙의 높이는 드라이브와 같다. 앞으로 나아가면서 앞발의 약간 정면에서 볼을 친다. 라켓을 볼 아래로 넣어 볼이 앞 벽 상단부를 맞고 튀어 오르도록 한다. 볼의 진행 방향으로 라켓을 끝까지 스윙한다.

4 활동

선수들을 앞 벽 가까이에 자리 잡게 하고 몸은 앞 벽과 옆벽 코너를 향하게 한다. 학생들이 로브를 칠 수 있도록 볼을 공급 한다. 조건부 경기 및 재미있는 경기 순으로 훈련을 진행한다.

5 요약

스윙, 발놀림 및 몸의 위치의 요점을 강조한다. 질문을 주고받는다. 과제를 내고, 다음 강습을 내용을 설명해 준다.

롭 샷은 공격적 태도보다는 수비적 태도가 많다. 이는 나 자신의 경기집중 패턴을 가져온다거나 상대의 공격 패턴을 잠시 평평하게 만드는 과정이라고 도볼 수 있다.

롭 샷은 자신이 지쳤을 때나 게임의 진행 속도가 너무 빠르다고 생각이들 때 사용하는 샷이다. 이 샷은 상대방이 드롭샷을 구사했을 때 상대방을 최대한 T-존에서 멀리 보내고 또한 자기의 시간적 여유를 찾기 위해서 사용하는 샷이며 이 기술은 공격형이기보다 수비형에 가깝다고 할 수 있겠다.

항상 롭 샷을 구사할 때는 정확하고 상대방에게 발리나 스매싱에 걸리지 않을 정도의 높이로 백월부근에 떨어지도록 힘과 포인트를 정확하게 사용하여야 한다.

※ 롭 기술: 크로스 롭, 스트레이트 롭

포핸드 롭

백스윙 임팩트 팔로스루

백핸드 롭

백스윙 임팩트 파팔로스루

로브 연습 시 key point

- 스텝 후 디딤발을 깊숙이 뻗어 자세를 많이 낮춘다.
- 라켓 면을 절대적으로 오픈시켜 공의 아래를 걷어 올리듯 스윙한다.
- 앞 벽의 높은 곳을 겨냥해 스트로크를 실시한다.
- 팔로우 스윙을 팔꿈치와 손목스냅을 이용해 약간 접어 올리듯 한다.
- T복귀와 다음 랠리를 위해 중심을 잃지 않도록 한다.
- 상대의 발리를 피할 수 있도록 충분한 높이를 만들어 낸다.

포핸드 롭(Forehand Lob)		백핸드 롭(Backhand Lob)
1. 롭 샷을 치기 위한 준비 자세는 강한 드라이브나 드롭을 치는 것처럼 상대방을 속이는데 초점이 있다. 2. 항상 자세는 낮은 자세이다. 3. 시선은 볼을 주시해야 한다. 4. 오른 발을 앞으로 많은 뻗은 상태에서 라켓을 뒤로 가져간다. 5. 항상 라켓 페이스는 오픈되어 있어야한다. 6. 중심이 흔들려서는 안 된다.	백스윙	1. 상대를 속이기 위해서 백스윙은 크게 해도 좋지만, 부드럽고 짧은 백스윙이면 더욱 효과적이다. 2. 아무리 짧은 볼이라도 걷어 낼 수 있도록 항상 라켓을 잡은 손목을 뒤로 제치고 있어야 한다. 3. 정확한 백스윙과 스텝의 이동을 정확하게 해야 한다. 4. 몸의 중심이 흔들려서는 안 된다. 5. 백핸드 또한 라켓 페이스는 오픈 되어있어야 한다.
1. 상대를 넘기기 위해서는 볼을 높이 올려야 하기 때문에 라켓페이스를 오픈해서 임팩트를 해야 한다. 2. 적절한 손목 사용도 중요하다. 3. 손목의 스냅으로 힘들이지 않고 상대방의 스매싱 범위를 넘기는 것이 중요 하다. 4. 항상 서비스 라인 위를 맞춘다는 생각으로 임팩트 해야 한다. 5. 발을 뻗었을 때 중심이 흔들려서는 안 된다.	임팩트	1. 볼이 정확하게 라켓에 맞을 수 있도록 정확한 타이밍이 요구된다. 2. 항상 균형을 잡은 뒤 상대방의 키를 넘길 수 있도록 올려 친다. 3. 볼이 날아갈 방향으로 라켓 페이스가 열려져 있어야 한다. 4. 항상 시선은 볼에서 떨어지면 안 된다. 5. 몸의 중심이 흔들려서는 안 된다. 6. 안정감 있게 볼을 컨트롤 해 준다.
1. 강하게 치지 않더라도 볼을 곡선을 그리는 형태로 백월 코너 쪽으로 볼을 보내듯이 올려야 한다. 2. 항상 라켓은 볼이 날아가는 방향으로 지향해야 한다. 3. 스윙하는 방향으로 시선 또한 따라가야 한다. 4. 자세가 안정된 상태에서 라켓 면은 오른쪽 목덜미 쪽으로 가져다준다. 5. 낮은 자세로 스윙을 한 후 몸의 균형을 확실히 잡아주는 것이 중요하다.	팔로스윙	1. 볼의 강도 조절을 적절히 사용할 수 있어야 한다. 2. 항상 서비스 라인 위를 맞춘다는 생각으로 스윙을 해야 한다. 3. 볼이 가는 방향으로 라켓 또한 이동해야 한다. 4. 볼이 맞는 순간부터 떨어지는 순간까지 볼에서 시선을 떼서는 안 된다. 5. 자세가 안정된 상태에서 라켓 면은 왼쪽 목덜미 쪽으로 가져다준다.
1. 지나치게 세게 쳐서는 안된다. 2. 항상 상대방의 스매싱 공격에 맞지 않도록 최대한 높이 띄워야 한다. 3. 항상 백월에 맞아 나오지 않도록 백월코너에 떨어지도록 연습한다.	포인트	1. 백스윙의 여유가 없을 때 재빨리 라켓을 뻗어주면서 이동한다. 2. 볼 밑을 항상 올려쳐야 한다. 3. 상대의 스매싱에 걸리지 않는 높이로 쳐야 한다. 4. 페이스를 조절해야 한다. 5. 안정감 있게 볼을 컨트롤해야 한다.

5) 보스트(Boast)

1 개요

보스트는 볼이 옆벽을 먼저 맞고 앞 벽에 맞는 타구를 말한다. 경기를 할 때에는 코트의 전방 절반을 오픈하고 방어와 공격 스트로크 모두 가능하다. 여기서는 방어형 보스트만 다룬다.

2 시범

선수들은 뒷벽 코너에 자리 잡게 한다. 코치는 뒷벽/옆벽 코너를 바라본다. 왼발을 앞으로 내딛고(발 동작과 스윙은 드라이브와 비슷하다) 보스트를 친다. 스윙, 발동작 및 몸의 위치의 모든 부분을 강조한다. 포핸드 보스트를 몇 번 시범을 보인 후 백핸드 보스트의 시범을 보인다.

3 설명

① 보스트는 기본적으로 보통의 스쿼시 드라이브와 같으나 몸의 위치가 달라 볼이 옆 벽을 맞게 된다.

② 드라이브를 칠 때 어깨는 옆벽과 평행을 이루지만 보스트를 칠 때는 앞 벽에 가까운 어깨가 약간 옆벽으로 향하게 된다.

③ 무릎을 굽히고 라켓 헤드가 내려가지 않는 것이 중요하다. 초보자는 라켓 헤드를 내리고 볼을 옆벽으로 때려 쳐 올리려고 하는 경향이 있으나 볼은 끝까지 때리면서 라켓 면은 약간 오픈하는 것이 바르다.

④ 보스트를 칠 때 초보자가 범하기 쉬운 또 다른 실수는 볼에 너무 근접하여 올바른 스트로크(보스트)를 행하지 못하는 경우가 많다.

4 활동

① 선수들을 뒷벽 코너에 정열 한다. 몸은 뒷벽 코너를 향하고 옆벽을 가리키도록 한다. 코치는 선수들의 기본적인 피드로부터 라켓 1개 정도 떨어진 곳에 뒷벽 코

너에 등을 대고 선다.

② 코치는 라켓으로 볼을 공급하기 위해 코트의 전방에 자리를 잡고 모든 볼을 옆 벽 아래로 친다. 선수는 모든 볼을 보스트로 친다.

③ 코치는 코트 전방에서 코트를 가로지르는 타구를 친다. 선수들은 차례로 보스트를 치고 라인 끝으로 이동한다.

④ 그 외에 보스트/드라이브 연습은 조건부 경기로도 소개될 수 있다.

5 요약

스윙, 발놀림 및 몸의 위치의 요점을 강조한다. 질문을 주고받는다. 과제를 내고, 다음 강습을 내용에 대해 설명해 준다.

보스트의 종류

- 방어 보스트(쓰리월)
- 공격 보스트(투월)
- 쇼트 앵글
- 역 보스트
- 역 앵글
- 스키드 보스트
- 코크 스크루
- 뒷벽 보스트(직선)
- 뒷벽 보스트(크로스 코트)

보스트 샷은 옆 벽을 맞추고 앞 벽에 맞게 하는 샷으로 낮고 빠르게 구사를 해야만 상대방에게 위협을 가할 수가 있다. 어설픈 높이의 보스트는 사용 안하느니만 못하다고 할 수 있다.

이 기술은 상대방으로 하여금 타이밍을 뺏기 위한 기술이며, 또한 상대방을 당황하게 만들기 위한 기술이다.

최대한 앞 벽의 닉 존으로 볼을 보낸다는 생각으로 기술을 구사하여야 한다. 그렇다고 상대방이 앞에 있는데 기술을 구사하면 안 되겠으며, 상대방이 뒤쪽에 위치해 있을 때 낮고 빠르게 구사를 해야지만 큰 효과를 거둘 수 있다.

※ 보스트 기술: 발리 보스트, 백월 보스트, 리버스 보스트, 스키드 보스트, 트리클 보스트, 보스트 앵글 샷

포핸드 보스트

백스윙 임팩트 팔로스루

백핸드 보스트

백스윙 임팩트 팔로스루

6) 서비스(Service) & 리턴(Return)

(1) 서비스(Service)

1 개요

서비스는 대다수의 사람들이 서비스는 경기 시작을 위해 볼을 치는 단순히 생각하는 경향이 많다. 하지만 서비스 경기에 흐름을 주도할 수 있는 매우 중용한 포인트 이다.

① 서비스는 경기에서 선수가 완전히 통제할 수 있는 유일한 타구이다. 다른 모든 타구는 상대 선수의 리턴에 의해 어느 정도 지배 된다. 선수들에게 서비스를 할 때 천천히 하도록 충고하라.
② 서비스 권을 가진 선수가 랠리에서 이길 때에만 점수를 얻을 수 있다.
③ 서비스가 좋은 경우 랠리 초기부터 공격 위치에 잡을 수 있다. 서비스가 완벽하면 공격 포인트로 연결 될 수 있다.

2 시범

선수들을 코트의 포핸드 코너에 정열하고 오른쪽 서비스 박스에서 먼저 시범을 보인다. 몇 번의 서비스를 친 다음 설명으로 타구를 분석한다. 왼쪽 박스에서 서비스 시범을 보일 때 학생들은 후방 코너에 자리할 수 있다. 이 위치에서 선수들은 스트로크를 볼 뿐 아니라 볼이 앞 벽의 어디에 맞는지 그리고 다시 튀어서 옆벽의 어디에 맞는지도 볼 수 있다.

3 설명

선수들에게 한 발은 서비스 박스 안에 두고 가능한 한 T지역 가까이에 서도록 가르친다. 오른발은 박스 안에 두고 왼발은 앞쪽으로 하고 라켓은 몸 뒤 바깥쪽으로 젖히고 볼은 왼손으로 잡아 토스하여 왼발 앞으로 떨어뜨린다. 라켓은 아치를 그리도록 아래에서 위로 휘두르며 손목을 젖혀 볼을 앞 벽 위쪽을 향해 친다. 스윙은 볼이 진행하는 방향으로 위에서 멈춘다. 볼은 앞 벽의 서비스 라인과 프론트 월 라인 사이를 맞고 상대 선수 서비스 박스 뒤쪽의 옆벽을 맞은 후 코트 뒤쪽 코너에 떨어져야 한다. 볼은 뒷벽을 가볍게 맞고 반동 없이 떨어져야 한다. 좌측 박스에서 서비스 할 때에는 약간의 주의를 요한다. 각이 좁아져서 볼이 코트의 중간 너머를 맞을 수 있기 때문이며 앞 벽을 맞은 후 옆벽의 라인을 넘을 위험이 있기 때문이다.

서비스를 가르칠 때 권장되는 순서는 다음과 같다.

① 서버는 반드시 올바른 발동작을 해야 한다. 왼발과 오른발 발끝 사이의 선은 볼을 받기 위한 선이다.

② 서버는 돌아와 리시버가 볼을 받을 준비가 되어있는지 확인한다.

③ 서버는 잠시 멈추고 볼의 방향이 결정되는 앞 벽의 지점에 집중한다. 높이를 고려한다.

④ 서버는 라켓부터 앞 벽까지 볼을 주시한다.

⑤ 서버는 T영역을 넘어 리시버를 주시하고 리시버의 리턴을 살펴본다.

4 활동

명백한 이유로 서비스에는 피딩 진행이 없다. 코치는 선수들에 타구를 지켜보면서 잘못된 점을 보완, 연습하도록 하는데 처음에는 좌측 박스에서 그 다음에는 우측 박스에서 치도록 한다.

볼을 서비스할 때 처음에 어려움을 겪는 학생들을 위한 지침이 있다.

① 선수들을 앞 벽 가까이 자리 잡게 하여 스윙과 볼 토스 거리를 짧게 한다.

② 서비스를 성공적으로 넣으면 선수들을 서서히 벽에서 거리를 두도록 이동시킨다.

③ 스윙 속도를 늦추고 토스를 짧게 한다.

서비스는 항상 실수가 없어야 하며, 상대방으로 하여금 볼을 쉽게 받아치지 못하게 하는 기술이다.

항상 서비스를 할 때는 백월 코너 쪽으로 볼을 보내는 연습을 해야 하며, 뒷벽에 맞기 전 볼이 바운드 되게 하여야 하며, 최대한 사이드 월 라인을 따라 같이 떨어지도록 연습하는 것이 중요하다. 그리고 다양한 서비스를 하여 상대방을 혼란스럽게 만드는 것 또한 중요하다.

※ 서비스 기술: 롭 서브, 세미 롭 서브, 스매싱 서브, 드라이브 서브, 콕 스쿠르 서 브, 블라인드 서브, 서프라이즈 서브

서비스 리턴은 항상 옆벽을 향하게 컨트롤을 하여 상대방으로 하여금 T-존에서 멀리 보내는 것이 가장 이상적이 서비스 리턴이다.

크로스 리턴보다는 스트레이트로 길게 리턴하는 것이 가장 좋은 리턴이며, 한 번에 랠리를 끝을 내려는 생각보다는 길게 리턴하여 공격 기회를 노리는 것이 바람직하다.

※ 서비스 리턴 기술: 크로스 코트 리턴, 스트레트 리턴

기본서브

백스윙 다운스윙 임팩트 팔로스루 라스트스윙

로브 서브

백스윙 다운스윙 임팩트 팔로스루 라스트스윙

백핸드 서브

백스윙 다운스윙 임팩트 팔로스루 라스트스윙

서브 리턴 시 유의사항

오른쪽 박스

- 서비스박스보다 한걸음 뒤에서 하프라인과 가운데 정도에 위치한다.
- 라켓을 들어 백스윙을 준비한다.
- 상대를 주시한다.
- 왼발을 열어 오픈 스탠스로 선다.
- 리턴 시 볼의 위치에 따라 위치선정을 한다.
- 발리와 드라이브 등 다양한 기술로 리턴한다.
- 서비스박스보다 한걸음 뒤에서 하프라인과 가운데 정도에 위치한다.

왼쪽 박스

- 라켓을 들어 준비한다.
- 상대를 주시한다.
- 오른발을 열어 오픈 스탠스로 선다.
- 리턴 시 볼의 위치에 따라 위치선정을 한다.
- 발리와 드라이브 등 다양한 기술로 리턴한다.

(2) 리턴(Return)

1 개요

서비스 리턴의 목표는 상대로 하여금 T지역에서 코너로 움직이게 하는 것이다. 이를 위한 가장 안전한 방법은 근처 옆벽에 맞고 길게 코트 뒤로 떨어지는 스트레이트 타구로서 가장 기본적인 리턴이다. 상대 선수 서비스 긴 경우에는 발리로 리턴 할 수 있다.

2 시범

서브를 받기 위한 위치는 서비스 박스의 바깥쪽 후방 코너에서 약 한 발자국 정도 뒤이다. 리시버는 서버를 바라보면서 준비 자세로 약간 옆벽을 향해 몸을 돌린다. 상대 선수에게 볼을 짧게 서비스하라고 주문하여 포핸드 드라이브 서비스 리턴의 좋은 시범을 보일 수 있다.

3 설명

① 드라이브: 타구는 포핸드 드라이브 또는 백핸드 드라이브와 같은 기술로 친다.
② 발리: 서브된 볼을 빠르게 차단하거나 경기 흐름을 빠르게 주도권을 잡고 자하는 경우에 대비한 타구이다.

4 활동

선수들에게 정상적인 서비스를 주는 것으로 시작한다. 서비스 판단이 어려울 경우, 코트 앞쪽으로 움직여 뒷벽 부근에 도달하기 전에 받도록 한다. 단계별로 서버와 리시버 위치를 조정한다.

5 요약

스윙, 발놀림 및 몸의 위치의 요점을 강조한다. 질문을 주고받는다. 과제를 내고, 다음 강습 내용에 대해 설명해 준다.

서브위치와 리턴위치

스쿼시 경기에서 서브는 득점에 따라 위치를 오른쪽, 왼쪽을 바꿔가며 실시한다. 따라서 선수는 양쪽에서의 서브와 리턴을 반복적으로 연습해야만 한다. 서브의 경우, 어느 쪽에서건 상대선수의 위치를 확인하며 T를 향하도록 한걸음을 내딛고 실시하는 것이 보통이다. 스매싱 서브를 실시할 때는 강한 스트로크를 위해 상대를 등지고 서브하는 경우도 있다. 리턴의 경우, 옆벽에 너무 가까이 위치하게 되면 벽을 맞고 나오는 서브에 안정된 리턴을 하기 어렵기 때문에 서비스 박스보다는 한걸음 정도의 위치에서 하프라인과 서비스박스 사이에 자리 잡는 것이 보통이다. 그리고 상대의 서브 동작을 시작부터 잘 주시해야만 한다.

서브위치와 리턴위치	유의사항
 왼쪽 서브와 오른쪽 리턴	[서브] - 포핸드로 실시한다. - T로 한걸음 내 딛고 실시한다. - 상대의 위치를 확인한다. [리턴] - 포핸드로 리턴한다. - 서비스박스의 한걸음 뒤에 위치한다. - 상대를 주시한다. - 하프라인에서 한걸음 떨어져 위치한다.
 오른쪽 서브와 왼쪽 리턴	[서브] - 백핸드로 실시한다. - T로 한걸음 내 딛고 실시한다. - 상대의 위치를 확인한다. [리턴] - 백핸드로 리턴한다. - 서비스박스의 한걸음 뒤에 위치한다. - 상대를 주시한다. - 하프라인에서 한걸음 떨어져 위치한다.

서비스(Service)		리턴(Return)	
롭서브	1. 프론트 월의 상단 부위에 볼을 맞힌다는 생각으로 시도해야 한다. 2. 라켓 페이스는 오픈 되어있어야 한다. 3. 밑에서 위로 올려주듯 스윙이 이루어 져야 한다. 4. 발리에 걸리지 않도록 볼을 높이 올려 상대방의 뒤 코너에 떨어지도록 해야 한다. 5. 가능하면 사이드월라인을 따라 볼이 떨어지도록 해야 한다. 6. 볼이 날아가는 시선을 주시해야 한다.	백코트리턴	1. 벽에 너무 가까이 붙지 않는다. 2. 볼에서 시선을 떼지 않는다. 3. 리턴은 항상 뒤쪽 코너로 보내는 것이 가장 효과적이다. 4. 리턴은 강/약 조절이 필요하다. 5. 너무 급하게 서두를 필요가 없다. 6. 항상 라켓은 쳐지지 말고 들고 있어야 한다. 7. 가능한 발리로 처리하는 것이 중요하다. 8. 빠른 판단력이 요구된다.
드라이브서브	1. 앞 벽 서비스라인 위를 강하게 맞추어 옆벽을 타고 뒤쪽에 떨어지도록 해야 한다. 2. 낮은 드라이브를 치듯 스윙을 한다. 3. 항상 발을 앞으로 뻗어 주면서 서브를 시도한다. 4. 상대방을 당황시키거나 스윙 타이밍을 빼앗는다. 5. 서브를 함과 동시에 "T"지역으로 신속히 이동해야 한다.	백핸드리턴	1. 상대 서브의 각도, 높이, 강도를 예측하고, 옆벽에 맞은 다음 처리할 것인지 그 전에 처리할 것인지를 결정하면서 백스윙을 한다. 2. 어깨와 라켓 회전을 유연하게 이용하는 리턴을 해야 한다. 3. 옆 벽을 지나치게 의식해 힘이 들어간 리턴이 되지 않도록 주의한다. 4. 정확한 리턴을 함과 동시에 "T"지역으로 신속히 이동한다. 5. 빠른 판단력과 조급함이 없어야 한다.
스매싱서브	1. 너무 높지 않게 안전하게 서브한다. 2. 볼 토스를 높게 띄워 강도 있게 서브한다. 3. 볼을 맞추고자 하는 지점을 주시하며 서브를 시행한다. 4. 항상 상대방 뒤 코너에 떨어지게 해야 한다. 5. 상대방을 당황하게 만들거나 혹은 타이밍을 빼앗을 때 많이 사용한다. 6. 서브를 하고 난 후 "T"지역으로 신속히 이동한다.	뒤코트리턴	1. 뒷벽에 바운드되는 볼에 집중해 스트로크 타이밍을 조절한다. 2. 가능한 백스윙을 짧고 간결하게 하며 후면 벽이나, 측면 벽에 라켓이 부딪히는 일이 없도록 한다. 3. 어깨와 중심이 실린 회전력으로 강도 높은 리턴을 세밀하게 시도한다. 4. 상대의 움직임에 따라 리턴 샷을 선택하도록 한다. 5. 볼이 가는 방향으로 시선을 유지해야 한다.
포인트	1. 다양한 서비스를 해야 한다. 2. 실수가 없어야 하며, 정확하게 이루어져야 한다. 3. 항상 상대방으로 하여금 리턴 실수를 유도해야 한다. 4. 강/약 조절을 해야 한다. 5. 서비스 후 "T"지역으로 이동해야한다.	포인트	1. 정확한 리턴이 이루어져야 한다. 2. 양쪽 백 코너 쪽으로 볼을 보내야한다. 3. 가끔씩 짧은 리턴도 필요하다. 4. 리턴 시 다양한 기술을 사용 할 필요가 있다. 5. 리턴 시 볼에 항상 집중해야 한다.

7) 전략 & 코트 기술

두 선수가 능력, 기술 및 체력이 서로 막상막하라면, 누가 이길지를 결정하는데 더 많은 전략이 필요하다. 좋은 전략은 상대 선수의 약점에 대해 자신의 강점을 이용하는 것이다. 상대 선수의 실력이 나보다 조금 나을 때 해야 할 첫 번째 일은 그 사실을 인정하고 상대의 경기 수준을 끌어내려서 시합에서 이길 방법을 개발하는 것이다. 두 선수의 능력 차이가 크다면 더 우수한 선수가 기술을 토대로 이길 것이다.

시합 전략을 세우기 전에 코치는 다음 세 가지 측면 ① 선수, ② 상대 선수, ③ 코트 조건을 살펴보아야 한다.

1 선수

선수들에게 도움을 주기 전, 선수는 지도자를 존중 공경해야 하고, 지도자는 선수들과 원만한 의사소통과 함께 선수의 심리적 성격과 사회 환경에 대한 다양한 측면에서 정보를 충분히 가지고 있어야 한다.

- 라켓 기술: 선수가 어느 정도의 기술을 갖고 있는지, 또, 압박을 받는 시합 상황에 그가 어떤 범위의 타구를 칠 수 있는지 아는 것은 중요하다.
- 체력 수준: 경기의 기준이 높을수록 랠리는 길고 격렬해진다. 그러므로 코트에서 또 코트 밖에서의 훈련을 통해 체력관리가 필요하다. 예를 들어, 한 시간 동안 경기를 하는 두 초보자가 볼을 친 시간은 각각의 랠리를 다 합쳐봐야 18분에 지나지 않을 수도 있다. 세계 수준급 남성 경기에서 볼을 치는 시간은 한 시간 중 50분이 될 수 있다.
- 정신 자세: 선수가 받는 정신적 압박을 아는 것이 중요하다. 또, 선수가 지나치게 자극되거나 덜 자극되는 경향이 있는지와 시합 전에 어떠한 마음으로 경기에 임하는지 등을 파악한다.
- 사회 환경: 선수의 사생활에 관하여 파악한다. 식사습관, 식사량, 수면시간, 취미, 친구 관계 등 세부적인 사항까지 파악하여 좋은 컨디션으로 시합에 임하게

해야 하며 경기 전 코트에 도착하여 안정을 취하도록 한다. 선수가 사회적, 가정적으로 문제를 안고 있다면 최고의 기량으로 경기를 임하지 못할 것이다.

2 상대 선수

시합 전 상대 선수에 관한 많은 정보를 수집한다. 가능하다면 그 선수가 경기 스타일을 관찰하고 분석하며 어떤 식으로 경기를 하는지 본다. 당신의 선수와 상대 선수가 시합을 한 적이 있었다면 시합한 지 얼마나 되었고, 어떤 상태에서 했으며, 시합한 장소와 성격, 누가 이겼는지, 그리고 가장 중요하게는 어떻게 이기고 졌는지를 알아본다. 당신의 선수에게 상대 선수와 경기할 때 기분이 어땠는지, 자신감이 있었는지 아니면 만날까 봐 염려했는지 물어본다. 이 모든 점을 알았으면 두 선수의 모든 강점과 약점을 견주어보고 당신의 선수를 위한 전략을 세우기 시작하라.

3 코트의 상태

코트 상태에 대해 불만을 표시하는 대신 코트는 두 선수에게 모두 같다는 것, 따라서 당신에게 유리하도록 최선을 다해 이용할 것을 기억하라.

- 바닥: 바닥의 색은 낮은 타구를 볼 때 중요하다. 서로 다른 종류의 목재는 볼이 튀는 방향에 변화를 주게 된다. 오래된 코트는 대개 바닥이 포장되어 있는데 이는 발을 온전히 딛는데 좋지 않다. 포장 바닥에서는 볼이 낮게 튀고 땀이 그대로 남아있다.
- 기상: 온도는 당신이 사용하는 작전에 큰 영향을 미친다. 더운 조건은 빠르고 긴 경기에 좋은 반면 추운 코트는 샷을 치는 선수 특히 코트 전방을 이용하는 터치 선수에게 적합하다. 습도가 높은 조건은 규칙적인 운동으로 몸이 탄탄한 선수에게 좋다.
- 조명: 어두침침하거나 조명이 제대로 설치되지 않은 코트에서, 당신은 코트의 위쪽을 더 많이 이용할 것이다. 조명이 있는 위치에 주목하라. 당신의 선수에게 조명 쪽으로 로브를 서비스하도록 조언할 수 있고 이는 상대 선수로 하여금 잠시

볼을 시야에서 놓치게 할 수 있다.

- 천장: 코트의 천정 높이가 다 같은 것은 아니다. 높은 천정은 로브 경기에 적합하다. 낮은 천정은 강하고 낮은 타구를 치는 공격형 선수에게 적합하다. 어떤 지붕은 채색이 나쁘거나 어두운 빛이 나서 높게 친 볼을 보기 어렵게 만든다. 일부 오래된 코트는 채광창이 있기까지 하다.
- 벽: 옆벽의 다양한 질감은 벽을 맞고 떨어지는 볼의 속도를 변화시킨다. 어떤 벽은 거칠게 마감되어 있고 어떤 벽은 부드럽게 마감되어 있다. 유리로 된 뒷벽은 큰 문제가 없지만 어떤 종류의 유리는 벽의 바닥 24인치(610 mm)에 표준 에칭 처리가 되어 있지 않다. 어떤 센터에는 유리 뒤에 어두운 카펫이 있어서 후방 코너로 향하는 낮고 긴 타구를 보기 어렵게 만든다. 추운 기후에서 만나게 되는 문제는 발한성 옆벽인데 벽이 기본적으로 축축해서 보스트 타구가 옆벽에서 미끄러지게 된다. 발한은 습한 날 환기가 매우 불량한 갤러리에 많은 관중이 있을 때에도 일어날 수 있다.
- 볼: 온도와 기상은 볼의 튐과 많은 관련이 있다. 서로 다른 제조업체에서 만든 볼의 튐은 서로 상당히 다르다. 경기를 위해 연습 중이라면 시합에서 사용할 제조업체의 볼을 가지고 연습하라.

지도자로서 상대 선수 스타일과 코트 특성에 대한 정보를 가지고 있다면, 선수들과 함께 의논하고 분석하는 시간을 자주 갖는다. 전술은 시합마다 변하고 이기고 있을 때에는 절대로 전술을 바꿔서는 안 되며 지도자는 전략 평가서를 마련하여 경기 중 선수가 장. 단점을 표기하여 시합사이에 선수를 무장 시키는데 사용하도록 한다.

8) 기본 작전

① 자기 실책을 저지르지 않는다

스쿼시는 정신적 압박과 신체적 압박의 경기이다. 상대 선수에게 계속적인 압박을 가하기 위해서는 자기 실책을 저지르지 않는 것이 대단히 중요하다. 승자는 언제나 대부분의 결정 샷을 치는 선수가 아니라 실책을 최소한으로 줄이는 선수이다.

② 볼을 길게 친다

너무 많은 선수들이 시합에서 너무 일찍 결정타를 치고 싶어 한다. 중요한 것은 상대 선수가 느슨한 볼을 치도록 유도하는 것이다. 볼을 코트 후방으로 길게 보내면 상대는 결정타를 날리기 어려워져 느슨한 볼이 될 것이다.

③ 볼을 세게 친다

볼을 공격적이고 정확하게 치면 상대 선수는 불안해진다. 볼을 부드럽게 치는 선수를 상대할 때에는 이런 식으로 상대 선수의 효과적인 타구의 상당수를 차단할 수 있다.

④ 볼의 속도를 느리게 한다

상대 선수가 공격형 이거나 속도감 있는 경기 스타일 일 때 사용되며, 볼에 템포 수시로 바꿔 가면서 벽에 타이트 하게 친다면 상대 선수의 실수를 유도할 수 있다.

⑤ 볼을 일찌감치 완전히 장악한다

공격형 선수는 볼을 세게 칠 뿐 아니라 가능할 때마다 발리와 하프 발리를 치는 선수이다. 이렇게 함으로써 상대 선수에게 타구 사이에 회복 시간을 덜 주게 된다.

⑥ 블루 존을 장악하라

스쿼시는 신체적 체스 게임과 같다. 기본 작전은 'T' 지역을 장악하고 상대 선수로 하여금 네 코너를 모두 달리게 하며 가능한 한 대각선으로 많이 달리게 만든다. 상대의 체력이 얼마나 좋건 그의 경기 속도가 당신보다 많이 빠르다면 그는 그만큼 오래 달릴 수밖에 없다.

⑦ 페이스에 변화를 준다

경기 내내 타구를 바꾸고 볼의 페이스에 변화를 줌으로써 상대의 리듬과 평정을 깰 수 있다.

⑧ 타구를 지연시킨다

타구를 위장하고 지연시키는 전술을 개발한다. 고정적인 선수는 경기 방식이 쉽게 드러나고 그를 상대로 경기를 하기에 피곤하지 않다.

⑨ 공간을 활용하라

코트의 전방, 후방 및 위쪽 절반 등 코트 전체를 사용하여 상대 선수가 코트를 돌아다니도록 하라.

⑩ 회복 시간

올바르지 않은 자세와 위치에서 무리하게 볼을 치려고 해서는 안 된다. 이 경우 상대방에게 찬스를 주므로 볼의 변화로 충분히 자세를 갖출 수 있는 시간을 만든다.

⑪ 볼을 상대로부터 멀리 쳐라

상대를 계속 달리게 만들면 상대의 경기 속도는 빨라지고 정리할 시간을 얻지 못하게 되어 상대는 실책을 저지를 수밖에 없다.

⑫ 시합을 당신 페이스대로 이끌어가라

시합의 페이스를 주도하고자 항상 노력하라. 상대가 당신에 대해 경기를 지배하도록 놓아두지 말라.

⑬ 워밍업(경기 시작 전의 가벼운 연습)을 하라

선수는 코트에 가기 전 몸 풀기 절차를 모두 마쳐야 한다. 몸을 풀고 공의 움직임을 판단하는 눈을 기르며 코트와 볼에 대한 감각을 익히기 위해 워밍업을 하라. 승리와 패배는 워밍업에 달려 있다고 해도 과언이 아니다.

몇년 전, 어느 선두적인 호주 선수가 남아프리카 국가 선수권 대회의 준결승전에서 별도의 워밍업을 택했다. 남아프리카 출신 상대 선수는 토스를 놓쳤고 그의 스쿼시 경력에서 처음으로 워밍업을 했다. 특히 호주 선수가 워밍업에서 다양한 솔로 라켓 기술을 보이면서 관중들로부터 많은 박수를 받자 이 남아프리카 선수는 당혹스러워했다. 시합은 30분이 못되어 끝났고 승리는 낮은 시드 배정을 받은 호주 선수에게 돌아갔다.

선수들에게 워밍업을 할 때 '볼 호깅(볼만 쫓는 자기중심적인 선수)' 때문에 짜증을 내지 않도록 가르쳐라. 침착하게 자기 타구에 초점을 유지하도록 한다. 규칙에 따르면 볼 호깅은 허용되지 않고 이 경우 심판이 개입할 가능성이 있다.

선수들은 다음의 방법들에 의해 심리적으로 우위를 점한 채 시합을 시작하는 것으로 알려져 있다.

① 워밍업 시간에는 매우 공격적으로 하고 다양한 타구를 보인다.
② 워밍업에서는 거의 보여주지 않고 과열되는 것을 막기 위해 볼을 천천히 친다.
③ 틴이나 코트 밖으로 나가는 볼은 치지 않는다.

제6장 | 스쿼시 강습

교안

코치는 지도 시간에 대해 항상 미리 준비를 해야 한다. 시간은 60분에 90분으로 다양하며, 강습 시간의 분할은 코트의 비율, 선수 수와 실력차이로 구분될 수 있다.

준비 활동

- 선수 환영
- 지도 내용의 개요 설명
- 준비 운동

새로운 훈련과 시범 설명

- 단계별 시범 및 설명
- 잘못된 동작과 함께 설명
- 실전경기 사례 설명

활동

- 기술 훈련에 필요한 준비운동
- 패턴 훈련
- 반복 훈련
- 다양한 미니 게임
- 시합 대비 훈련
- 재미를 위한 경기
- 체력 훈련

1. 강습 단계

IDEAS로 모든 강습은 1시간을 기초로 이루어 져야 한다.

1) 소개(Introduction)– 5분

- 지도자는 반드시 자신의 소개를 함으로써 회원들의 긴장을 풀어준다.
- 지도에 관한 개요와 함께 지도의 목적과 특정한 타구에 관해 설명한다.
- 오늘 배울 내용을 간단히 소개한다.

2) 시범(Demonstration)– 5분

- 지도내용 중 가장 중요한 부분으로서 서두르거나 잊어서는 안 된다.
- 회원은 배우고자 하는 기술의 정확한 표본이 필요하며, 수차례의 설명보다는 단 한 번의 시범이 더욱 큰 효과가 있다.
- 회원들에게 정확한 타구를 보여주기 위해서 지도자는 모든 기술을 정확하고 바른 자세로 보여줄 수 있도록 개인적으로 기술을 익히는 것 또한 중요하다.
- 이와 같은 방법이 지도자가 회원들의 존경을 얻을 수 있는 지름길이다.
- 지도자는 시범을 보이기 전 회원들을 잘 보일 수 있는 위치로 이동시키는 것 또한 중요하다.

3) 설명(Explanation)– 5분

- 설명은 짧고 간결하게 요점을 정확하게 전달하는 것이 중요하다.
- 설명을 할 때는 다음의 4가지 상황에 맞게끔 설명을 하여야 한다.
- BAT(라켓의 속어) “라켓 헤드와 스윙의 정확한 컨트롤”
- BALL “라켓이 볼을 치는 순간과 신체와의 관계”
- BODY “머리교정 및 자연스러운 스윙”

- BALANCE "타구 시 체중 이동"
- 초기에는 BAT와 BALL설명에 치중하고 훈련을 진행해 나가면서 BODY와 BALANCE를 설명한다. 설명은 용이하게, 초보자에게 한 번에 두 가지 인상을 교육하지 않는 것이 중요하다.
- 볼을 피드하는 방법에 관한 설명도 필요하다.

4) 행동(Activity)- 40분

- 훈련은 지도내용 중 가장 진지하게 진행되어야 할 시간이며, 실제 훈련이 배움의 지름길이므로 가능한 한 빨리 훈련에 대한 사전준비를 모두 갖추고 시작하는 것이 좋다. 그리고 너무 딱딱하게 훈련을 진행해서는 안 되며, 스스로 즐겁게 훈련을 받을 수 있는 분위기를 조성해주는 것 또한 중요하다.
- 지도가 끝났을 때 개인 별로 최소한의 실력 향상을 보여야 한다. 그래야지만 자신에 대한 만족감을 얻을 수 있다.

5) 요약(Summary)- 5분

- 지도가 끝난 다음에는 그날 지도내용 중 가장 핵심적인 사항들을 다시 요약하여 주지시켜야 한다.
- 선수들에게 그 날의 요점을 다시 질문하여 평가하고 실력을 향상시킬 수 있는 구체적인 연습방법을 제시하며 평가결과에 따라 새로운 목표를 정해준다.
- 다음 시간에 해야 할 내용에 대하여 숙제를 내어주고 연습을 시킬 수 있도록 한다.

이와 같은 진도의 진행 전반에 걸쳐 잊지 말아야 할 점은 칭찬과 격려를 통해 교육의 효과를 극대화 할 수 있다는 것이다. 또한 지도자의 열정 또한 지도를 성공으로 이끄는 한 요소이다. 그리고 지도자는 운동 수행 능력부족으로 인하여 실력향상이 진도에 맞지 않고 늦어진다고 하여 신경질적인 태도를 보여서는 절대 안 된다.

2. 교정 순서

1) 그립(Grip)

항상 강습자가 정확한 그립으로 볼을 스트로크를 하는지 지도자는 유심히 관찰하여야 하며, 볼이 자주 이상한 방향으로 향한다면 그립에서 문제가 있을 것이다. 그러므로 손목고정으로 인하여 그립을 정확하게 잡도록 지적해 주어야 한다.

2) 볼에 대한 시선(Eye on the ball)

볼이 어디로 날아가는지 정확하게 보지 못한다면 제대로 된 스트로크를 전혀 하지 못할 것이다. 항상 시선은 볼을 주시해야 하며, 아무리 빠른 볼이라도 칠 수 있는 그런 준비가 되어 있어야 한다. 그러기 위해서는 시선을 절대 볼에서 떨어지면 안 된다.

3) 동작(Movement)

볼이 오기 전 스윙을 할 수 있는 동작을 준비해야 한다.
어디에서 볼이 빠르게 날아오든 예비 동작은 항상 필요하다.

4) 발동작(Footwork)

풋 웍은 스쿼시에 있어 몸을 지탱해주며 또한 볼을 정확하고 힘 있게 보내게 하기위한 중요한 요소이다. 이 발동작이 되어있지 않으면 정확한 타구는 기대하기가 힘들어진다. 항상 중심이 뒤쪽에서 앞쪽으로 향하면서 스트로크를 하는 연습을 해야 한다.

5) 균형(Balance)

중심이 정확하게 잡히지 않는다면 볼에 대한 컨트롤은 정확하게 이루어지지 않는다. 스쿼시에서는 여러 가지 기술을 사용을 할 때 밸런스가 좋지 않으면 정교한 기술은 이루어지지가 않는다. 항상 어떤 기술을 사용할 때에는 밸런스를 정확하게 한 다음 기술을 구사하는 것이 가장 이상적이다.

6) 라켓헤드 컨트롤(Racket head control)

말 그대로 손목이 움직이면 라켓까지 같이 움직이게 됨으로 항상 손목은 콕 상태를 유지하고 있어야 하며 라켓헤드는 항상 "ㄴ"를 유지하고 있어야 한다.

7) 스윙(Swing)

마지막 단계인 스윙은 편안하고 동작이 크지 않게 라켓을 자신의 상박에 혹은 목 근처로 가볍게 가져다주는 것이 가장 이상적이며 안전한 스윙 자세이다.

임팩트에서 볼의 방향이 정해지는 것이 아니라 더더욱 중요한 것은 팔로스루에서 가장 정확하고 정교한 기술이 나오게 된다.

위와 같은 순서로 강습자들의 잘못된 부분을 바로 지적해 줄 수 있는 그런 강습이 되어야겠으며, 또한 결점을 진단하고 효과적인 강습자들의 능력 개발을 할 수 있도록 지속적이고 반복적인 훈련이 되게 하여야 하며, 강습의 분위기가 너무 딱딱하지 않고 부드럽게 할 수 있도록 하는 것 이 중요하다고 하겠다.

3. 피드 단계

1) 드롭 피드

기본 기술을 교육시킬 때 라켓을 바닥에 놓고 정적인 자세에서 스윙 연습을 할 수 있게끔 하는 토스 방법이다.

이 기술은 정확한 스트로크와 팔로스루를 교육할 수 있는 장점이 있으며, 강습하기 전 가장 처음 에 취하는 토스 방법이다.

2) 핸드 피드

라켓을 바닥에 놓지 않고 손으로 볼을 목표지점에 정확하게 던져 주며 연습하는 토스 방법이 토스 방법은 조금 더 정적인 것에서 동적인 자세로 전환하는 단계이다.

어느 정도 익숙해지면 행해지는 방법이며, 토스하기에도 편리하다.

3) 라켓 피드

마지막 단계에서 라켓 피드로 강습을 하면 되는데, 어느 정도 숙달이 되었다고 판단이 되면 마지막으로 라켓으로 토스해 주는 방법이다.

이 토스 방법은 앞의 방법과는 다른 완전 동적인 강습진행 방법이다.

4. 그룹 코칭

1) 그룹 강습의 조직

모든 그룹 강습은 활동, 목적 그리고 즐거움이 있어야 한다.

세션을 계획할 때에는 다음을 명심하라.

① 사용할 수 있는 코트의 수
② 받는 선수의 수
③ 받는 선수들의 표준
④ 지도 시간

그룹 강습은 타구의 기본기부터 시작해서 경기 상황에서 끝마치기까지 진행이 있어야 한다. 선수들은 경기를 배우러 왔고 그러므로 그들을 가능한 한 빨리 경기 상황에 두는 것이 중요하다는 것을 기억하라.

다음을 확실히 하라.

① 각각의 활동을 분명히 정의하라.
② 사용할 수 있는 모든 코트는 효율적으로 사용하라.
③ 그룹을 다룰 때에는 안전 기준을 준수하라.
④ 그룹의 모든 구성원들이 활동에 적극적으로 참여하도록 하라.

2) 코 치

코치는 선수들에게 전달하려는 목적을 짧고 간결하게 설명해야 하며 선수들의 개인 실력과 경기 수준에 따라 평가하고 교육 한다. 선수가 훈련에 잘 따라 오지 못하면 그 원인과 수정해야 할 부분에 대해 설명하고 시범을 통해 이해하기 쉽도록 한다. 적절한 동기 부여로 훈련에 참여도 높여한다.

제7장 | 코트 안에서 할 수 있는 여러 가지 게임

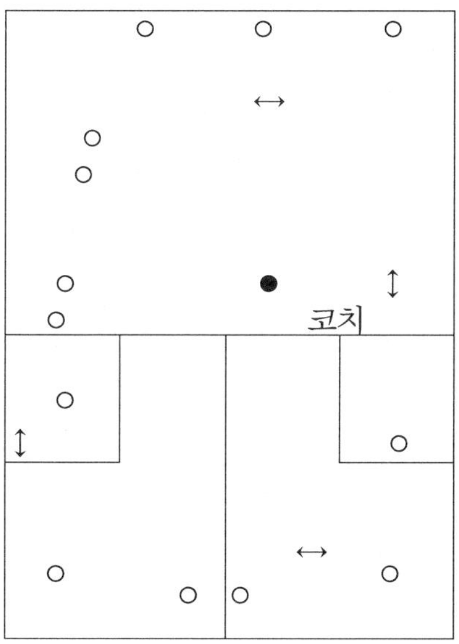

〈앞사람 때리기〉

이 게임은 강습자 전체가 한 방향으로 오른쪽 손을 벽에 대면서 빠르게 뛰어가면서 왼손은 앞사람 등을 강하게 때리는 게임으로 단시간에 재미와 워밍업을 충분히 소화해 낼 수 있는 방법이다. 같은 방향으로만 뛰면 싫증이 빨리 나니 코치는 "반대"라는 구령을 적절한 타이밍에 맞춰 외쳐주면 강습자들은 반대 방향으로 손을 바꾸어 벽에 대고 반대사람에게 복수하는 식으로 진행하면 된다.

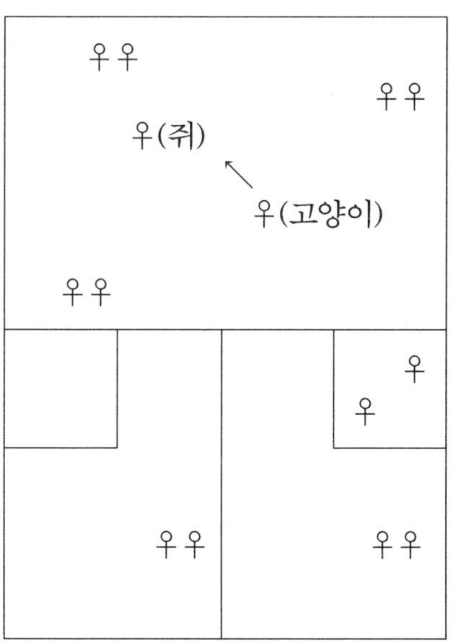

〈쥐와 고양이게임〉

이 게임은 쥐와 고양이 게임인데 두 명을 제외한 나머지 사람들은 2인 1조로 짝을 지어 짝끼리 등을 대고 대기한다. 그러면 쥐와 고양이를 뽑은 다음, 쥐는 도망을 치고 고양이는 쥐를 잡으러 가면서 게임은 시작된다.

여기서 쥐는 고양이를 속여야 되는데 그러기 위해서는 등을 마주대고 있는 아무 사람이나 한 사람을 가볍게 터치한다. 그러면 터치를 당한 사람이 쥐가 되어 도망을 쳐야한다. 이때 터치한 사람은 터치당한 사람자리에 가서 등을 댄다.

게임은 쥐가 고양이에게 잡히면 쥐와 고양이의 역할은 바뀌게 된다.

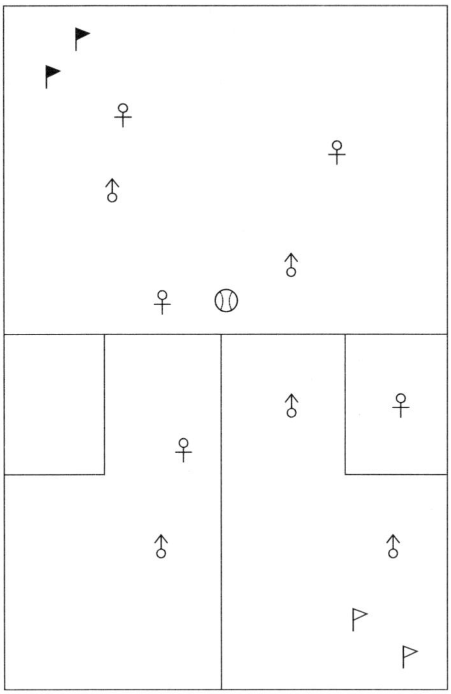

〈축구 Ⅰ〉

이 게임은 축구장을 코트 안으로 옮겨놓았다는 생각으로 편을 나눈 뒤 인원수에 따라 볼을 많이 넣으면 된다. 골대는 라켓이나 신발 등으로 만들며 그 안으로 볼을 넣으면 득점으로 인정한다. 전, 후반 5분 정도로 하는 것이 지루하지 않다. 이 때 볼은 스쿼시 볼 뿐만 아니라 연령에 맞게 풍선이나 테니스공 또는 족구용 볼을 사용해도 무방하다.

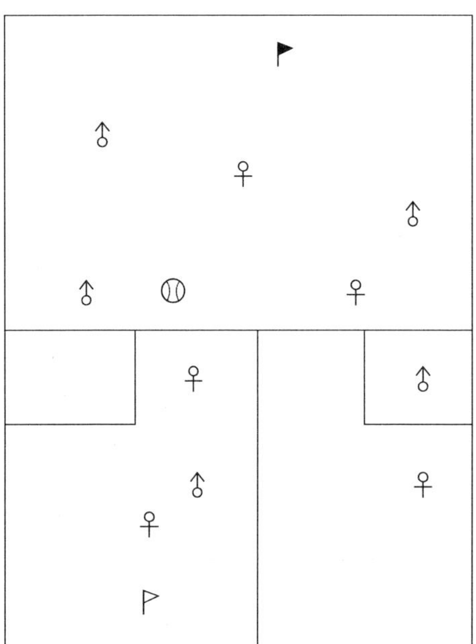

〈축구 Ⅱ〉

이 게임은 위와 동일한 경기방법이나 라켓헤드 부분을 아래로 그립부분이 천정을 향하게 바닥에다 세워 골대를 만든다. 다른 점은 볼이 골대인 라켓을 쓰러뜨려야 골로 인정한다. 경기 시간은 위와 동일하다.

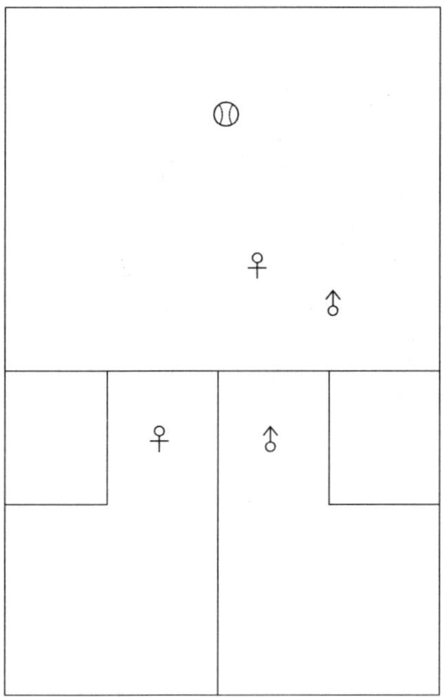

〈릴레이 복식게임〉

이 게임은 라켓 한 자루로 복식을 하는 게임이다. 모든 룰은 복식경기 룰과 동일하며 단지 라켓이 하나이기 때문에 볼을 친 후 곧바로 자기편에게 건네주어야 한다. 이 게임은 같은 편끼리 호흡을 잘 맞추어야 하며 요령은 상대방이 라켓을 교환하기 전에 먼 곳에 볼을 치는 것으로 협동심과 상당한 재치를 요하는 게임이다.

이 게임은 실력차이가 많이 나는 사람과 얼마 되지 않은 사람도 함께 어울릴 수 있는 게임으로 상당한 재미와 흥미를 느낄 수 있는 게임이다.

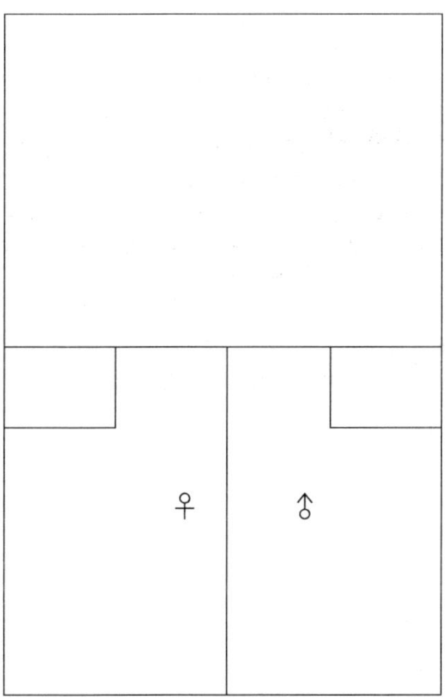

〈백월 방어 게임〉

이 게임은 기존 룰과 동일하나 상대방이 친 볼이 백월에 맞으면 실점을 하게 되는 게임이다.

즉, 상대방이 친 볼이 뒷벽에 맞기 전에 처리해야 하며 백월에 맞으면 핸드아웃이나 실점으로 처리한다.

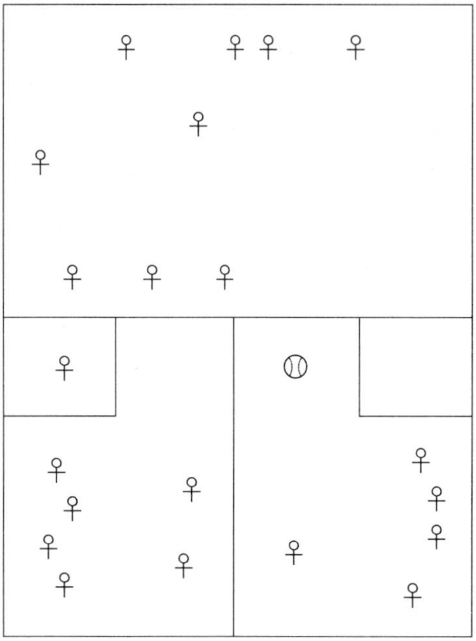

〈살인 스쿼시〉

이 게임은 살인배구와 비슷하다. 우선 두 편으로 나눈다. 모두 숏 라인 뒤편으로 물러난 다음 앞 벽에 볼을 치는데 이 때 볼에 가장 근접한 사람이 반드시 볼을 처리해야 한다. 만약 볼을 처리하지 못하면 숏 라인 안쪽으로 들어가 바닥에 엎드려야 한다. 또한 아무도 볼을 치지 않았을 때 가장 볼에 근접한 두 사람이 아웃이 되어 숏 라인으로 들어간다. 아웃되어 숏 라인 안쪽에 있는 사람들은 엎드려 있어도 되지만 누워서 허리가 들리지 않은 상태에서 앞 벽에 맞고 나오는 볼을 바운드되기 전에 잡으면 부활한다. 이렇게 경기를 진행하여 가장 마지막까지 남은 사람의 팀이 승리한다.

※ 이때 인원이 많을 시에는 라켓을 크게 휘두르거나 과도한 스윙을 하면 부상의 위험이 따르므로 라켓의 목(neck)부분을 잡도록 한다.

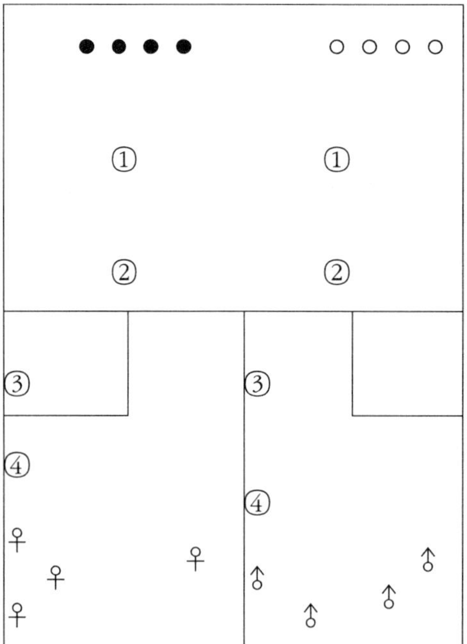

〈릴레이〉

이 게임은 릴레이 경기로 우선 두 편으로 나눈다. 코트에는 각각 3~5개의 라켓을 일정한 간격으로 바닥에 두고 앞 벽에는 라켓 수만큼 볼을 둔다. 경기는 각 팀 한명씩 릴레이로 진행하며 먼저 들어오는 팀이 승리한다.

룰은 앞 벽에 놓여 있는 볼을 하나씩 앞 벽에서 가까운 라켓위에 올려놓고 다음사람과 터치하면 다음 사람은 라켓위의 볼을 다시 앞 벽에 가져다 놓는 것이며 인원 수 만큼 반복된다.

이때 라켓위에 올려놓은 볼이 바닥에 떨어지면 반드시 다시 올려놓고 와야 하며 어길시 게임전체를 몰수한다.

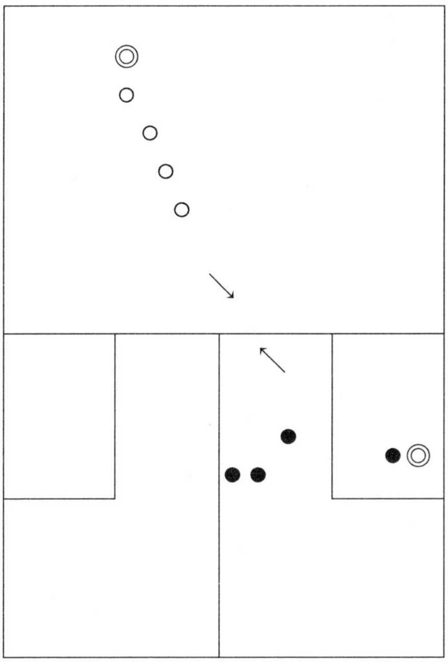

〈기차 놀이〉

이 게임은 기차놀이를 응용한 게임이다. 두 편으로 나누어 기차를 만든다. 이때 기차의 맨 뒷사람은 허리에 수건이나 혹은 뒷주머니에 두건을 꽂아둔다.

경기시작과 동시에 맨 앞사람은 상대편의 수건이나 두건을 빼앗는 게임이다. 이때 수건이나 두건을 뺏기면 맨 뒷사람은 상대편이 된다.

또한 게임도중 줄이 끊어지면 끊어 진만큼 상대편으로 합류되고 맨 마지막 사람이 남거나 미리 정한 시간이 종료되면 게임을 종료한다.

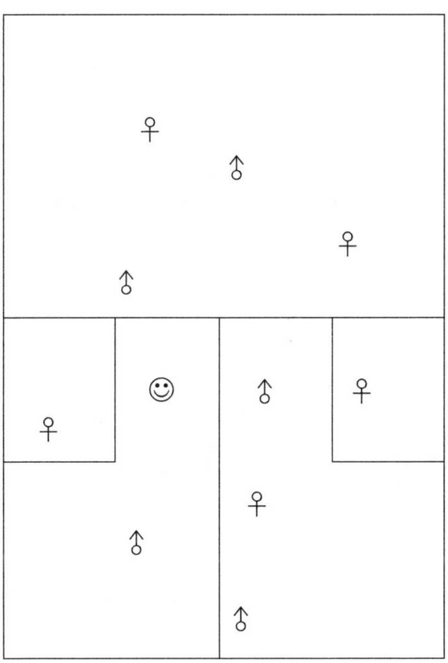

〈가랑이 하키〉

이 게임은 스쿼시 볼 대신 풍선을 사용한다. 요령은 앞에 있는 축구와 비슷하나 발을 사용하지 않고 라켓을 사용하되 반드시 가랑이 사이로 스윙을 해야 한다.

규칙은 두 편으로 나누어 지역을 결정한 다음 서브를 정하고 경기를 시작한다. 반드시 풍선은 가랑이 사이로 스윙해야 하며 골대는 앞 벽 전체, 뒷벽 전체를 골대로 한다.

시간은 전, 후반 각각 5분 정도가 충분하다.

제8장 | 토너먼트 조직

1. 토너먼트란 무엇인가?

토너먼트는 다음 중 하나를 결정하기 위한 일련의 시합이다.

① 진출하는 선수 (팀)의 성적순서

② 모든 선수 (팀) 중 최고의 선수 (팀)

2. 토너먼트 형식

일반적으로 세 가지 형식이 있다:

① 라운드 로빈 방식 – 모든 선수 (팀)들이 서로 경기를 펼치고 최종 순위는 성적순으로 결정된다.

② 승자 진출 방식 – 패한 선수 (팀)는 토너먼트에서 탈락된다.

③ 리그 방식

- 팀들은 부문/풀로 나뉜다.
- 부문/풀의 승자는 승자진출 단계(준결승 및/또는 결승)에서 만나게 된다.

3. 라운드 로빈 방식

1) 장 점

① 공평한 시합이 가능하며 모든 선수가 시합에 참여할 기회를 제공한다.
② 가장 우수한 팀과 가장 약한 팀이 만날 기회가 있고 끝까지 불확실하기 때문에 관심이 계속 유지된다.

2) 단 점

① 시간이 많이 걸린다.
② 이동, 시설 준비 등 가외의 지출을 초래한다.
③ 너무 많은 경기가 연기될 위험이 있다.

4. 승자 진출 방식

1) 장 점

① 이 방식은 시합을 완료하는데 시간이 덜 걸린다.
② 참가자가 너무 많아서 시간과 자금이 부족한 경우 이 방식은 최종 결과를 조금 더 일찍 얻기 위해 사용할 수 있다.

2) 단 점

추첨 속에 기회의 요소가 매우 많다. 강한 팀이 초반부터 탈락될 수도 있고 또는 약한 팀이 같은 실력의 다른 팀과 만날 기회가 없을 수도 있다. 챔피언은 참가한 팀들 중에서 최상의 팀이 아닐 수도 있다.

5. 리그 방식

1) 장 점

이 방식은 승자 진출 방식보다 참가 팀들에게 더 많은 시합 참여 기회를 준다. 첫 번째 라운드에서 패한 팀들에게는 자신의 단점이나 약점을 수정하여 경기를 개선할 기회가 있다. 시드 선수 배정이 사용되기도 한다.

2) 단 점

이 방식도 상위 또는 하위 부문으로 그룹을 나누는데 의존한다. 상위 두 팀은 결승에서 만나지 못할 수도 있다. 승자 진출 방식에 비해 시간이 더 소요된다.

6. 라운드 로빈 방식

① 각각의 참가 선수에게 번호를 부여하는데 번호는 일정표에 따라 다음과 같이 사용 된다.

1–6	1–5	1–4	1–3	1–2
2–5	6–4	5–3	4–2	3–6
3–4	2–3	6–2	5–6	4–5

☞ 1번은 고정 위치이고 나머지 번호들은 시계 반대 방향으로 돌아가면서 배치된다.

② 부전승 설정

부전승 – 1	부전승 – 5	부전승 – 4	부전승 – 3	부전승 – 2
2–5	1–4	5–3	4–2	3–1
3–4	2–3	1–2	5–1	4–5

☞ 한 선수가 각각의 라운드에서 부전승을 뽑게 된다.

☞ 라운드 로빈 토너먼트를 완료하기 위해 펼칠 경기의 수는 다음 공식으로 결정된다.

N (N-1) 나누기 2; N = 참가 팀 (선수)의 수

7. 승자 진출 방식

① 참가 선수의 수가 2의 제곱이 아니라면, 첫 번째 라운드에서 부전승이 있어야 한다.

② 부전승은 이를 받은 팀에게 예선을 치르지 않고 두 번째 라운드에 진출할 수 있도록 해준다.

③ 부전승의 수는 경기하는 팀의 수와 위에서 다음으로 높은 2의 거듭제곱의 차이로 결정된다. 예를 들어 19개 팀이 출전하는 경우 : 32-19 = 13개의 부전승.

④ 두 번째 라운드에 출전하는 팀의 수는 항상 원래 출전 팀의 수에 다음으로 작은 2의 거듭제곱 즉 16개이다.

⑤ 부전승의 수가 같지 않을 경우 추첨의 위보다는 아래에서 한 번 더 있어야 한다. 라운드는 제1라운드, 제2라운드 등으로 불린다.

⑥ 네 팀이 남으면, '준결승'이라는 용어를, 두 팀이 남으면 '결승'이라는 용어를 사용한다.

⑦ 제1라운드를 제외하고 부전승은 없다.

⑧ 시합할 경기의 수는 출전 팀의 수에서 1을 뺀 것이다.

8. 사다리 토너먼트

① 주로 클럽과 학교에서 사용된다.

② 출전 팀들은 사다리의 가로대 중 하나로 위치가 배열된다.

③ 선수들의 이름이 추첨으로 정해져서 사다리에 숫자로 기입된다.
④ 규칙이 정해져야 하고 모두가 이를 분명히 이해해야 한다.
⑤ 한 선수는 그보다 한 두 가로대 위에 있는 또 다른 선수에게 도전할 수 있다. 선수는 도전에 응해야 한다. 도전의 승자는 사다리에서 더 높은 위치를 점하게 된다.
⑥ 선수는 같은 선수와 연달아 두 번 겨룰 수 없다.
⑦ 결석자에 관한 규칙이 있어야 한다.
⑧ 토너먼트의 확실한 마감일이 정해져야 한다.
⑨ 명시된 기간의 끝에 사다리의 꼭대기에 있는 선수가 승자로 선언된다.

9. 피라미드 토너먼트

출전자들은 피라미드 형식으로 시합에 추첨으로 정해지고 배치된다. 출전자들은 피라미드에서 제일 꼭대기 자리를 차지하려는 시도로 자기가 속한 줄의 바로 윗줄에 있는 누구에게도 도전할 수 있다. 선수들은 개인별 능력이 아니라 그룹별 능력으로 순위가 정해진다. 피라미드는 더 많은 선수들의 참가를 허용하고 대개는 도전에 더 많은 융통성을 허용한다.

10. 변형

① 선수는 바로 윗줄의 선수에게 도전하기 전에 자신과 수평을 이루는 줄에 있는 선수에게 도전해야 한다.
② 선수는 바로 윗줄의 선수에게 도전한다.
③ 선수는 바로 윗줄의 선수에게 도전하기 전에 바로 오른쪽 또는 왼쪽에 있는 선수에게만 도전할 수 있다.
④ 선수는 윗줄에서 그의 바로 오른쪽 또는 왼쪽에 있는 선수에게만 도전할 수 있다.

11. 순환 방식

1라운드	2라운드	3라운드	4라운드	결과
1	A1의 승자	A9의 승자	A13의 승자	1. 승자 A15
A1	A9	A13	A15	
16	A2의 승자	A10의 승자	A14의 승자	2. 패자 A15
8	A3의 승자	A11의 승자	A13의 패자	3. 승자 B
A2	A10	A14	B	
9	A4의 승자	A12의 승자	A14의 패자	4. 패자 B
4	A5의 승자	A9의 패자	C1의 승자	5. 승자 C3
A3	A11	C1	C3	
13	A6의 승자	A10의 패자	C2의 승자	6. 패자 C3
5	A7의 승자	A11의 패자	C1의 패자	7. 승자 D
A4	A12	C2	D	
12	A8의 승자	A12의 패자	C2의 패자	8. 패자 D
6	A1의 패자	E1의 승자	C5의 승자	9. 승자 E7
A5	E1	E5	E7	
11	A2의 패자	E2의 승자	C6의 승자	10. 패자 E7
3	A3의 패자	E3의 승자	E5의 패자	11. 승자 F
A6	E2	E6	F	
14	A4의 패자	E4의 승자	E6의 패자	12. 패자 F

1라운드	2라운드	3라운드	4라운드	결과
7				13.
A7	A5의 패자	E1의 패자	G1의 승자	승자 G3
	E3	G1	G3	
				14.
10	A6의 패자	E2의 패자	G2의 승자	패자 G3
2				15.
A8	A7의 패자	E3의 패자	G1의 패자	승자 H
	E4	G2	H	
				16.
15	A8의 패자	E4의 패자	G2의 패자	패자 H

① 이 방식은 챔피언이 되기 위해서는 당신의 모든 시합을 이겨야 한다는 점에서 승자 진출 토너먼트와 비슷하다.

② 차이점은 당신이 어떤 단계에서 패한다면 마지막 날까지 계속 시합을 하게 된다는 점이다.

③ 마지막 시합 후 참가자들의 성적은 내림차순이 된다.

II

스쿼시 훈련 프로그램

1. 스쿼시 훈련 프로그램 구성 원칙

1) 훈련 프로그램의 구성

스쿼시도 타 종목과 마찬가지로 체력, 기술, 심리적 요인에 의해 경기력이 결정된다. 따라서 훈련 프로그램에는 이와 같은 요인들을 충분히 포함되도록 계획해야 한다. 하지만 위에서 언급한 바와 같이 시간적인 제약과 요인들의 중요도에 따라 프로그램 구성은 영향을 받는다. 경기력을 결정하는 많은 요인들 중에서도 체력요인만 하더라도 스쿼시 종목에서 특히 중요하게 작용하는 체력 요인은 심폐지구력, 근지구력이다. 기술요인에서는 드라이브가, 심리요인에서는 집중(경계성)이 다른 요인에 비해 상대적으로 중요한 요인으로 알려져 있다. 이렇듯 요인별로도 상대적인 중요도에 따라 훈련 프로그램을 구성해야 하며 이러한 요인들을 향상시킬 수 있는 내용을 최우선적으로 포함시키고 그 시간을 많이 할당해야 한다. 그리고 이러한 계획은 1년을 기준으로 분기별, 월별, 주별, 일별로 쪼개어 단기목표를 설정하여 구체적인 목표수준을 제시해야 훈련의 효과를 빠르게 체크할 수 있게 된다.

(1) 훈련 프로그램 설계

훈련 프로그램을 구성하는 지도자는 기본적으로 경기력과 관련된 결정요인들을 파악함과 동시에 이러한 요인들의 향상 방법을 프로그램 내에 포함시킬 줄 알아야 한다. 따라서 지도자는 기본적으로 스포츠생리학, 스포츠영양학, 스포츠심리학 및 트레이닝 방법에 관한 지식을 가지고 있어야 한다. 지도자의 의무 중 한 가지는 선수들에게 트레이닝 프로그램을 설계하고 활용하는 것이다. 이로써 선수들은 그들의 최대 체력과 최적 심리상태에 도달할 수 있게 된다. 불충분한 훈련은 선수들이 경기에 임할 준비를 갖추지 못하게 만들고 과도한 훈련은 선수들의 몸을 손상시키게 된다. 이렇듯 지도자는 종목에 적절한 최적의 훈련 프로그램을 설계하도록 해야 한다. 체력과 관련된 훈련 프로그램을 설계할 때에는 운동강도, 운동빈도, 운동시간, 휴식시간을 고려해야 한다.

(2) 훈련 프로그램에 대한 교육

지도자들은 자신이 설계한 훈련 프로그램을 선수들에게 적용시키기 전에 선수가 훈련 프로그램의 효과나 혜택에 대한 충분한 이유와 지식을 인지할 수 있도록 해야 한다. 그래야 선수들은 자발적으로 훈련 프로그램에 참여하여 할당된 일을 수행하게 된다. 지도자가 훈련 프로그램의 전체적인 이해를 돕는 교육을 포함하는 것은 실제 훈련이 진행되는 과정만큼 중요한 의미를 지닌다. 또한 훈련 프로그램 시작 전에 스포츠생리학, 영양학, 심리학 등의 스포츠 과학적 지식을 적절하게 교육한다면 선수들이 훈련 참여과정에서 자신의 신체를 더욱 잘 이해하게 되고 소통의 장이 확립되어 훈련효과가 극대화 될 수 있다.

(3) 훈련 프로그램의 지도

지도자는 목표에 부합하도록 설계된 훈련 프로그램의 내용에 따라 지도하게 된다. 매 회의 훈련에서 지도자는 시작과 끝을 명확하게 하도록 해야 한다. 시작과 함께 이번 훈련의 목표를 소개하고 올바른 시범과 설명으로 선수들을 이해시킨 후 반복 훈련에 돌입한다. 끝날 때 훈련의 목표 달성 여부를 파악하는 평가시간과 함께 내용을 요약하는 시간을 갖도록 한다. 훈련이 이루어지는 동안 피드백은 수행이 끝난 직후에 칭찬과 함께 구체적으로 주고 동기를 유발시킬 수 있는 문구로 마무리 진다.

선수들의 기술과 체력의 수준이 상이할 경우에는 그 차이에 따라 그룹을 만들어서 훈련시키는 방법이 효율적일 수도 있다. 이를 무시하고 훈련을 통합적으로 실시할 경우에는 월등한 선수에게는 지루함을, 뒤처지는 선수에게는 과 훈련이 될 수 있기 때문이다.

훈련 프로그램 내에 상담회기를 포함시켜 체력, 기술적인 부분과 함께 심리상태를 정기적으로 체크할 필요가 있다. 인간의 모든 행동의 원천은 심리적인 부분에서 출발하기 때문에 동기수준, 자신감, 우울, 불안 등의 심리상태를 파악하는 것은 그 선수의 미래행동을 예측하는 데 도움을 줄 수 있다.

2) 스쿼시 훈련 프로그램

스쿼시는 강한 스윙을 지속적으로 해야 하고 공격과 수비 전환이 매우 빠른 운동이다. 많은 훈련을 통해서 체득된 스텝을 이용해서 코트 구석에서 구석까지 엄청난 속도로 움직이는 동안 많은 체력 소모가 뒤따르게 된다. 런지동작이 매우 깊기 때문에 하지의 유연성과 각력이 매우 우수해야 하고 이러한 과정에서 자세를 교정해야 하므로 신체의 조정력도 매우 우수해야 한다. 랠리 횟수가 매우 많기 때문에 근지구력과 심폐지구력이 필수적인 체력 요인이며 랠리와 랠리 사이, 또는 세트간의 짧은 휴식시간에 얼마나 회복을 빨리 하느냐 또한 중요한 경기력 요인이다. 기술적으로는 매우 정교한 스트로크가 요구되기 때문에 많은 반복 연습이 필요한 스포츠이기도 하다.

이에 준하여 스쿼시 종목의 훈련 프로그램은 훈련 주기화(periodization)에 기초하여 먼저 최대 근력과 고도의 기술을 향상시킨 다음 파워와 기술을 발달시키고 이후 파워와 기술을 시합기간 동안 유지하는 과정으로 구성되는 것이 효과적이다. 여기서 주기화란 장기간 동안의 트레이닝 과정에서 발생할 수 있는 과훈련(overtraining)을 예방하면서 중요한 시합이나 시기에 선수들이 최대의 경기력을 발휘할 수 있도록 계획하는 트레이닝 주기 시스템을 의미한다. 이러한 주기화 훈련의 경우, 시합이 계속되는 경우 여러 개의 짧은 기간으로 구분한 다음, 각기 다른 운동량, 운동형태, 운동 강도로 트레이닝을 계획하여 실시하게 된다.

2. 스쿼시 훈련 프로그램의 실제

1) 연간 훈련 프로그램

연간 훈련 프로그램은 대체로 3단계로 구분된다. 대체로 준비기, 시합기, 전이기로 구분한다. 다음은 스쿼시 연간 훈련 프로그램의 목표 및 내용과 연간 훈련 프로그램의 예를 보여 준 것이다.

스쿼시 연간 훈련 프로그램의 목표 및 내용

구 성	내 용
기 간	1년
목 표	기본적인 스쿼시 기술 학습, 필요한 체력 보강, 심리기술 학습, 전술교육, 실전경험 축적
훈련 프로그램	유산소성 지구력, 무산소성 지구력, 민첩성, 근력, 유연성, 순발력 훈련, 시합 전/후기 평가경기 실시(전술훈련), 기본기훈련,크로스컨트리, 사이클 등

스쿼시 연간 훈련 프로그램

<table>
<tr><th rowspan="2">구분</th><th colspan="3">준비기</th><th colspan="6">시합기</th><th colspan="3">전이기</th></tr>
<tr><th>1</th><th>2</th><th>3</th><th>4</th><th>5</th><th>6</th><th>7</th><th>8</th><th>9</th><th>10</th><th>11</th><th>12</th></tr>
<tr><td>훈련
목표</td><td colspan="12">- 체력의 극대화
- 기술의 고도화
- 강인한 정신력
- 새로운 전술 창조</td></tr>
<tr><td>훈련
방법</td><td colspan="12">- 과학적이고 체계적인 고강도 훈련
- 끊임없는 반복을 통해 완벽한 기술 습득
- 정신력 향상을 위해 체력, 기술훈련과 병행하여 심리기술 훈련 실시
- 꾸준한 탐구정신으로 새로운 기술과 전술 연구</td></tr>
<tr><td>측정</td><td colspan="12">- 월 단위로 체력, 기술 및 심리상태를 엄정한 절차를 통해서 측정
- 측정된 자료는 지도자뿐만 아니라 선수 당사자도 알 수 있게끔 피드백 줌</td></tr>
<tr><td>평가</td><td colspan="12">- 분기별로 연습게임을 통해 훈련 프로그램 재설계</td></tr>
</table>

2) 월간 훈련 프로그램

연간 훈련프로그램의 목표 및 내용이 설정이 되면 이를 월 단위로 쪼개어 세부적인 훈련 프로그램을 설계해야 한다. 이는 선수들로 하여금 설정된 목표에 근접하고 있다는 느낌을 주어 노력의 강도를 지속시키게 한다. 다음은 월간 훈련프로그램의 예를 제시해 놓은 것이다.

스쿼시 월간 트레이닝 프로그램

<table>
<tr><th>구분</th><th>월</th><th>체력훈련</th><th>기술훈련</th><th>심리훈련</th></tr>
<tr><td rowspan="3">준비기</td><td>1</td><td>- 유산소성 파워 향상
- 크로스 컨트리, 싸이클, 수영 등</td><td>- 취약한 기술 집중 운동</td><td>- 긴장 완화를 위한 점진적 이완기법 훈련</td></tr>
<tr><td>2</td><td>- 유산소성 파워 유지
- 무산소성 파워 향상 웨이트/인터벌 트레이닝 등</td><td>- 정확하고 빠른 풋웍 연습
- 스트로크 강화 훈련
- 정확한 샷 구사 연습</td><td rowspan="2">- 목표설정 훈련
- 자신감 향상 훈련
- 주의집중 훈련
- 동기수준 유지</td></tr>
<tr><td>3</td><td>- 유산소성 파워 유지
- 무산소성 파워 유지
- 실전과 같은 풋웍으로 체력훈련</td><td>- 실전과 같은 패턴 연습
- 모의 경기</td></tr>
<tr><td rowspan="6">시합기</td><td>4</td><td rowspan="6">- 실전경기
- 경기결과에 따른 내용 분석을 통해 취약한 체력요인 보강 훈련</td><td rowspan="6">- 실전경기
- 경기결과에 따른 내용 분석을 통해 지속적인 기술과 전술의 개발</td><td rowspan="6">- 실전경기
- 긴장(불안)완화 기법 실시
- 동기수준 유지
- 정신력 유지</td></tr>
<tr><td>5</td></tr>
<tr><td>6</td></tr>
<tr><td>7</td></tr>
<tr><td>8</td></tr>
<tr><td>9</td></tr>
<tr><td rowspan="3">전이기</td><td>10</td><td>- 강도가 약한 훈련 실시</td><td>- 정교한 기술 구사를 위한 운동</td><td rowspan="3">- 지속적인 심리기술 훈련 실시</td></tr>
<tr><td>11</td><td rowspan="2">- 웨이트 트레이닝
- 서키트 트레이닝
- 인터벌 트레이닝</td><td>- 드라이브 중점 연습</td></tr>
<tr><td>12</td><td>- 드롭, 로브, 발리 중점 연습</td></tr>
</table>

3) 주간 훈련 프로그램

월간 훈련프로그램이 계획되면 이를 주 단위로 쪼개어 훈련 계획을 세운다. 이유는 위에서 언급한 바와 같다. 다음은 스쿼시 선수를 위한 주간 훈련 프로그램의 예를 제시해 놓은 것이다.

스쿼시 주간 훈련 프로그램

<table>
<tr><th>구분</th><th colspan="2">오 전</th><th colspan="2">오 후</th><th>야 간</th></tr>
<tr><td>월</td><td>- 드라이브 중점 연습
- 써키트 트레이닝</td><td rowspan="5">시작 전에 심상훈련 실시</td><td>- 풋워(패턴)</td><td rowspan="5">훈련 후에 점진적 이완 기법 실시</td><td rowspan="5">연습경기</td></tr>
<tr><td>화</td><td>- 크로스컨트리</td><td>- 발리 중점 연습</td></tr>
<tr><td>수</td><td>- 패턴 연습</td><td>- 풋워(고스팅)</td></tr>
<tr><td>목</td><td>- 싸이클
- 써키트 트레이닝</td><td>- 드롭, 로브 중점 연습</td></tr>
<tr><td>금</td><td>- 종합 패턴 연습</td><td>- 웨이트 트레이닝</td></tr>
<tr><td>토</td><td colspan="5">- 다른 클럽 혹은 팀과의 연습경기</td></tr>
<tr><td>일</td><td colspan="5">- 휴식</td></tr>
</table>

4) 일일 훈련 프로그램

주간 훈련의 내용이 구성되면 이를 일로 구분해서 일일 훈련 프로그램을 설계한다. 다음은 스쿼시 일일 훈련 프로그램의 예를 제시해 놓은 것이다.

스쿼시 일일 훈련프로그램

구분	내용
09:00~09:30	- 준비운동 및 훈련 내용 숙지
09:30~09:40	- 훈련 과정 심상훈련
09:40~11: 40	- 오전 본 운동 - 주간 훈련 프로그램의 내용 훈련
11:40~12:00	- 정리운동
12:00~13:00	- 점심식사
13:00~14:00	- 휴식
14:00~14:30	- 준비운동 및 훈련 내용 숙지

(계속)

14:30~17:00	- 오후 본 운동 - 주간 훈련 프로그램의 내용 훈련
17:00~17:30	- 정리운동 및 점진적 이완기법 실시
17:30~18:00	- 휴식
18:00~19:00	- 저녁식사
19:00~19:30	- 휴식
19:30~20:30	- 연습경기

3. 스쿼시 훈련 프로그램의 평가

프로그램의 효과는 선수들이 가지고 있었던 과거의 경기력 수준과 비교해 보면 금방 알 수 있다. 즉 체력, 기술, 심리적 수준의 평가를 통해서 프로그램의 효과가 확인되는 것이다. 프로그램에 의거해서 훈련을 했음에도 불구하고 경기력 수준에 변화가 없다면 그 프로그램은 실패했다고 해도 과언이 아닐 것이다. 훈련 현장에서 선수들의 경기력 수준을 파악하고 정보를 주기 위해서는 훈련 중간 중간에 경기력 수준의 향상정도를 측정하는 것이 필요하다. 다음은 스쿼시 선수의 체력, 기술, 심리적 수준을 평가할 때 사용되는 평가지를 소개하도록 하겠다.

1) 체격평가

체격평가표

종목: 스 쿼 시					성명:
측정항목 \ 측정일자		/	/	/	/
신 장					
체 중					
흉 위					
상지장					
상완위					
전완위					
대퇴위					
하퇴위					
하지장					
근질량					
체지방량					
신체균형	상지좌우				
	하지좌우				
기타( )					

2) 체력평가

체력평가표

종목: 스 쿼 시			성명:		
측정일자 / 측정항목	/	/	/	/	/
제자리 멀리뛰기					
50m 달리기					
1600m 달리기					
사이드 스텝					
왕복달리기					
서전트점프					
체 전 굴					
턱 걸 이					
윗몸일으키기					
전신반응					
기 타					

3) 스쿼시 전문기술평가

스쿼시 전문기술 평가표

성명:						
측정항목			측정일자	/	/	/
드라이브	포핸드	직 선				
		대각선				
	백핸드	직 선				
		대각선				
	리버스	포핸드				
		백핸드				
보스트	트리클	포핸드				
		백핸드				
	스키드	포핸드				
		백핸드				
	백월	포핸드				
		백핸드				
드 롭	앞코트	포핸드	직 선			
			대각선			
		백핸드	직 선			
			대각선			
	뒷코트	포핸드	직 선			
			대각선			
		백핸드	직 선			
			대각선			
로 브	앞코트	포핸드	직 선			
			대각선			
		백핸드	직 선			
			대각선			
	뒷코트	포핸드	직 선			
			대각선			
		백핸드	직 선			
			대각선			
킬샷 (닉)	포핸드	직 선				
		대각선				
	백핸드	직 선				
		대각선				
발 리	포핸드	드라이브				
		드 롭				
	백핸드	드라이브				
		드 롭				

4) 스쿼시 경기내용 분석

스쿼시 경기내용 분석표(성공/실수)

경기일자: 년 월 일 상대선수명: 세트: 승 / 패						
측정항목 \ 구분				성공	실수	비고
드라이브	포핸드	직 선				
		대각선				
	백핸드	직 선				
		대각선				
	리버스	포핸드				
		백핸드				
보 스 트	트리클	포핸드				
		백핸드				
	스키드	포핸드				
		백핸드				
	백월	포핸드				
		백핸드				
드 롭	앞코트	포핸드	직 선			
			대각선			
		백핸드	직 선			
			대각선			
	뒷코트	포핸드	직 선			
			대각선			
		백핸드	직 선			
			대각선			
로 브	앞코트	포핸드	직 선			
			대각선			
		백핸드	직 선			
			대각선			
	뒷코트	포핸드	직 선			
			대각선			
		백핸드	직 선			
			대각선			
킬샷(닉)	포핸드	직 선				
		대각선				
	백핸드	직 선				
		대각선				
발 리	포핸드	드라이브				
		드 롭				
	백핸드	드라이브				
		드 롭				

5) 심리기술평가(선수 자기 평가용)

심리기술 검사지

측정일자: 년 월 일 종목:	성명:				
	전혀 그렇지 않다	거의 그렇지 않다	보통 이다	약간 그렇다	매우 그렇다
1. 내 능력을 믿는다.	1	2	3	4	5
2. 나의 플레이에 지장을 줄 정도로 긴장한다.	1	2	3	4	5
3. 평소 훈련할 때 목표를 설정한다.	1	2	3	4	5
4. 시합에서 집중이 제대로 안 된다.	1	2	3	4	5
5. 시합에 대해 너무 걱정하는 편이다.	1	2	3	4	5
6. 나의 동작을 쉽게 상상할 수 있다.	1	2	3	4	5
7. 세부적인 목표를 세운다.	1	2	3	4	5
8. 팀 동료들과 지내는 것이 즐겁다.	1	2	3	4	5
9. 내 실력에 자신이 있다.	1	2	3	4	5
10. 목표를 세우고 달성하는 편이다.	1	2	3	4	5
11. 부상에도 불구하고 해내려고 애쓴다.	1	2	3	4	5
12. 시합할 때 가끔 딴 생각이 든다.	1	2	3	4	5
13. 시합상황이 불리하면 흔들린다.	1	2	3	4	5
14. 아파도 이겨낸다.	1	2	3	4	5
15. 우리 팀 선수들은 서로 사기를 올려준다고 생각한다.	1	2	3	4	5
16. 운동할 때 한 곳에 집중이 안 된다.	1	2	3	4	5
17. 시합 전 마음이 긴장된다.	1	2	3	4	5
18. 쓰러져도 끝까지 한다.	1	2	3	4	5
19. 집중이 쉽게 무너진다.	1	2	3	4	5
20. 성공적인 경기장면을 자주 상상해 본다.	1	2	3	4	5
21. 계획을 세워 운동한다.	1	2	3	4	5
22. 우리 팀은 실수를 해도 서로 격려한다.	1	2	3	4	5
23. 나는 자신 있게 시합에 임한다.	1	2	3	4	5
24. 내 기술이 성공한 장면을 선명하게 떠올릴 수 있다.	1	2	3	4	5
25. 힘들어도 잘 해낸다.	1	2	3	4	5
26. 시합 전 멋진 플레이를 연상한다.	1	2	3	4	5
27. 이를 악물고 해내는 편이다.	1	2	3	4	5
28. 우리 팀은 서로 믿고 의지한다.	1	2	3	5	5

III

스쿼시 지도론

1. 지도자의 역할

지도자란 선수의 자신감을 함께 키워줄 수 있어야 하며 선수의 정확한 수준을 반영한 훈련 과정과 단계를 설계해 한 단계씩 학습시켜 성취감을 갖게 해야 하며, 경기나 훈련 과정을 주의 깊게 관찰해 나쁜 버릇 등을 분석하고 교정해 훌륭한 선수로 만들어 내는 사명감을 가져야 한다. 지도자란 엄격한 지도자로서 팀을 가혹하게 운영하는 인식 있었으나 지금은 분야에 목적 달성을 위해 헌신하는 사람으로 바뀌어 가고 있다. 때론 지도자는 선수에 정신 상담자, 인성교육, 부모님, 친구, 선수에 진로 상담까지 많은 영역에 고군분투 하는 사람이다.

코치는 자기 그룹을 이끄는 엄한 교관이라는 낡은 생각을 버리고 목표를 향해 분투하는 선수들을 위한 교양 있는 책임자라는 생각으로 바뀌어야 한다.

모든 스쿼시 선수는 저마다 남다른 독특한 기질을 보여줄 것이다. '문제 있는 스쿼시 선수'는 우수한 경쟁상대와 구분되는 경향이 있다. 우리가 각각의 선수의 심리적 요구를 객관적으로 읽을 수 있는 경우에만 가장 효과적인 성과를 이상적으로 끌어낼 수 있다.

연구에 따르면 스쿼시 선수의 특정한 부정적인 행동방식과 태도는 시간이 지나면 드러날 수밖에 없으며, 코치는 선수들의 심리적 통찰을 관심 있게 보면서 긍정적인 관계로 대처 될 수 있도록 코칭에 효과를 높이도록 해야 한다.

테크닉과 작전에 대한 지식, 인간 과학 성과와 선수들을 훈련시키기 위해 친밀한 지식을 갖추는 것 외에도, 코치는 자신의 개성과 그것이 선수들에게 미치는 영향을 경계할 필요가 있다. 한 팀을 이루는 구성원들 사이에 개인차가 있듯이 코치들도 저마다 개성이 다르다. 어떤 사람은 조용하고 어떤 사람은 시끄러운가 하면 어떤 사람은 동적이고 어떤 사람은 사색적이다. 일반적으로 코치의 유형은 3가지로 뚜렷이 나뉜다.

- 권위주의적: 강렬한 에너지, 규율과 공격을 강조하는 유형. 체계적이고 철저히 계획하며 선수들을 다루는데 있어서 엄격하다. 대개, 토론의 여지가 없다.
- 매력적/민주적: 융통성 있고 창의적인 접근을 하는 그는 그의 선수 또는 팀 내 모

든 사람들의 행복에 관심을 가지는 멋진 남자다. 팀과 잘 융합하고 의미 있는 코치-선수 관계가 이루어진다.

- 자유분방적: 너무 태평스럽고 팀에 진정으로 몰입하지 않는다. 체계적이지 못하고 제대로 된 준비 없이 코치한다. 처리해야 할 일들을 선수들의 기분과 바람대로 되도록 한다.

1) 훌륭한 코치의 특징

① 성공적인 코치는 코칭이 과학이면서 예술임을 안다. 연습 생리학의 원칙에 기초하여 훈련을 프로그램하고 물리학과 신체 운동학에 기초하여 기술을 분석한다.

② 조직: 풍부한 경험으로 경기 기술 습득 방법과 팀원을 체계적으로 지도하는 효율성과 촉진 또는 단념되는 선수를 알아볼 수 있는 예리한 통찰력을 가지고 있다.

③ 솔직함: 코치가 얼마나 많이 알건, 선수의 신체적 및 정서적 요구를 얼마나 깊이 이해하건, 그의 성패의 핵심은 한 가지, 즉 의사소통이다.

④ 남을 즐겁게 하는 성격: 코칭의 성공은 코치가 선수들과 상호작용을 얼마나 잘 할 수 있는지에 크게 의존한다. 코치는 그의 팀 구성원을 개인으로서 존중할 때 존중을 받는다.

⑤ 긍정적인 특질

- 두드러진 요구를 상위에 놓는 매우 성공 지향적이다.
- 매우 조직적이고 미리 계획하며 미래에 대해 신경을 쓴다.
- 다른 사람들과 어울리는 것을 좋아하는 사교적이고 따뜻하다.
- 양심이 섬세하게 발달했으며 현대의 주간 문화의 가치와 조화를 잘 이루는 사람.
- 상당한 스트레스를 받을 때 감정을 다루는데 필요한 소양을 갖추고 있다.
- 개방적이고 의심할 줄 모르며, 다른 사람과의 관계에서 지나치게 방어적이지 않다.
- 다른 분야에서 다른 기준의 선택된 리더와 비교했을 때 리더십이 높다.
- 적극적으로 지도자의 역할을 찾는 사람의 지배적인 역할.
- 심리적 인내력(끈기)은 성공적인 코치의 가장 두드러진 특징이다.
- 정서적으로 성숙하고 현실을 직접 마주대할 수 있다.

- 코칭에 적절한 방법으로 자연스러운 공격적 경향을 자유롭게 표현한다.

⑥ 부정적인 특징

- 다른 사람의 의존 요구에 관심이 낮은 경향이 있다.
- 새로운 학습 기법을 사용하는데 있어서 융통적이지 않거나 완고하다. 입증된 새 아이디어를 받아들일 때 극도의 보수적 태도를 보인다.

⑦ 코칭은 과학이자 예술이다. 과학은 직접적인 인간 스포츠 성과를 현명하게 분석하는데 필수적인 기술적 지식을 제공하지만 재능 있는 사람들과 훈련하는 일은 각각의 사람들이 자신의 잠재력을 달성하도록 돕는 일은 예술이다.

2) 효과적인 코치

① 선수들이 훈련 세션과 경기에서 편안함과 행복을 느끼도록 만든다.
② 각각의 선수의 경험의 특성을 개선하는 것을 목적으로 한다.
③ 형성된 관계에 대해 신경을 쓴다.
④ 스포츠에 관련된 모든 그룹의 사람들을 관련시킬 수 있다(부모, 관료, 방문 팀 등).
⑤ 다양한 코칭 방식이 있다는 것은 선수들이 서로 다른 방식으로 반응한다는 것을 안다.
⑥ 효과적인 코치는 각각의 세션에서 다음에 의해 최대의 즐거움과 참여를 달성하는 계획을 세운다.
⑦ 코칭 계획을 준비하고 계획에 따라 세션을 지도한다.
⑧ 선수들이 세션에 도착하는 대로 적극적으로 임할 수 있도록 일찍 도착하여 용품과 활동 장소를 정한다.
⑨ 모든 선수들이 훈련을 할 때 속으로 분명히 알 수 있도록 세션의 레이아웃을 배치한다.
⑩ 우수 선수로 하여금 학습할 기술의 시범을 보이도록 한다.
⑪ 각 선수가 기술을 수행하고 실습하는 것을 가능한 한 자주 관찰하고 그들의 진도를 기록한다.
⑫ 어려움이 있는 이들에게는 유용한 조언을 제공한다.

⑬ 효과적인 코치는 따뜻하고, 유머가 있으며 온정적이고 페어플레이 정신을 갖고 있다.

3) 선수들과의 의사소통

① 코치가 의사소통 능력을 습득하는 것은 중요한데 훌륭한 코칭은 코치와 선수간의 의미 있는 의사소통의 결과이기 때문이다.

② 효과적인 의사소통을 위한 최선의 방법은 인간으로서 순수한 관심을 보이는 것, 즉 좋은 경청 자가 되는 것이다. 이는 선수에게 주의를 기울이고, 그들을 살펴보며, 관심을 보이고, 고개를 끄덕이고 분명한 응답을 함으로써 코치가 선수들의 의견을 듣고 있음을 선수들에게 알게 하는 것이다. 그렇게 함으로써 코치의 신념을 따르되 실수를 인정하거나 좋은 제안을 받아들이는 것을 두려워하지 않아야 한다.

③ 경기 전, 경기 동안 및 경기 후에 선수들과의 의사소통 과정

경기 전

- 훈련을 통해 얻은 기술을 시험하게 한다.
- 최선을 다하고 타인의 실력에 흔들리지 않게 한다.
- 긴장을 풀고 편안하게 경기를 즐기게 한다.

경기 동안

- 자신이 긍정적이 되도록 한다.
- 탁월한 점 칭찬하고 문제는 조용히 지적한다.
- 심판의 나쁜 호명/결정에 항의하지 말 것.
- 냉정을 잃지 말고 솔선을 보일 것.

경기 후

- 경기 내용은 어떠하였는가?

- 최선을 다했는가?
- 상대의 경기에 어떻게 대처 했는가?
- 무언가 배운 것이 있는가?
- 보완해야 할 부분은 어떤 내용인가?
- 어떤 분야에서의 훈련이 필요한가?

④ 선수들은 당신의 말과 행동 (몸짓과 표정)에 의해 끊임없이 판단한다. 최종 분석에서 중요한 것은 선수 자신을 믿게 하는 것이다.

2. 단점의 확인과 수정

1) 단점의 진단

훌륭한 코치는 다양한 훈련을 통해 선수들의 단점과 결점을 보완하도록 노력하면서 훈련을 지속시켜야 한다. 초보자들의 결점은 반복적이기 때문에 코치에 지속적인 관찰력으로 비교적 발견이 용이하다. 결점을 보완 발달시키기 위해 코치는 체계적인 방식으로 접근해야 하며, 다음의 'GEMFBRS' 방식을 이용하여 선수들의 결점을 차례로 점검할 수 있다.

① Grip(그립)

그립은 볼을 치려는 시도를 하기 전에 반드시 고려되어야 한다. 올바른 그립은 모든 스트로크에 필수적이고 타구의 성공적인 공격에 중요하다. 코치는 전반적인 진행의 첫 단계에 이를 고려할 것을 기억해야 한다.

② Eye on the ball(볼에 대한 시선)

선수는 항상 볼에 시선을 집중하고 경기 중에도 볼에서 시선을 떼어서는 안 된다는 것을 강조해야 한다.

③ Movement(이동)

선수들이 올바르게 움직이고 돌아왔는가? (해당될 경우 S 이동을 사용하라)

④ Footwork(발동작)

올바른 발동작으로 이동했는가?

⑤ Balance(균형)

무게 중심의 이동이 올바른가?

⑥ Racket head control(라켓 헤드 제어)

라켓 헤드를 제어하기 위해 손목이 고정되어 있는지 확인한다.

⑦ Swing(스윙)

백스윙과 임팩트(볼을 치는 위치) 순간, 및 볼을 치고 난 뒤의 마무리 동작을 확인한다.

상기 각각의 핵심 사항이 관련된다. 그립 확인은 닫힌 라켓 면에 대한 답이 될 수 있다. 유사하게, 좋지 못한 발동작으로 인해 볼이 선수들의 몸에 너무 가까이 위치하게 될 경우 올바른 타점을 만들 수 없어 라켓 헤드가 내려가 손목이 꺾일 수 있다.

2) 결점 보완

개인 지도와 단체 지도에서의 진행 결과는 거의 같지만, 개인지도는 선수에게 더 많은 시간을 투자하기 때문에 결점을 빠르게 지단 할 수 있다. 단체 지도는 선수들에 기본적인 훈련을 교육시킬 수 있는 효과적인 방법이다. 코치는 그룹이 계속 적극적으로 훈련에 참여하도록 한 코트에 4~6명의 학생으로 구성되는 단체 내에서 선수들은 볼을 순환방식으로 순서 교체로 전원이 훈련에 집중 할 수 있다. 볼을 치지 않는 선수들은 자기 차례가 올 때까지 다른 선수들의 결점을 찾도록 함으로써 협력을 통해 훈련이 이루어지도록 한다. 선수들의 기량이 개선됨에 따라 결점을 진단할 필요가 적어지면진도 단계를 조금씩 높이면서 목표를 정한다.

상향된 단계를 통해 선수들에 호응과 관심, 참여도가 더욱 높아진다. 젊은 층은 훈련과 경기 상황에 집중력이 강하고, 호응도도 매우 높다. 다만 훈련 간에 맞지 않는 경쟁은 자칫 승부욕으로 인해 올바른 스쿼시 기술 습득이 형성되지 않으므로 항상 주의하여한다. 지도의 마지막은 5~10분간 경쟁력 향상을 위해 소규모 경기를 배려하여, 선수들의 흥미를 진작시키며 다음 지도단계에서도 흥미를 유발시킬 수 있다.

※ 코치는 코칭 동안 선수들을 단점을 수정하거나 올바른 동작 시범을 보이면서 항상 훈련 간 GEMFBR 방식을 이용하여 선수들을 점검해야 한다.

3. 스쿼시 기술 프로그램 지도

본 스쿼시 기술 프로그램은 초보자부터 경쟁 기준 선수에 이르기까지 모든 스쿼시 선수를 위해 설계된 체계적인 기술 획득 과정으로 개발되었다. 본 프로그램은 빅토리안 스쿼시 연맹에서 빅토리아 프로 스쿼시 코치 협회 회원들의 귀중한 도움을 받아 만들어졌다. 스쿼시 기술 차트는 스쿼시 교수와 학습에서 보조물로 사용되도록 고안된 것이고 여기에 포함된 기술은 일반적으로 선수의 진정한 기준을 드러낸다.

- 레벨 1~5는 초보자 수준으로 고려되며 교사, 주니어 코디네이터 및 클럽 선수들이 스쿼시 경기의 기본기와 시합 스쿼시를 하는데 필요한 것으로 코치하는데 이상적이다.
- 레벨 11~15는 발리, 앵글 및 채점과 심판에서 보다 어려운 영역으로 이동한다. 다시 한 번, 스쿼시 코치는 낮은 국가 등급 기준의 이러한 기술을 획득하는데 큰 도움이 될 수 있다.
- 레벨 16~20은 기술과 움직임에서 고도의 정확함을 요하는데 정점에 해당하는

레벨 20은 상당히 어려운 것으로 여겨진다. 높은 국가 등급 기준의 선수는 연습으로 이 수준에 도달할 수 있어야 하고 낮은 기준의 선수들은 아마도 스쿼시 코치의 도움을 요할 것이다.

다음의 노트는 테스터, 코치 및 선수에게 서로 다른 타구와 기술의 정확성, 일관성, 및 위치를 안내하도록 의도되었다.

1) 레벨 1-10

명시된 경우를 제외하고 테스터는 선수가 얼마나 많은 '기회'를 받는지를 정하는데 재량을 발휘할 수 있다.

유용한 예는 다음과 같다.

'레벨 3 드라이브'

선수는 3번의 타구를 놓치기 전에 3번의 드라이브를 쳐야 한다. 즉, 선수가 한번 옳게 친 다음 한번 놓치고 또 한 번 놓친다면 그가 통과할지 실패할지는 그의 다음 시도에 달려있게 된다.

(1) 레벨 1

① 한 번은 포핸드 한 번은 백핸드 드라이브: 서비스 박스 옆에 서서 볼을 당시의 몸 정면에서 약간 옆벽으로 던진다. 볼이 튄 다음 옆벽 아래를 맞고 앞 벽을 맞아 커트라인 위에서 당신과 옆벽 사이로 돌아와 서비스 박스 뒤에서 튀도록 한다.

※ 테스터에 대한 주: 드라이브는 선수와 해당하는 옆벽 사이로 유연하게 돌아와서 서비스 박스 뒤에 떨어지도록 쳐야 한다. 짧은 연습이 허용된다. 실책은 2번까지 허용되고 3번 하면 실격된다.

② 각각의 측면에서 우수한 서비스: 서브는 스쿼시 라켓 규칙에 정의된 대로 '우수'

해야 한다.

※ 테스터에 대한 주: 서비스는 폴트, 풋 폴트 또는 '다운' 또는 '아웃'이라 불려서는 안 된다.

(2) 레벨 2

① 포핸드 드라이브 2번과 백핸드 드라이브 2번. 1레벨과 같다.

※ 테스터에 대한 주: 실책은 2번까지는 허용되고 3번하게 되면 실격된다.

② 각 측면에서 두 번의 좋은 서비스: 레벨 1과 같다.

※ 테스터에 대한 주: 실책은 2번까지는 허용되고 3번하게 되면 실격된다.

(3) 레벨 3

① 한 게임의 점수를 기록 한다: 채점자의 판정을 기록하는 지식을 보인다.

※ 테스터에 대한 주: 경기를 할 수 있기에 충분한 경기의 득점 방법에 대한 지식 게임 규칙의 기본 지식이 요구된다.

제안되는 질문에는 다음이 포함된다.

선수들은 어디로 서비스하는가, 코트에서 틴과 라인이 무엇을 가리키는가, 랠리에서 어떻게 이기고 지는가, '폴트', '아웃', '낫 업' 등의 기본 판정은 무엇인가.

② 포핸드 드라이브 3번과 백핸드 드라이브 3번: 레벨1과 같다.

③ 각 측면에서 서비스 3번: 레벨 1-2와 같되 볼은 리시버 박스 안의 옆벽을 맞고 바닥에서 튀어야 한다(리시버 박스란 쇼트라인, 하프 코트 라인, 뒷벽 및 옆벽으로 둘러싸인 넓은 지역이다).

※ 테스터에 대한 주: 실책은 2번까지는 허용되고 3번하게 되면 실격된다

(4) 레벨 4

① 4번의 포핸드 보스트와 4번의 백핸드 보스트: 볼을 옆벽으로 치는 드라이브 보스

트로 정하여 볼이 중앙 근처 앞 벽을 치고 두 번 튄 다음 옆벽에 맞도록 한다.

※ 테스터에 대한 주: 볼은 맞은편 옆벽에 또는 근처에서 두 번 튀어야 한다. 다시 설정하고 반복한다.

② 4번의 포핸드 드라이브와 4번의 백핸드 드라이브: 레벨 1과 같되 볼은 두 번 튀지 않고 뒷벽에 도달해야 한다. 볼은 뒷벽에 완전히 맞아서는 안 된다.

※ 테스터에 대한 주: 드라이브는 커트라인 위를 맞고 뒷벽 근처에 떨어져서 뒤로 조금 더 가서 뒷벽에 맞기 전에 한번 튀어야 한다. 다시 설정하고 반복한다.

③ 각 측면에서 4번의 서비스: 레벨 3과 같다.

(5) 레벨 5

① 5번의 포핸드 발리와 5번의 백핸드 발리: 쇼트 라인 뒤에 선다. 볼은 각 측면을 연속해서 5번 맞는 동안 바닥에서 떨어져야 한다. 모두 포핸드이거나 모두 백핸드일 필요는 없다.

② 5번의 포핸드 보스트와 5번의 백핸드 보스트: 레벨4와 같다.

③ 5번의 포핸드 드라이브와 5번의 백핸드 드라이브: 레벨 4와 같다.

④ 각 측면에서 5번의 서브: 레벨 3과 같되 볼은 맞은 편 서비스 박스 뒤의 옆벽을 맞는다.

※ 테스터에 대한 주: 볼은 반대편 서비스 박스 뒤의 옆벽을 맞고 뒷벽 앞의 바닥에서 튀도록 쳐야 한다.

(6) 레벨 6

① 백코너에서 6번의 포핸드 보스트와 6번의 백핸드 보스트: 볼을 어깨 높이에서 부드럽게 뒷벽으로 던져서 옆벽으로 튀도록 하고 바닥에서 튄 볼을 보스트한다.

※ 테스터에 대한 주: 그림의 점선대로 볼을 어깨 높이에서 던지도록 설정한다. 볼을 보스트하여 중앙 근처 앞 벽 아래에 맞고 뒷벽에서 또는 근처에서 두 번 튀도록 한다.

② 6번의 포핸드 발리와 6번의 백핸드 발리: 레벨 5와 같다.

③ 6번의 포핸드 드라이브와 6번의 백핸드 드라이브: 레벨 4와 같다.

④ 각 측면에서 6번의 서브: 레벨 5와 같다.

(7) 레벨 7

① 7번의 포핸드 발리와 7번의 백핸드 발리: 레벨 5와 같다.

② 뒷벽에서 떨어져 7번의 포핸드와 7번의 백핸드 드라이브: 볼을 어깨 높이에서 부드럽게 뒷벽으로 던진다. 옆벽 아래로 드라이브를 쳐서 볼이 당신과 옆벽 사이로 돌아와 뒷벽에 맞고 두 번 튀도록 한다.

※ 테스터에 대한 주: 레벨 6 뒷벽에서 보스트와 같이 설정한다. 두 경우 모두 볼을 부드럽게 던져서 코너 근처에 남도록 한다.

③ 백 코너에서 7번의 포핸드 보스트와 7번의 백핸드 보스트: 레벨 6과 같다.

④ 각 측면에서 7번의 로브 서브: 볼을 반대편 옆벽에 높게 친 다음 뒷벽 바로 앞의 바닥에서 튀도록 한다.

※ 테스터에 대한 주: 볼은 앞 벽에서 탑 라인의 30cm 내에 맞도록 친다. 그런 다음 반대편 옆벽 위에 맞고 뒷벽 근처 바닥, 즉 뒷벽에서 라켓 1개 길이 안에 떨어져야 한다. '높게'는 위와 같이 정의된다. 테스트는 서비스 박스의 뒤를 향한다.

(8) 레벨 8

① 포핸드와 백핸드 드롭 샷: 'T' 근처의 반대쪽에서 높은 3번의 월 보스트를 설정하고 가능한 한 앞벽 가까이, 즉 라켓 2개 거리 내에 부드럽게 착지하도록 드롭 샷을 친다. 10번 중 최소한 5번을 그렇게 친다.

※ 테스터에 대한 주: 볼이 'T'를 향해 편안하게 튀도록 도면에 있는 대로 설정한다. 그림과 같이 스텝을 밟고 볼이 앞 벽 근처, 즉 앞 벽에서 라켓 2개 길이 내에 떨어지도록 부드럽게 스트로크를 친다.

② 포핸드와 백핸드 로브: 드롭 샷처럼 설정한다. 테스터는 'T'에 서 있으면서 볼이 테스터의 머리 위로 손이 미치지 못하는 높이까지 친 다음 뒷벽 바로 앞에서 튀

도록 한다. 10번에서 최소한 5번을 그렇게 친다.

※ 테스터에 대한 주: 드롭 샷처럼 설정한다. 테스터는 'T'에 서 있고 선수는 테스터가 볼에 손이 미치지 못하도록 볼을 코트를 가로질러 높이 로브한다.

※ 주의사항: 이 연습의 목표는 매우 넓게 치는 것이 아니다. 볼은 손이 미치지 않는 높이까지 쳐야 한다.

(9) 레벨 9

9번의 포핸드 연속 타구와 9번의 백핸드 연속 타구 또는 8자 모양: 'T'에 서서 포핸드 스트로크로 백핸드 전방 코너로 치면 볼은 옆벽 근처의 앞벽을 맞은 다음 옆벽을 맞고 'T'를 향해 튄다. 볼을 백핸드 스트로크로 계속 포핸드 전방 코너로 친다. 비 스트록을 계속하고 볼은 스트록 사이에서 바닥에 한번만 튀어야 한다.

※ 테스터에 대한 주: 이 루틴은 상체 움직임을 발과 독립적으로 개선하기 위해 설계된 것이다. 그러므로 연습 내낸 느낌을 유지하는 것이 중요하다. 완전한 스트록과 함께 연속성과 유연성이 일차적인 관심 영역이다('릭'은 내내 사용되지 않는다).

(10) 레벨 10

① 뒷벽에서 떨어져 10번의 포핸드 연속 드라이브와 10번의 백핸드 연속 드라이브: 볼을 옆벽 아래로 드라이브하여 바닥에서 한번 튄 다음 뒷벽에서 튀도록 한다. 같은 볼을 한숨에 연속하여 옆벽 아래로 드라이브 한다.

② 10번의 포핸드 보스트와 10번의 백핸드 보스트: 위의 드라이브와 같이 볼을 옆벽 아래로 드라이브 한 다음 같은 볼을 중앙 근처 아래의 앞벽으로 치고 맞은편 옆벽에 닿기 전에 두 번 튀도록 한다.

③ 10번의 포핸드 연속 스트로크와 10번의 백핸드 연속 스트로크 (8자 모양으로): 레벨 9와 같다.

④ 10번의 포핸드 드롭 샷과 10번의 백핸드 드롭 샷: 레벨 5와 같다.

⑤ 10번의 포핸드 로브와 10번의 백핸드 로브: 레벨 8과 같다.

⑥ 10번의 연속 포핸드 발리와 10번의 연속 백핸드 발리: 레벨 5와 같다. 어깨 높이에서 발리한다. 총 20번 친다.

⑦ 옆벽 아래로 길게 10번의 서비스 리턴: 포핸드와 백핸드

한 시합을 채점하고 채점의 판정에 대한 지식을 보인다.

※ 테스터에 대한 주: 레벨 10은 자기 설명적이고 이 단계까지 개발된 기술 대부분을 시험하도록 설계되었다. 스트레이트 드라이브와 보스트 설정은 볼이 벽 아래를 맞고 벽을 따라 돌아와서 뒷벽 근처에서 튄 다음 뒷벽에 맞는다는 점에서 다르다. 볼은 다시 튄 다음 적절히 플레이 된다. 서브 리턴 구간은 테스터로 하여금 강하고 ,부드럽고, 높고 낮은 다양한 서비스를 선수에게 쳐서 선수를 완전히 시험하도록 한다.

2) 레벨 11-20

이 레벨은 스쿼시 경기에서 일어날 가능성이 있는 상황을 대표하는 설정을 통합한다. 이 수준에서는 높은 기준이 요구되는 동시에 일관성을 결정할 때 어느 정도의 재량을 허용한다(달리 기술되지 않는 한). 즉, 타구가 '연속적으로" 10번을 맞았으면 10개 중에서 10개만 허용된다. 그러나 '연속' 타구가 언급되지 않으면 12 또는 13개 중 10개가 허용될 수도 있다.

(11) 레벨 11

① 뒷벽에서 떨어져 코트를 가로질러 치는 10번의 포핸드와 10번의 백핸드 타구: 볼을 옆벽 아래로 드라이브 쳐서 벽 바로 앞에서 한번 튀도록 한다. 코트를 가로질러 드라이브를 쳐서 반대편 서비스 박스 근처에 떨어진 다음 뒷벽에 닿고 두 번 튀도록 한다.

※ 테스터에 대한 주: 점선을 따라 벽 아래로 직선으로 드라이브를 침으로써 설정한다. 옆벽을 마주보고 볼을 코트를 가로질러 드라이브로 쳐서 서비스 박스 반대쪽의 백 코너 근처에서 착지한 다음 튀어서 뒷벽에 닿아 두 번 튀도록 한다.

② 10번의 포핸드와 10번의 백핸드 오버헤드 발리 드라이브: 'T'에 서서 볼을 앞 벽

으로 로브로 서비스 박스 위로 높게 날아가게 한다. 서비스 박스를 가로질러 옆벽 아래로 길게 발리로 친다.

※ 테스터에 대한 주: 만족스럽게 여겨지는 길이까지 오버헤드 동작으로(어깨 높이나 허리 높이가 아님) 발리를 쳐야 한다. 즉, 서비스 박스 뒤와 뒷벽 앞에서 처음으로 튀어야 한다.

③ 코트를 가로질러 10번의 포핸드와 10번의 백핸드 오버헤드 발리: 오버헤드 발리 드라이브를 설정하고 발리 크로스코트를 상당히 길게 친다.

※ 테스터에 대한 주: 위와 같이 발리 드라이브를 친다.

(12) 레벨 12

① 10번의 포핸드와 10번의 백핸드 어깨 높이 발리 보스트: 'T'에 서서 볼을 옆벽 아래로 길게 드라이브 친다. 서비스 박스로 건너가서 발리 보스트를 중앙 근처 앞벽으로 낮게 친 다음 두 번 튀고 반대쪽 옆벽에 닿게 한다.

※ 테스터에 대한 주: 설정 드라이브는 약 커트라인 높이로 쳐야 하고 어깨 높이에서 돌아오도록 한다. 이전의 보스트와 마찬가지로 목표는 볼이 앞 벽 아래와 중앙 근처를 맞고 반대편 옆벽 또는 그 근처에서 두 번 튀게 하는 것이다.

② 10번의 포핸드와 10번의 백핸드 오버헤드 발리 보스트: 'T'에 서서 벽 아래로 로브한 다음 서비스 박스 위로 높이 리턴한다. 서비스 박스로 건너가서 위와 같이 오버헤드 발리 보스트를 친다.

※ 테스터에 대한 주: 다시 한 번 정확도가 열쇠가 된다.

③ 페넌트 마치를 표시한다: 테스터는 채점자의 판정, 두 선수와 관중이 시합의 진행을 알 도록 하는 능력을 기초로 역량을 평가한다.

※ 테스터에 대한 주: 자격을 갖춘 심판이 이 과제를 판정하도록 요청되어야 하는데 스쿼시 라켓 규칙에 대한 엄격한 준수가 요구되기 때문이다.

(13) 레벨 13

① 뒷벽에서 떨어져서 치는 5번의 포핸드와 5번의 백핸드 닉 보스트 볼을 옆벽 아래로 드라이브 친다. 반대쪽 옆벽으로 닉을 치도록 보스트한다.

※ 테스터에 대한 주: 설정은 옆벽 아래로 길게 정상 드라이브를 쳐서 선수가 뒷벽에서 떨어져서 볼을 편안하게 칠 수 있게 하는 것이다. 이는 여러 번의 시도를 요할 수도 있다. 그렇게 함으로써, 볼은 옆벽을 맞고 대각선으로 코트를 가로질러 날아가서 반대편 옆벽 근처의 앞 벽을 맞은 다음 바닥 근처의 옆벽을 맞고 구른다. 테스터는 이 스트로크를 평가하기 위해 상당한 상식을 이용해야 하는데 만일 테스터의 의견으로 스트록이 돌아올 수 없다고 여겨지면 (심지어 볼이 구르지 않는다 할지라도) 볼은 건네져야 한다는 점에서 그렇다.

② 10번의 포핸드와 10번의 백핸드 크로스 코트 드롭 샷: 'T'에 서서 보스트를 친다. 앞으로 발을 내딛고 볼을 반대편 앞 코너로 부드럽게 쳐서 가능한 한 앞 벽 가까이에, 즉 라켓 2개 길이 안에 떨어지도록 한다.

※ 테스터에 대한 주: 높고/약한 보스트로 코트 전방으로 드롭 샷을 설정하면 드롭은 백핸드에서 포핸드 코너로 부드럽게 치고 그 반대의 경우도 같다. 이 타구를 결정하는데 상당한 재량이 필요하다. 볼은 옆벽에 높이 맞아서 코트 중앙으로 다시 튀어서는 안 된다.

③ 뒷벽에서 5번의 포핸드와 5번의 백핸드 리버스 보스트: 위의 닉 보스트와 같이 설정한다. 볼을 앞 벽 근처의 반대편 옆벽으로 치고 앞 벽 아래와 옆벽 가까이에서 튀도록 한다.

※ 테스터에 대한 주: 볼을 친 다음 볼을 친 벽 근처를 바로 가로지르기보다 반대편 옆벽에 매우 가까운 곳에서 두 번 튀는 것이 중요하다. 이 타구는 보통 눈속임을 포함시키기 위해 드라이브 자세에서 치는데 이 점이 강조되어야 한다.

(14) 레벨 14

① 2분간 연속 발리: 테스터는 포핸드와 백핸드는 물론 어깨높이와 오버헤드 발리를 변형시켜야 한다. 볼은 최소2분 동안 바닥에서 떨어져야 한다.

② 심판 1 시합: 테스터는 규칙에 대한 지식과 신속한 결정력에 대한 능력을 평가한다. 유자격 심판이 이 과제를 판단하도록 요청되는데 스쿼시 라켓 규칙에 대한 엄격한 준수가 요구되기 때문이다.

(15) 레벨 15

① 10번의 포핸드와 10번의 백핸드 어깨높이 발리 드롭: 레벨 12의 발리 보스트와 같이 설정한다. 서비스 박스로 건너와서 앞 벽으로 낮게 부드럽게 발리를 치고 가능한 한 앞 벽 가까이에서, 라켓 2개 길이 안에서 튀도록 한다.

※ 테스터에 대한 주: 위와 같되 테스터는 볼이 높은 오버헤드 위치에서 플레이되도록 해야 한다.

② 10번의 포핸드와 10번의 백핸드 '러닝 백' 보스트: 전방 코너에 선다. 'T'에서 볼을 상당히 확고히 던진다. 볼을 쫓아가서 중앙 근처에서 앞 벽으로 낮게 보스트하고 두 번 튄 다음 다른 옆벽에 닿도록 한다.

※ 테스터에 대한 주: 이 타구는 선수가 코트 전방에서 기침을 하고 그의 상대가 후방으로 볼을 치는 시합 상황에 전형적이다. 선수는 이제 볼을 쫓아가서 레벨 4와 5에 앞서 기술된 대로 보스트를 해야 한다. 테스터는 볼을 적절한 방식으로 던져서 선수가 수락 가능한 난이도를 생성하는지 확인한다.

(16) 레벨 16

15번의 포핸드와 15번의 백핸드 연속 9자 모양 발리: 'T' 앞에서 라켓 1 개만큼 떨어진 곳에 서서 볼을 옆벽 근처의 앞 벽으로 어깨 높이로 쳐서 발리 볼 높이로 돌아오도록 한다. 반대쪽 코너로 8자 모형으로 쳐서 볼이 바닥에서 튀도록 한다.

※ 테스터에 대한 주: 이 레벨은 레벨 9에 기술된 루틴의 발리 변형이다. 연습 내내 느낌이 움직여야 하고 볼은 커트라인 높이 근처로 쳐야 한다는 점에 주목하라.

① 전방 코너에서 5번의 포핸드와 5번의 백핸드 '병마개 뽑이' 로브: 대략 전방 코너에 선다. 쇼트라인과 앞 벽 사이의 중간쯤과 옆벽 옆이다. 볼을 어깨 높이로 벽으

로 부드럽게 던져서 옆벽에 가까운 앞 벽에 맞아 튄 다음 앞 벽에 가까운 옆벽에서 튀고 'T' 위로 높이 날아 포핸드 서비스 박스 뒤에 떨어지도록 한다. 주의 사항 볼은 포핸드 측위로 매우 확고히 역으로 쳐야 한다.

※ 테스터에 대한 주: 시합에서 많이 사용되지는 않지만 '병마개 뽑이' 로브는 앵글을 배우고 컨트롤 능력을 늘리는데 유용한 도구이다. 볼이 반대쪽 옆벽에 도달하여 튄다면 볼은 벽에 수직으로 튀게 된다는 것을 알게 될 것이다. 그렇지 않으면 코너를 향해 회전할 것이다. 테스터는 볼이 'T' 위로 높이 날아서 최소한 반대편 서비스 박스 뒤에, 되도록 뒷벽에서 라켓 1개 길이 내에 떨어지게 치는지 확인한다.

(17) 레벨 17

① 5번의 포핸드와 5번의 백핸드 3부 발리 루틴(연속): 서비스 박스 옆에 서서 볼을 옆벽 아래로 로브하여 서비스 박스 위로 높이 리턴 되도록 친다. 옆벽 아래로 발리 로브를 친 다음 다시 한 번 서비스 박스 위로 높이 리턴 되도록 하고 옆벽 아래로 발리 드롭을 쳐서 가능한 한 앞 벽에 가깝게 부드럽게 떨어지도록 하고 볼을 다시 로브하고 반복한다.

※ 테스터에 대한 주: 이는 오버헤드 발리 로브와 드롭을 강조하는 소프트 컨트롤 루틴이다. 총 15개의 연속 스트로크를 치면서 테스터는 타구의 속도, 높이 및 질이 만족스러운지 확인하고 볼이 드롭 후 한번 튀는지 확인한다.

② 10번의 포핸드와 10번의 백핸드 '러닝 백' 드라이브: 레벨 15 '러닝 백' 보스트와 같이 설정한다. 옆벽 아래로 상당히 길게 드라이브를 친다(서비스 박스 뒤에서 튄다).

※ 테스터에 대한 주: 이 과제의 설정은 레벨 15 '러닝 백' 보스트와 같다. 볼은 서비스 박스 뒤와 뒷벽 앞에서 견고히 튀도록 드라이브를 쳐야 한다.

(18) 레벨 18

① 10번의 포핸드와 10번의 백핸드 '러닝 백' 크로스코트: 레벨 15 '러닝 백' 보스트와 같이 설정 한다; 옆벽에서 라켓 2개 길이 내에 반대쪽 서비스 박스 뒤에 떨어

지도록 코트를 가로질러 드라이브 또는 로브를 친다.

※ 테스터에 대한 주: 이 스트로크를 위한 설정은 위의 '러닝 백' 드라이브와 같지만 볼은 반대쪽 서비스 박스 뒤의 옆벽에 가깝게 떨어지도록 친다.

② 10번의 포핸드와 10번의 백핸드 드라이브를 치고 볼을 멈춘다: 볼을 옆벽과 쇼트 라인에 가까운 앞 벽으로 던진다. 한발 앞으로 내딛고 드라이브를 친다. 볼을 벽 아래로 쳐서 서비스 박스 뒤 근처에서 튄 다음 두 번째 튀면서 옆벽에서 라켓 1개 길이만큼 떨어진 뒷벽에서 멈추도록 한다.

※ 테스터에 대한 주: 기술된 대로 설정한다. 여기서 중점은 볼이 두 번째로 튈 때 뒷벽에서 멈추도록 하는 것이다. 드라이브도 옆벽에서 라켓 1개 길이 안에 멈추어야 한다.

③ 10번의 측면 로그와 보스트 루틴: 코트 후방에서 시작한다. 일반 보스트와 마찬가지로 부드럽게 보스트한다. 앞으로 달려 볼이 두 번 바운드하기 전에 코트를 가로질러 로브를 친다. 볼이 서비스 박스 후방 근처의 옆벽에 높이 튀면 되돌아 달려와서 볼이 두 번 튀기 전에 다시 한 번 보스트 한다. 10번 반복한다.

※ 테스터에 대한 주: 보스트를 정교하게 치고 반대쪽 옆벽에 닿지 않는 것이 중요하다. 서비스 박스 후방 근처의 옆벽에 높게 로브를 치고 되돌아 달려와서 논스톱으로 10번 반복한다.

(19) 레벨 19

2번 포핸드 2번 백핸드 후방-전방-후방 발리: 서비스 박스 뒤에서 시작한다: 볼을 옆벽 아래로 드라이브 친다. 뒷벽으로 이동하면서 옆벽 아래로 연속해서 발리를 친다. 발리를 멈추지 않으면서 타구를 치지 않는 손을 뻗어 뒷벽에 댄다. 이제 천천히 앞 벽으로 이동하면서 발리로 앞 벽에 댄다. 천천히 뒷벽으로 돌아오면서 계속 발리를 하고 뒷벽에 손을 댄다. 연습을 논스톱으로 반복한다.

※ 테스터에 대한 주: 선수는 연습 내내 지속적으로 발리를 해야 한다. 비록 포핸드 쪽에서 백핸드 발리를 치고 그 반대로 하는 것이 필요하면 금지되지 않더라도 그렇다. 볼이 바닥을 치면 연습은 처음부터 완전히 다시 시작되어야 한다. 중단 없이 반복한다. 테스터의 재량에 따라 여러 번 시도를 할 수 있다.

(20) 레벨 20

① 뒷벽에서 연속으로 20번 포핸드 드라이브와 20번 백핸드 드라이브: 레벨 10과 같다.

② 뒷벽에서 떨어져 연속으로 20번 포핸드와 20번 백핸드 보스트: 레벨 10과 같다.

③ 8자 모양으로 20번 포핸드 발리와 20번 백핸드 발리: 레벨 16과 같다.

④ 20번 포핸드 드롭 샷과 20번 백핸드 드롭 샷: 레벨 8과 같다.

⑤ 20번 포핸드 로브와 20번 백핸드 로브: 레벨 8과 같다.

⑥ 5번 연속 3부 발리 루틴 포핸드와 백핸드: 레벨17과 같다.

⑦ 포핸드에서 백핸드로 10번의 연속 로브 서비스: 레벨14와 같다.

⑧ 3분간 연속 발리: 레벨 14와 같다.

⑨ 뒷벽에서 떨어져서 10번 포핸드와 10번 백핸드 닉 보스트: 레벨 13과 같다.

※ 테스터에 대한 주: 이 레벨은 본 프로그램을 통해 개발된 기술의 모든 측면을 시험하고자 설계된 것이다. 필요에 의해 일관성이 핵심 관심 영역이고 '연이은'과 '연속'이라는 단어에 주목해야 한다.

모든 연습은 한 세션에서 만족스럽게 완료되어야 한다.

IV

스쿼시의 전략과 전술

1. 스쿼시의 작전과 전략

1) 서 론

스쿼시 선수로서 필자가 사람들로부터 흔히 받는 질문 중의 하나는 당신은 어떤 샷을 칠지 어떻게 그렇게 늘 아는 것 같은가?이다.

그 답은 안타깝게도 경험이고 필자가 안타깝게도 라고 한 이유는 보통 시행착오와 잘못 지도된 실험을 수반하는 시간 낭비적인 실수를 할 필요도 없이 선수에게 이 경험을 얻는 방법을 가르치는 일이 코치로서 필자의 일이기 때문이다.

코치의 책임에는 선수가 달리 성취될 수 있는 것보다 초기 단계에 높은 수준의 성과를 달성할 수 있도록 지름길을 제공할 수 있는 능력을 갖추는 것이 포함된다. 코치의 역할은 선수의 발전을 가속시키는 것이다.

이 상황에서 제기되는 질문들은 다음과 같다.

- 코치로서 우리는 선수가 자신이 처해있는 상황에 가장 적절한 샷에 본능적으로 반응하도록 어떻게 가르칠 것인가?
- 이러한 작전/반응은 선수의 발전 단계 중 언제 가르치기 시작하는가?
- 우수/엘리트 선수가 샷을 칠 수 있는 능력을 계속 개발하는 동시에 자신의 작전 습관을 유지하기 위한 경기 환경을 어떻게 재창조할 수 있는가?
- 우리는 선수가 상대는 지속할 수 없는 수준으로 경기의 템포를 높이는 동시에 어느 주어진 순간에 다양한 옵션 중에서 선택하여 실행할 수 있는 능력을 유지할 수 있도록 의사결정 과정의 속도를 어떻게 높일 수 있는가?
- 우리는 압력을 정의할 수 있는지, 그리고 할 수 있다면, 선수가 이를 인지하여 이용하거나 아니면 그로부터 자신을 방어하도록 어떻게 가르칠 수 있는가?

상당히 흔한 시나리오 몇 가지가 있는데 이들을 검토하는 것은 작전상 견실한 경기를 해 나가는 선수의 능력을 키우는데 도움이 될 것이다.

① 스쿼시 경기를 처음 하는 선수의 우선순위는 살아남는 것, 즉 볼이 두 번 바운드 하기 전에 받아서 앞 벽으로 치는 것이 되는 경향이 있다. 이러한 태도는 금새 나는 이 경기를 이길 거야! 하는 식으로 경쟁적으로 변한다. 여기서 선수는 볼을 더 세게 치거나 예컨대 백핸드 같이 상대의 약점을 공략하려고 노력할 수도 있다. 이 상황은 선수의 발전에서 작전이 얼마나 일찌감치 우선순위가 되는지를 보여준다. 대개, 상대를 이길 수 없는 선수는 개선을 위해 코치를 방문하게 된다. 실제로 그들은 어떻게 하면 쉽게 이길 수 있는지 알고 싶어 하고 승리에 무엇이 수반되는지에 대한 정보를 필요로 한다. 눈치 빠른 코치는 그 선수의 상대에 대해 알아내고 선수가 상대를 이기는데 도움이 되는 경기 방식을 고안하는데 시간을 보낼 것이다. 선수에게 이러한 작전들을 총 연습시키면 그 작전들을 수행하는데 필요한 기술 개발로 이어진다.

② 어느 학생이 다음과 같이 의문을 제기하면서 코치에게 접근한다. 나는 볼을 정말 잘 치고 랠리도 잘 하는데 경기는 이길 수 있을 것 같지가 않아요!
다시 한 번, 이는 경기 동안 일어나는 다양한 상황에 대한 상당히 고정적인 일련의 반응을 개발해온 선수에게 꽤 전형적인 상황이다. 상대가 누구이건 상관없이 같은 샷을 치는 선수 또는 상당히 단순한 경기를 하는 선수 (즉, 렝스 플레이어)는 세상에서 제일 좋은 샷을 칠 수는 있을지 몰라도 샷이 효과적이지는 않은데 상대에게 곧장 플레이되기 때문이다.

③ 게임-볼 또는 매치-볼 다운에서 경쟁적 선수는 경기의 다른 어느 때보다도 더 강하게 공격하는 것 같고 더 안전하고 더 제한적인 샷을 치는 경향이 있다.
선수가 내내 공격만 해서는 안 된다거나 수비만 해서는 안 되는 이유라도 있는가? 또는 선수가 공격과 수비를 적시에 해야만 하는 이유가 있는가? 있다면, 그러한 결정적 시기는 무엇이고 이러한 상황에 가장 잘 들어맞는 경기 유형은 무엇인가?

④ 어떤 선수가 방금 중요한 경기에서 이겼거나 개인적인 목적을 달성했는데, 다음

날, 역시 매우 중요하지만 자신에게는 덜 의미 있는 또 다른 시합을 치러야 한다. 예를 들어 개인별 선수권 대회 이후 팀별 경기 같은 상황이다. 이 선수는 경기에 집중하기가 힘이 들고 준비운동 내내 볼을 제대로 치지 못하고 있다. 이 상황은 정신적 기술 훈련과 전문지식의 힘 또는 그것의 부족을 보여준다. 해결책은 먼저 코치에 의해 선수의 시합 전 정신상태의 준비에 있고 그 다음으로는 대회에 앞서 선수가 훈련되는 방법에 있다.

선수를 이 수준으로 훈련시키는 것은 단순한 것에서 정교한 것까지 다양한 전략의 개발을 통합해야 한다. 선수가 이러한 전략을 비교적 전문적으로 실행하는 정도까지 이 계획을 총 연습 했다면 이 상황에서는 최소한도의 샷 변형을 통합한 단순한 전략이 고무되어야 한다. 이는 다음과 같이 두 가지 효과를 달성한다.

- 선수는 압력 하에서 선택해야 할 옵션의 수를 줄이고 그리하여 의사결정 과정의 속도를 높이게 된다.
- 단순한 전략의 위에 머무는데 요구되는 집중도가 낮아지는데 선수의 본능이 장악하게 되기 때문이다.

⑤ 대부분의 선수들은 신체 단련, 속도, 운동정신, 테크닉 또는 샷을 만드는 능력은 근처에도 가본 적이 없으면서 상대방이 멍청하게 느껴지도록 하는 나이 든 녀석과 맞붙은 적이 있다. 그러한 선수가 사용하는 특정한 작전은 무엇이고, 그러한 작전이 부적합한 선수에게 그렇게 성공적이라면, 우리의 어리고 미숙한 선수들에게 그들이 구사하는 기술 레퍼토리의 일환으로 그 작전을 가르치는 것은 어떤가?

이는 많은 코치들의 전통적인 선수 훈련 방법의 결함을 드러낸다. 우리는 선수가 볼을 세게 드라이브하고, 빨리 달리며, 경기에 바로 적응하고, 발리를 하며, 템포를 유지하도록 가르치는데 대부분의 시간을 보낸다. 이 선수는 단순히 편안한 수준으로 템포를 유지하는 동시에 최소한 의 움직임으로 코트 중앙 지역을 장악할 수 있도록 해주는 경기 방식으로 플레이 하는 그의 적에 의해 여전히 패하거나 바보처럼 보여 진다. 이는 어린 선수가 나이에 따르는 능력과 힘을 개발하기 전에 먼저 배워야 할 그 무엇임에 분명하다.

다음의 아이디어들은 이러한 질문 중 몇 가지를 다루고 우리가 나이에 비해 조숙해지도록 할 수 있는 방법과 수단을 제안하고자 한다.

(1) 작전

'작전은 기술 개발의 본질이다.'

스포츠에 관해서 단순과 복잡이라는 용어는 스포츠에 요구되는 의사결정의 정도를 가리킨다. 예를 들어, 달리기와 수영은 단순한 스포츠인 반면 테니스, 스쿼시 그리고 특히 팀 스포츠 같은 빠른 볼 경기는 복잡한 스포츠로 분류된다.

복잡한 스포츠에서, 내려야 하는 결정의 수와 이에 사용할 수 있는 시간은 복잡성의 정도를 결정한다. 스쿼시는 가장 복잡한 스포츠의 하나이고 그렇기 때문에 선수들은 시합 중에 일어나는 상황들에 대응하기 위해 자신의 반작용에 의존한다는 것은 꽤 명백하다.

우리의 반작용은 다양한 자극에 대한 학습된 반응이다. 반작용을 학습하려면 반복적으로 훈련되어야 한다. 안타깝게도, 코치들이 사용하는 반복 활동의 대부분은 이것이 시합 동안 선수의 행동에 긍정적으로 또는 부정적으로 미칠 수 있고 실제로 미치는 거대한 영향력을 인정하지 않은 채 기술과 테크닉을 개발하는 쪽으로 이루어지고 있는 것 같다.

당신은 당신이 가르친 선수가 경기하는 모습을 지켜보면서 결정타로 이어질 수 있는 기회를 날려버리거나 가능한 옵션 중에 최악의 샷을 쳤을 때 겉으로 아니면 속으로 얼마나 자주 인상을 찡그렸는가? 그 선수는 더도 덜도 아니고 훈련 받은 그대로 경기를 할 뿐인데 말이다!

흔히 사용되는 루틴과 훈련은 스쿼시 경기에서 요구되는 전략적인 의사결정과정을 자극하지 않는다. 대신, 그러한 루틴과 훈련은 상관없고 때로는 전략적으로 견실하지 못한 습관을 강화시키고 그런 다음 경기에서 그렇게 드러나는 경향이 있다.

코치는 조금만 더 생각하면 선수로 하여금 당신이 반복적으로(그리고 경쟁적으로)

사용했으면 하는 작전을 연습하게 할 전략적으로 견실한 훈련과 루틴을 고안(또는 조정)할 수 있다.

코치는 자신의 지도 대상이 초심자이건 상급 수준 선수이건 선수가 특정한 샷을 치는 목적 또는 샷을 조합하는 목적을 기본적으로 확실히 이해하도록 해야 한다. 따라서 경기 작전을 기준(과제 초점)으로 하여 시작함으로써 우리는 그 작전을 수행하는데 요구되는 실제 샷과 움직임을 실행할 능력의 개발에 착수할 수 있다. 선수의 필요와 이해가 커지면 그들의 기술 기준에서뿐 아니라 경기 기준에서도 결과는 더 좋아지고 빨라진다.

선수가 스쿼시 경기를 이기게 조력하도록 설계되고 전체 훈련 방법을 뒷받침해야 하는 기본적인 작전은 다음과 같이 요약될 수 있다:

(2) 승리의 원칙

"승리는 두 가지 기본 과제" 즉, 내가 점수를 내는 것과 상대가 점수를 내지 못하게 막는 것을 수행한 결과다. 그리고 이러한 각각의 과제를 얼마나 잘 이행하는가 하는 것으로 승리 여부가 결정된다.

이는 결국 우리가 훈련 활동에 통합시킬 수 있는 두 가지 작전 규칙을 암시한다.

(3) 서브 측과 서브 받는 측의 규칙

국제스쿼시연맹 규칙에 따르면, 서브 측만 점수를 낼 수 있고 상대(서브 받는 측)는 점수를 내지 못하게 되어 있다. 그러면, 우리가 서브 측일 때 승리 원칙을 적용하면 우리의 유일한 목표는 할 수 있는 한 열정적으로 상대를 공격하는 것이 되어야 하고 상대가 받아치기에 가장 어려운 샷을 하기 위해서는(즉, 볼을 가능한 한 상대로부터 멀리 치기 위해서는) 무슨 위험이든 감수하는 것이 필요하다.

그러나 우리가 서브를 받는 측일 때에는 상대만 점수를 낼 수 있고, 여기서 다시 한 번 승리 원칙을 적용하면, 우리의 의무는 상대가 점수를 내는 것을 막는 것이다. 이는 실책 위험을 최소한도로 하고 상대가 결정타를 치기에 가장 어려운 곳으로 몰아넣도록 우리의 공격을 코트 후방으로 변경함으로써 최선으로 달성될 수 있다.

(4) 전방 위치 제어

위의 상황 중 하나에서, 앞 벽에 가까이 있는 선수가 랠리를 제어한다.

전방에 있는 선수는 샷을 짧게 치는 위치에 있는 반면(잠재적 승자) 후방의 선수는 샷을 성공적으로 칠 가능성이 적으며 긴 샷을 치는 것으로 제한되는 경향이 있다.

2) 함의

이러한 요인들이 갖는 명백한 함의는 우리가 제자들에게 서브 측일 때 그리고 상대의 전방에 있을 때에만 볼을 짧게 치고 서브를 받는 측일 때 또는 상대의 뒤에 있을 때에는 공격적인 긴 샷을 치도록 가르쳐야 한다는 것이다.

제자들을 훈련시킬 때, 우리는 그들이 자신의 상대적인 위치를 인식하고 기회가 적절할 때마다 볼을 짧게 치도록 가르칠 수 있는 방법을 고안해야 한다. 그렇게 함으로써 랠리를 이길 수 있는 잠재력 때문만 아니라 최소한도의 위험으로 완벽한 스트록을 개발하기 위함이다. 선수의 발전의 어느 단계에서, 상대가 이전 샷으로부터 회복되는 상태를 인정하는 것은 훈련 프로그램에 통합되어야 하는 요인이 될 것이다.

서브 측/서브 받는 측의 규칙에 따라 경기하는 것은 견실한 전략적 경기를 개발하는 데 좋은 출발점이지만 현실은 어쩌면 공격해야만 하는(또는 볼을 이리저리 움직여야 하는) 때가 있다는 것이다. 마지막 세 경기를 이기겠다는 의도로 상대를 의도적으로 피곤하게 하려고 할 때 등이다. 플린(Flynn, 1998)은 경기에서 전문 선수가 본능적으로 반응하는 것으로 보이는 결정적 단계가 있다는 것을 발견했다.

중요한 점은 선수가 공격적인 경기와 안전한 경기를 하도록 훈련 받았다는 것이고 이러한 작전의 적용은 결정적이건 또는 그 반대이건 상황에 맞게 달라질 수 있다.

예를 들어, 포인트 랠리(PARS) 점수제에서 선수는 단순히 공격적이거나 안전한 스쿼시를 하게 되는 시점의 완충 지대를 설정한다. 즉, 선수(그리고 코치)는 상대보다 3점을 리드하는 한 그는 공격을 할 것이고 그렇지 않으면 안전하게 경기를 하기로 결정할 수도 있다. 이 안전지대는 상대에 따라서 또는 경기의 다른 결정적인 단계의 인정에 따라서 달라질 수 있다.

여기서 기본적인 메시지는 선수는 상대의 공격을 무효화시키기 위해 또는 탄력이 바뀌는 순간에 다른 방법으로는 패할 경기를 경기가 끝나기 전에 바꾸기 위해 경기를 어떻게 개조해야 할지를 알아야 한다는 것이다.

선수가 다양한 스타일과 작전을 훈련 받지 않은 한 그리고 경기에서 결정적인 순간에 적용하지 않는 한 그 선수는 보통 수준으로 머물러 있을 수밖에 없다!

(1) 전략적으로 견실한 습관의 실제적 개발

울스타인 (Wollstein, 1995)과 플린 (Flynn, 1995)은 전문 선수를 개발하기 위해 훈련이 필요한 세 가지 주요 의사결정 상황을 기술했다.

① 샷을 선택 사용할 수 있는 범위, 속도, 스핀, 테크닉 등으로부터 어떤 샷을 칠 것인가?
② 예상 다음 샷을 받아서 칠 수 있는 시간을 더 벌 수 있도록 경기를 읽는 것.
③ 눈속임 샷을 언제 스위치 할 지 아는 것.

어떤 샷을 칠지, 눈속임 움직임을 통합할지 말지 그리고 샷을 향해 먼저 이동하는 것을 결정하는 과정은 선수의 주변 인식(입력 정보), 지식 기반(경험) 그리고 전략(작전)에 의존하는 복잡한 의사결정과정을 수반한다. 실제로 실행되는 샷은 다만 선행 순간들에서 내려진 결정으로 촉발된 결과적인 운동 기술이다.

개발의 초기 단계에서, 선수의 지식 기반은 제한되어 있고 때로는 결함이 있다. 현재 입력 정보의 양에 상관없이(전문 선수에 대한 것만큼이나) 그 정보가 참조하는 지식이 거의 없으므로 최적에 못 미치는 결정이 나올 가능성이 있다. 사실, 선수의 집중과 결과적인 결정은 당시 코트에서 자신의 위치의 관찰에 의해 지배된다. 예를 들어서, 내가 코트 전방에 있다면 드롭 샷을 할 것이다, 나는 벽에 너무 가까이 있으니 상대가 나에게 스트록을 하지 못하도록 크로스코트를 치겠다. 등이다.

선수가 점차 발전하고 그림 2에 나온 것 같은 다양한 원천에서 더 많은 정보를 얻음에 따라 그 선수와 관련된 상대의 위치는 결정에 관련성을 띄게 된다. 이 때, 만일 상대가 선수 뒤에 있다면 선수는 볼을 짧게 치려고 할 수 있고 반대의 경우도 마찬가지이다.

선수가 점점 전문가가 되어감에 따라 볼을 칠 때 상대의 체중 이동에 민감해진다. 이는 선수가 다음 볼을 치기 전에 상대가 T존으로 돌아올 수 있을지 여부를 결정하는 매우 미묘하면서도 필수적으로 중요한 정보이다. 이 상황에서 상대는 눈속임 플레이 및/또는 노골적인 승리의 여지가 있다.

지금까지 기술된 결정과 과정은 대부분 전의식적이었다. 선수의 정보 기반(경험/지식)과 관련되는 결정의 특성이고, 좋건 나쁘건 시간이 흐름에 따라 그리고 반복에 의해 개발된 반작용으로 분류될 수 있다. 그러나 선수에게는 작전 또는 전략이라는 의식적 결정을 이행함으로써 어떤 전의식적 반작용을 무시할 수 있는 능력이 있다. 의식적 결정은 비교적 느리고 선수의 집중도에 달려 있는데 결과적으로 선수의 정서 상태에 의해 대단히 영향을 받는다. 의식적 생각은 직렬로 작용하는 것으로 보인다. 즉, 각각의 생각이 처리되고 나서 다음 생각이 고려되는 것이다. 반면, 전의식 사고는 병렬식으로 작용한다. 여러 기능이 한 번에 실행될 수 있는 것이다. 선수의 감정 상태와 관련된 주의 분산은 선수의 작전 적용에서 엄청난 불일치로 나타난다.

정신적 육체적 경쟁 압력 하에서 작전을 효과적으로 수행할 수 있는 선수의 경우, 전의식적 반작용과 기저 의사결정이 적절히 반응되도록 훈련하기 위해 이러한 의식적 전략을 반복해서 연습해야 한다.

그러면 선수는 코치 또는 자신에 의해 작전에 대응하는 핵심어로 프로그램 될 수 있고 그러면 이 작전은 그 선수의 집중의 초점이 되어 요구되는 연습된 특정한 반응을 촉발한다.

2. 전략적으로 효과적인 루틴과 훈련

1) 드라이브, 보스트, 드롭

선수 1(또는 코치)는 한쪽 벽 아래로 스트레이트 드라이브를 한다. 선수 2는(가급적 선수 1의 앞에 있으면서) 보스트를 한다. 선수 1은 보스트를 받기 위해 대각으로 움직이고 선수 2가 즉시 벽 아래를 향해 즉시 스트레이트 드라이브를 한 스트레이트 드롭 샷을 친다. 선수들이 백 코트로부터의 회복 및 명백한 추후 드롭 샷을 커버하기 위한 방어적 보스트를 개선하도록 발리는 금지된다.

2) 3인 발리 보스트와 드라이브

선수 1(또는 코치)는 커트라인에서 스트레이트 드라이브를 치면서 코트 후방의 한 쪽에 서 있다. 선수 2는 T존에 있고 보스트를 발리하려고 한다. 선수 3은 보스트를 받아서 크로스코트 드라이브를 치면 선수 2는 발리 드라이브로 벽 아래로 가로채려고 하고 선수 1은 또 다른 스트레이트 드라이브를 한다. 변화에는 스트록 사이에 선수 1로 하여금 맞은편 벽에 닿도록 하고 선수 3은 뒷벽에 닿도록 하는 것이 포함된다. 보스트는 발리 드롭으로 교체할 수도 있다. 이 연습은 볼을 상대로부터 멀리(또는 상대 샷의 원천으로부터 멀리) 치는 것을 소개한다.

3) 서비스 게임의 리턴

선수 1(또는 코치)과 선수 2가 코트에서 서로 맞은편에 서 있다. 둘 다 서비스 박스의 전방과 후방에 머물러 있어야 한다. 각 선수는 상대가 볼을 리턴 할 수 없거나 그렇게 하려면 박스에서 한발 물러나야 하도록 볼을 상태의 머리 위로 로브하려고 한다. 불일치이되 실책은 아닌 경우(예를 들어 코트 밖으로 로브 등) 또는 서비스 자체에 대해 점수가 기록된다(기준이 개선됨에 따라 실책은 허용되지 않는다). 특히 서브에 대한 리턴으로 오버헤드 발리의 제어를 개선하기 위한 연습을 늘리면 서브 직후 상대의 앞에 리시버를 놓게 된다.

4) 발리 크로스코트

선수 1(또는 코치)은 코트 후방에 서 있고 스트레이트 드라이브를 한다. 선수 2는 쇼트라인의 앞에 있으면서 선수 1이 멈출 수 있기 전에 발리 크로스코트 드라이브를 뒷벽에 닿도록 가능한 한 세게 치면서 볼을 가로채려고 한다. 유사하게 선수 1은 선수 2를 지나 벽을 맞추려고 한다. 각각의 패스에 대해 점수를 기록하면서 경기를 플레이한다. 상대가 전방에 있건 후방에 있건 그를 지나도록 칠 수 있는 능력을 개선하기 위한 또 다른 좋은 연습이다.

5) 쿼터코트

이 연습은 피더에게 상대에게 최대로 어려운 샷을 주는 방법을 발견할 수 있는 기회를 제공한다. 선수 1은 백 쿼터코트 중 한 곳에서 적절한 자리를 잡고 선수 2는 T존에 있다. 선수 1은 코트 주변에서 랜덤으로 샷을 치는 한편 선수 2는 모든 볼을 쿼터코트로 리턴해야 한다. 선수 1은 초심자라 할지라도 점점 더 다양한 샷은 물론 선수 2의 작업을 더 어렵게 만들기 위한 몇 가지 눈속임도 도입하게 된다.

6) 어라운드 더 코트

이 연습은 이전의 연습을 확장하고 선수의 완벽한 샷의 가치에 대한 인식을 더 높일 수 있는 기회를 제공한다. 선수 1(또는 코치)는 적절한 위치를 잡고 선수 2는 T존에 있다. 선수 1은 코트 주변에서 랜덤으로 샷을 치는 한편 선수 2가 실행할 샷을 지명한다. 선수 2는(아무리 어렵다 하더라도) 호명된 샷을 적절한 발놀림, 테크닉 및 정확도로 친 다음 T존으로 되돌아와야 한다. 이전의 연습과 마찬가지로 선수는 샷과 상황의 결합이 상대에게 더 높은 난이도를 제공하게 된다는 것을 이내 발견한다. 이 연습은 피더에게 샷/눈속임 등을 연습하기 위한 기회를 제공하기도 한다.

7) 어라운드 더 코트 발리

상기 쿼터코트의 경우에서 선수는 모든 볼을 발리해야 하고 볼이 바닥에 닿을 때마다 벌칙을 받는다. 피더는 발리 기회를 제공하기 위해 볼을 더 위로 띄워야 하지만 선수를 조종하고자 여전히 노력한다.

8) 전략적 경기

전략적 경기는 정황적으로 타당한 상황, 다양한 경기 방식과 작전 하에서 선수들이 연습할 수 있는 기회를 제공한다. 전형적으로 한 선수가 정상적으로 경기를 하는 한편 다른 선수는 특정한 샷만을 치도록 제한되는데 코트의 특정한 부분으로 치거나 특정한 부분에서 특정한 샷을 쳐야 한다. 바로 이것이 이러한 유형의 경기가 때때로 제한된 경기라고 불리는 이유이다. 일반적으로, 이러한 유형의 경기는 상대에 관해서보다 코트에 관해서 코트 상의 선수의 위치에 초점을 맞추는 경향이 있지만 그럼에도 작전의 형식에서 전략적 경기를 도입한다.

9) 원 바운스 렝스 게임

선수는 볼이 쇼트라인 뒤에서 튀도록 쳐야 한다. 이는 가장 안전한 샷 코트의 후방으로 향하는 샷을 사용하여 이기는 방법에 대한 이해를 개발한다.

10) 투 바운스 렝스 게임

이 경기는 선수들로 하여금 볼의 두 번째 튐이 쇼트라인 뒤에서 이루어지는 한 어떤 샷이라도 플레이 할 수 있게 해준다. 이는 볼을 칠 수 있는 능력으로 보다 공격적인 스타일의 렝스 게임을 고무시킨다.

11) 원 바운스 렝스 게임 발리 쇼트

선수들은 볼이 발리 되지 않는 한 쇼트라인 뒤에서 튀도록 쳐야 한다. 이 연습은 선수로 하여금 상대에게 자신의 샷을 발리 할 기회는 주지 않으면서 자신은 발리를 하도록 고무시킨다.

12) 스트레이트 경기

선수는 스트레이트 드라이브, 로브 또는 드롭 등 스트레이트만 칠 수 있다. 보스트는 백 코너 밖으로 그렇게 하도록 강요될 때에만 허용된다.

13) 쇼트 게임

선수는 상대로부터 후방으로 발리 위너를 할 기회를 얻을 때까지 쇼트를 쳐야 한다. 쇼트를 칠 기회가 제공될 때까지 후방으로 볼을 치는 정상적인 작전을 반전시킨다.

14) 쇼트 앤 롱 게임

쇼트라인 앞에 있을 때에는 쇼트만 칠 수 있고 그래야 하며 쇼트라인 뒤에 있을 때에는 후방으로 칠 수 있다. 이 연습은 코트 전방에서는 쇼트 샷을, 후방에서는 롱 샷을 치는 개념을 소개한다.

15) 잉글리쉬 게임

전형적으로 영국 선수들이 하는 경기로, 쇼트 라인 앞에 있을 때에는 쇼트를, 서비스 박스에 있을 때에는 보스트를, 이 밖의 다른 곳에 있을 때에는 드라이브를 치도록 한다.

16) 내부 코트 게임

뒷벽과 측벽에서는 라켓 1개 길이만큼 앞 벽에서는 약 2미터 떨어진 코트 바닥에 전기기사 테이프로 직사각형을 표시한다. 내부 코트로 알려진 이 영역은 선수가 경기에서 반드시 커버해야 하는 코트의 최대 영역이다.

상대의 샷이 이 내부 코트 밖에서 튀면 득점하는 경기를 플레이 하도록 한다. 처음에는 대단히 어려운 이 게임은 우수 선수들에게도 두 눈을 뜨게 해주는 놀라운 경험이 된다.

각각의 선수는 상대의 내부 코트, 즉 상대가 커버해야 하는 코트의 러닝 영역이 얼마나 넓은지 결정한다. 따라서 선수들은 자신의 내부 코트는 최소한도로 유지하려고 애쓰는 동시에 상대의 코트의 러닝 영역은 증가시키려고 애쓰도록 장려된다.

3. 버킷 게임과 패턴 훈련

1) 버킷 게임

양동이를 코트 중앙의 틴에 둔다. 두 선수가 정상적인 득점으로 일반 경기/시합을 한다. 선수가 실점할 때마다 그 선수는 쇼트라인 뒤에 서고 볼을 양동이 안으로 쳐 넣도록 3번 시도한다. 3번의 시도 중 하나도 성공하지 못하면 상대는 벌칙(점프, 엎드려 팔굽혀 펴기, 등)을 부과하고 실패한 선수는 즉시 벌칙을 이행해야 한다. 만일 선수가 양동이로 볼을 넣는데 성공하면 벌칙은 없고 경기를 계속 진행한다. 코치는 두 가지 결과를 관찰하게 된다.

① 선수들은 실점(및 양동이에 볼을 넣어야 하고 그에 따른 벌칙의) 위험으로 인해 서브를 넣지 않을 때마다 서서히 방어적이 된다. 그들은 상대에게 전방 위치(상대가 승자인 경우)를 주지 않으려고 하기 시작하고 쇼트 샷은 없애기 시작 한다(실책 위험 때문에).

② 선수들은 서서히 서비스에서 더 긴장을 없애게 되고 득점을 하고 상대에게는 더 많은 벌칙을 받도록 하기 위해 더 많은 샷을 하기 시작 한다. 선수들의 학습 과정 속도는 대단히 빠르고 서브 측일 때에는 왕성하게 공격하고 서브를 받는 측일 때에는 어김없이 수비를 하는 것에 점점 익숙해진다.

2) 패턴 훈련

패턴이라는 용어는 전술적인 의사결정 기준 없이 기술적 또는 기능적 연습을 반복 연습하는 경향이 되는 루틴과 훈련과 대조로 통합적이고 전략적인 의사결정 및 훈련 효과를 얻는 반복 연습을 기술하는데 사용된다.

연습하는데 요구되는 세 가지 주요 결정의 반복 연습을 위한 기회를 제공하도록 설계된 패턴 목록에 포함되는 다양한 단계가 있다.

- 단순한 패턴에서는, 다양한 상황을 위한 샷 선택이 연습되고 실제 샷은 풀 매치(또는 약간 높은) 속도 하에서 실행된다. 볼의 타격 시에 선수와 상대의 상대적 위치에 초점이 맞추어진다.
- 무작위 패턴에서는 예상과 눈속임이 측방적으로 도입된다(볼이 코트의 어느 쪽으로 플레이 되려 하는가?). 볼의 타격 직전에 상대의 팔과 라켓에 초점이 맞추어진다.
- 옵션이 도입되면, 예상과 눈속임이 종단적으로 도입된다(볼은 코트의 전방으로 갈 것인가 후방으로 갈 것인가?).
- 페이징은 선수가 지나치게 예상하거나 T존으로 복귀를 지연시키도록 전례를 만듦으로써 상대의 체중 이동을 조종하는 개념을 도입한다. 상대의 일반적인 복귀에 초점을 맞춘 뒤(전문성이 발전함에 따라) 볼의 타격 시 상대의 체중 이동에 초점을 맞춘다. 확장된 페이징과 리버스 페이징은 이 수준을 한층 더 확장한다.

모든 패턴은 서브 측 규칙을 수행할 능력을 개발하고 강화하도록 설계된다.

일반적으로, 전방에 있는 선수는 쇼트 샷을, 후방에 있는 선수는 롱 샷을 친다. 어떤 경우(드라이브-보스트 패턴에서와 같은)에는 쇼트 샷을 받는 선수가 한눈에 그가 할 수 있는 최악의 전략적 샷으로 보이는 것을 치도록 요청되기도 한다(즉 코트 전방에서 크로스코트 드라이브). 그 이유는 크로스코트 드라이브가 코트 전방에서 이루어지는 가장 흔한 샷의 하나이기 때문이다(Haanp狎, 1996). 선수는 T존을 제어하는 선수에게 크로스코트를 발리하고 볼을 코트 후방으로 리턴하는 것을 연습할 기회를 얻도록 이 샷을 플레이 한다.

단순한 패턴 초기 단계에서, 단순한 패턴은 한 번에 하나의 대각으로 플레이를 제한하고 샷은 난이도를 높이기 위해 논리적인 순서로 개발된다. 선수의 기량이 개선됨에 따라, 이 패턴은 모든 길이의 샷이 후방 코너 중 하나로 플레이 되도록 허용함으로써 무작위화된다. 이는 시합 조건 하에서 영향을 미치는데 요구되는 최소 기준이라는 사실로 인해 여전히 단순한 수준으로 분류된다.

패턴 자체는 선수들이 그들의 경기에 통합하도록 장려되어야 하는 기본적인 작전이다(선수들이 서브 측일 때!).

※ 주: 단순한 패턴에서 선수가 후방에서 쇼트를 플레이 하도록 강요될 때(또는 자발적으로 할 때) 그의 상대는 즉시 스트레이트 드롭 샷을 쳐야 한다.

(1) 패턴 1: 드라이브-보스트 패턴

이 패턴은 볼을 코트 후방으로 드라이브하는 선수 1에 의해 시작된다. 선수 2는 가능하다면 그가 선수 1의 앞에 있는 동안 볼을 가로채고 성공한다면 즉시 전방의 맞은편 코너로 대각선으로 보스트 한다. 선수 1가 볼을 가로채지 못할 경우, 또는 그렇게 하는 순간 선수 1의 뒤에 있다면 그는 볼을 코트 후방으로 스트레이트 드라이브 하여 전방 위치로 다시 나오도록 해야 한다.

선수 2가 볼을 성공적으로 가로채고 그 볼을 전방으로 보스트했다면 선수 1은 이제 샷을 되받아서 크로스코트 드라이브로 후방 코너로 보내야 한다. 그러면 선수 2는 크로스코트를 가로채서 바라건대 선수 1이 그 볼을 받을 수 있도록 충분히 회복되기 전에 후방으로 스트레이트 드라이브를 치려고 시도한다. 가능하다면 선수 1은 선수 2의 앞에서 발리 드라이브를 가로채서 전방으로 보스트하여 상황을 반전시키고자 해야 한다. 그렇게 할 수 없다면, 선수 1은 후방으로 볼을 좇아가고 그가 다시 뒤에 있기 때문에 선수 2의 앞에 있을 수 있도록 벽 아래로 스트레이트 드라이브를 친다.

둘 중의 한 선수가 전방 위치를 통제할 수 있다면 상대는 전방 위치를 잡거나 아니면 그의 다리가 포기할 때까지 코트의 대각선을 왔다 갔다 달려야 할 것이다.

(2) 패턴 2: 스트레이트 드라이브를 하는 드라이브-보스트 패턴

패턴 1과 같되, 보스트를 쫓아갈 때, 선수는 반대편 벽으로 스트레이트 드라이브를 한다.

(3) 패턴 3: 로브-드롭 패턴

선수 1은 코트 후방의 벽으로 볼을 로브한다. 선수 2는 가능하다면 선수 1의 앞에서 로브를 가로채서 대각선으로 반대쪽 전방 코너로 크로스코트 발리 드롭을 한다. 만일 선수 1의 앞에서 가로채기를 할 수 없다면, 그는 후방의 벽으로 로브해야 한다.

선수 2가 성공적으로 가로채서 드롭을 하면 선수 1은 후방 코너로 크로스코트 로브를 하면서 드롭을 받고 선수 2는 발리를 시도하고 후방 코너로 다시 로브 스트레이트를 하면서 선수 1이 대각선을 따라 달리도록 한다.

선수 1이 선수 2 앞에 있으면서 볼을 가로챌 수 있으면 그는 드롭을 해서 선수 2가 모든 작업을 하도록 시도해야 한다.

(4) 패턴 4: 스트레이트 로브를 하는 로브-드롭 패턴

패턴 3과 같되, 크로스코트 드롭을 쫓는 선수는 반대편 벽으로 스트레이트 로브를 해야 한다.

(5) 패턴 5: 로브-보스트 패턴

패턴 3과 같되 전방에 있는 선수는 보스트를 사용해야 한다.

(6) 패턴 6: 스트레이트 로브를 하는 로브-보스트 패턴

패턴 5와 같되 보스트를 쫓는 선수는 스트레이트 로브를 해야 한다.

(7) 패턴 7: 드라이브-보스트-드롭-로브 패턴

이 패턴은 앞의 두 가지 패턴을 필수적으로 매우 우수한 전략적 작전에 결합시킨다. 모든 패턴과 마찬가지로 연습을 하면 상당히 본능적으로 경기하게 된다.

패턴 1과 마찬가지로, 선수 1은 먼저 후방으로 스트레이트 드라이브를 친다. 선수 2는 보스트 앞에서 가로채려고 시도한다. 선수 2가 앞에 있으면서 볼을 가로챌 수 없으면 후방으로 스트레이트 드라이브를 해야 하고 선수 1은 이를 가로채려고 시도 한다. 선수 2가 볼을 성공적으로 가로채고 요구되는 보스트를 쳤으면 선수 1은 전방 코너로 스트레이트 드라이브를 쳐야 하고 그러면 선수 2는 후방 코너로 로브 크로스코트로 되받아친다. 선수 1은 선수 2가 대각선의 모든 길이를 달리지 않을 수 없도록 하고 선수 1은 전방 위치를 유지할 수 있도록 로브를 후방으로 발리 드라이브한다.

(8) 패턴 8: 스트레이트 로브를 하는 드라이브-보스트-드롭-로브 패턴

패턴 5와 같되 벽으로 스트레이트 로브를 해야 한다.

(9) 패턴 9: 드라이브-드롭 패턴

앞의 모든 패턴은 볼을 대각으로 반대쪽 코너에 맞히는데 집중했다. 이 패턴은 이제 전방 선수는 쇼트 샷, 후방 선수는 롱 샷이라는 같은 기준에서 스트레이트 공격을 개발한다.

선수 1은 벽으로 스트레이트 드라이브를 친다. 선수 2가 선수 1 앞에서 볼을 가로챌 수 있으면 그는 벽으로 스트레이트 발리 드롭을 친다. 그러면 선수 1은 이 드롭을 스트레이트 드라이브로 되받고 선수 2는 선수 1을 지나 코트의 후방으로 스트레이트 드라이브를 하려고 시도한다. 선수 1이 이 드라이브를 가로챌 수 있으면 그는 드롭을 치고 상황은 반전된다.

모든 패턴과 마찬가지로 선수가 가로채지 못하거나 그렇게 하되 상대 뒤로 움직이면서 한다면 이제 롱 샷을 쳐야 한다.

(10) 패턴 10: 드라이브-크로스코트 드롭 패턴

패턴 1과 유사하게, 이 패턴은 보스트를 닉을 향한 드롭 샷으로 대체한다. 선수는 볼이 너무 자신에게 가깝거나 타격 시점에서 볼이 자기 뒤에 있으면 보스트를 할 수 있다. 드롭을 쫓아가는 선수는 크로스코트 드라이브를 쳐야 한다.

무작위 패턴

상기 모든 패턴은 모든 길이의 샷(드라이브, 로브 등)이 코트의 양쪽 중 한 곳으로 플레이 되도록 허용함으로써 약간 개방적이다. 무작위 패턴으로 옮겨가기 전에 최소한 처음 6가지 단순한 패턴을 진행하는 것이 최선이다. 그런 다음 패턴 7 이하의 패턴들을 연습한다.

(11) 패턴 11: 드라이브-드롭 패턴 무작위

전방 선수가 후방 코너 중 하나로 드롭을 하도록 패턴 9와 10을 결합한다. 나머지 선수는 드롭을 받아서 후방 코너 중 한 곳으로 드라이브를 친다. 첫 번째 선수는 이 드라이브를 끊어서 후방 코너 중 하나로 드라이브를 시도한다. 후방으로 다가갈 때 이 작업이 성공하면 다른 선수는 다시 한 번 후방 코너 중 하나로 드라이브를 한 다음 전방으로 돌아오고자 한다.

(12) 패턴 12: 10분 패턴

전방 선수는 쇼트 샷(아무 쇼트 샷이다)을 쳐야 한다. 후방에 있다면 선수는 스트레이트이건 크로스코트건 롱 샷을 쳐야 한다. 쇼트 샷을 되받아 칠 대 선수는 스트레이트 또는 크로스코트 드라이브를 쳐야 한다. 이 패턴을 10분 패턴이라고 부르는 이유는 선수들이 기진맥진하게 될 때까지 걸리는 시간이 10분 정도이기 때문이다.

(13) 패턴 13: 아무 패턴이나

전방의 선수는 아무 쇼트 샷이건 쳐야 하고 후방의 선수는 드라이브 또는 로브를 변형한 롱 샷을 쳐야 한다.

(14) 복잡한 패턴/변형

이 테마에는 선수를 계속해서 오버로드하고 전문성을 계속 개발하기 위해 적절한 때에 훈련 프로그램에 통합될 수 있는 다수의 변형이 있다.

이러한 변형에는 연습되는 렝스 샷이 코트의 양 측면 중 하나로 플레이 되도록 하는 연습의 무작위화(이미 논한 것처럼)가 포함된다. 그 밖의 변형에는 다음과 같다.

1 옵션

상기 패턴들은 옵션 추가로 변경될 수 있다. 보통, 정상적인 렝스 샷 플레이가 제한될 때 공격형 쇼트 샷을 쫓는 선수로 하여금 선택형 드롭 샷(스트레이트 또는 크로스코트)을 치도록 한다. 예를 들어, 드라이브-보스트-드롭-로브 패턴에서 선수들로 하여금 정상적인 드롭 샷에서 벗어난 또 다른 드롭 샷을 하도록 하는 것은 첫 번째 드롭 샷의 특성을 한층 더 강조한다. 만일 우수한 제한적 드롭(급격한 드롭, 닉에 맞는 드롭 쇼트 드롭 등)이라면 두 번째 선수는 볼을 치기가 더 어려워지고 따라서 그의 대응이 더 쉽게 예측된다. 드롭이 나쁘면 두 번째 선수가 선택할 수 있는 옵션은 더 늘어나고 따라서 두 번째 선수의 대응의 예측 가능성과 첫 번째 선수가 다음 샷을 조기에 받을 기회가 줄어든다.

그런 다음 후방에서 쇼트 샷의 선택형 플레이를 허용하도록 확장될 수 있다.

2 페이징

선수들이 각 패턴의 기본형에 상당히 능숙해졌을 때 최선으로 도입되는 변형을 페이징 이라고 한다. 이 용어는 선수가 앞서와 같은 코너로 볼을 다시 치는 옵션을 받는 상황을 가리킨다(예를 들어 다음에 쇼트 샷을 치는 대신 드라이브를 후방 코너로 친 다음 전방으로 오는 것). 선수는 코너에서 달려 나오는 선수를 따라잡기 위해 벽으로 볼을 되받아 친다. 처음에는 10~12번 샷 중의 1번으로 페이징을 제한한다.

3 확장된 페이징

확장된 페이징은 선수로 하여금 쇼트 샷을 치기 전에 필요한 만큼 자주 코트 후방으로 볼을 되받아 치도록 하고 그 반대도 마찬가지다. 이는 상대의 체중 이동과 회복에 대한 인지를 자극하는 한편 패턴 눈속임의 개발도 고무시킨다. 상대로 하여금 자신이 정해진 반응을 여러 번 반복함으로써 다음에 어떤 샷을 칠지 안다고 믿게끔 속이는 것이다. 도입 시 제기되는 질문 중 하나는 흔히 사용되는 용어인 압력과 관련이 있다. 앞서 했던 논의의 견지에서, 압력은 상대로 하여금 체중이 최적의 방향, 즉, 볼의 타격 직후 바로 T존으로 향하는 방향이 아닌 다른 방향으로 이동할 때 볼을 치지 않을 수 없도록 만드는 것으로 정의될 수 있다.

4 리버스 페이징

선수들은 이제 상대의 뒤에서 쇼트 샷을 칠 수 있다.

디자이너 게임, 게임 센스 및 행동 방법

복잡한 스포츠를 가르칠 때 일차적으로 사용되는 이 세 가지 용어는 볼을 어떻게 칠 것인가 보다 경기를 어떻게 할 것인가를 가르치는 개념에 관련된 것이다.

디자이너 게임은 선수들에게 시합 조건 하에서 효과적으로 반응하는 방법을 자극하고 가르치도록 설계된 소규모 경기를 기술하기 위해 호주 올림픽 여자 하키팀의 수석 코치 릭 찰스워스 박사가 고안한 용어이다.

유사하게, 게임 센스는 영국의 코치이자 교육자 로드 소페 박사가 개발한 교수 방법/철학으로, 행동 방법을 찾아내놓기 위해 이 접근을 수정하고 조작한 캐나다 사람들이 열정적으로 채택하는 개념이다. 이 두 개념은 사람들에게 전통적인 테크닉 위주의 접근보다 어떻게 경기를 할 것인가를 가르치는데 초점을 맞춘다. 앞서 언급된 디자이너 게임과 유사한 활동의 사용을 촉진한다.

스쿼시를 위해 설계된 경기의 예와 같이, 우리는 앞서 기술된 패턴 중 하나를 택하여 예를 들어 후방 우측 코너와 전방 좌측 코너로 제한되는 경기를 할 수 있다. 선수들은 드라이브 또는 보스트만 할 수 있다. 상대가 볼을 리턴하지 못하거나, 허용된 샷 외에 다른 샷을 치거나, 볼을 두 쿼터코트 내에 유지하지 못할 때마다 11점(랠리 득점 포인트)을 득점하는 경기를 한다. 선수를 가르칠 때에는 상대가 리턴 할 수 있기 전에 볼이 두 번 튀도록 하는 것에 역점을 둔다.

5 요 약

체계적이고 점진적인 지각 운동 기술 개발 프로그램은 전략적으로 나이에 비해 조숙한 선수를 배출하는데 필요하다. 필자가 여기서 기술한 연습들은 그러한 시스템의 기준에 선수의 지각 인지도의 개발을 가속화하고 그들의 지식 기반을 증가시켜 시합 조건에서 보다 효과적인 의사결정을 돕는 활동 유형의 예들을 제공한다.

당신의 상상력을 사용하여 당신이 코치하는 선수들이 압력 하에서 할 수 있기를 바라는 것을 생각하고 그들이 그렇게 하도록 훈련하라.

4. 스쿼시 경기를 위한 테크닉과 전략

1) 풋워크와 라켓 컨트롤

스쿼시는 풋워크와 라켓 컨트롤의 경기입니다. 쉽게 말하면 스쿼시는 달리고 때리는 것입니다. 이 두 가지가 완벽하다면 스쿼시 경기의 도사가 될 것입니다.

풋워크와 라켓 컨트롤을 완벽하게 하는 과정에서 선수는 두 가지를 결합하는 문제를 잊어버리고 나쁜 습관을 만들 수도 있습니다. 풋워크와 라켓 컨트롤 각각에 초점을 맞추는 좋지 않은 습관은 달리고 치는 스쿼시의 조화를 방해합니다.

스쿼시 경기에서 달리기와 치기를 조화롭게 하기 위해서는 마지막 스텝에서 스윙하는 더 나은 방법을 위해 노력해야 합니다.

타이밍에 관심을 갖는 멋진 방법이 있습니다. 마지막 스텝에서 공을 때리고 나서는 다음 샷을 준비하기 위하여 자신의 스윙의 관성을 이용하여야 합니다. 예를 들면, 백핸드샷에서 샷을 미리 생각하여 발을 먼저 움직이며, 라켓을 몸에 가까이 붙이고 감아올립니다. 이는 안쪽으로 원을 그리며 이상적인 균형을 이룹니다.

스트라이크 존에 다가갈 때는 자신의 스텝에 집중하고 공과의 거리를 계산하여 마지막 스텝에서 무게중심을 다른 쪽 다리로 옮기면서 그 다리에 온몸무게가 실리기 전에 공을 때리며, 공이 라켓의 스트라이크 존을 떠날 때 공을 계속 주시해야합니다.

그러나 팔로우-스루(follow-through: 라켓을 완전히 휘두름)의 끝에서 몸에 가까운 안쪽왼쪽으로 라켓을 다시 가져오도록 백핸드 팔로우-스루에 초점을 둡니다.

모든 팔로우-스루에서 라켓이 자연스럽게 코트의 가운데로 인력에 의해 끌려가는지 주목해야합니다. 이것이 잘 조화된 달리기-치기 동작입니다.

라켓으로 스윙을 할 때 라켓을 몸 가까이 유지하거나, 샷을 하는 동안 어떤 특별한 단계에서도 자신의 모든 몸무게에 작용하는 요령은 없습니다.

샷을 하는 순간에 발을 내딛지 않는다는 것을 기억하고, 마지막 스텝은 고정되어 있되, 연속적인 동작에 있어서 무게를 나누어줄 뿐입니다. 오로지 T존에 있을 때만 자신의 무게가 가운데 있음을 느껴야합니다.

이러한 유형의 행동은 자신의 균형과 라켓 컨트롤을 부드럽게 유지해 더 나은 전략을 세워줍니다. 풋워크와 라켓 컨트롤을 나누어 하게 되면 경기와 집중력에서 무언가 세밀하게 할 수 있는 것이 부족하게 됩니다.

나의 조언은 여러분이 드롭이나 대각선 활용에 초점을 맞출 때 샷과 더불어 움직임을 통합해야 한다는 것입니다. 스트라이크존 안팎의 효과적인 무게중심 분배는 움직이는 동안에만 일어나기 때문에 임팩트 지점뿐 아니라 팔로우-스루를 통합한 스윙 스타일을 개발해야 합니다.

그냥 서서 스윙을 한다면 경기력 향상은 멀리 달아날 것입니다.

2) 부드러운 움직임(Smooth Movement)

이기는 스쿼시를 하려면 올바른 풋워크도 중요하지만, 확실한 스텝으로 코트에서 부드럽게 움직여야 합니다. 포핸드 샷은 왼발, 백핸드는 오른발이 나가는 것을 반드시 알아야 합니다.

그러나 대부분의 선수는 왜 제대로 하지 않을까? 그 이유는 뭘까? 예를 들어 상대방이 오른쪽 서비스박스에서 대각선으로 서브를 했다고 가정합시다.

당신은 이 샷을 예상하고 공을 향해 다가가 오른발이 나가면서 백핸드를 스윙을 할 것입니다. 정확하군요. 이것이 동작의 전부인가? 아닙니다.

왜냐하면 올바른 풋워크만으로 속도를 높일 수 없다는 것에 실수의 총체적 원인이 있습니다. 당신이 샷을 위해 몸을 비틀 때 반드시 '무릎이 바닥에서 너무 높이 들리지 않게' 해야 합니다. 신발 바닥면으로 '경기장 바닥을 미끄러지듯 가는 법'을 배워야 합니다.

패싱샷이 생기는 이유는 무릎을 굳이 들 필요가 없고, 경기장 바닥 가까이 발을 유지 하는게 중요하다는 사실을 스스로 못 느끼기 때문입니다. 이는 높은 스탭으로 인한 '공중채공시간'을 줄여주며, 발이 경기장 바닥에 붙어있을수록 당신은 덜 지치고, 강한 패싱샷 일수록 볼에 더 빨리 접근 할 수 있습니다.

3) 강한 샷(Hard Shot)

볼을 강하게 친다는 것은 허리를 효과적으로 쓴다는 것입니다.

강한 샷을 위해서 가능한 라켓을 가볍게 잡아야 허리의 유연성이 높이고, 팔꿈치를 몸 쪽으로 유지하고 허리를 돌리며, 바운드 된 볼을 정점보다 더 낮은 위치에서 치면 허리를 더 빨리 비틀 수 있습니다. 또한 임팩트 순간에 그립을 꽉 잡아 임팩트 시 묵직한 느낌의 느껴야 합니다. 이를 스위트스팟(sweet spot)이라 부릅니다. 한번 해 봅시다.

4) 서브(Serve)

포인트의 시작은 서브입니다. 이때부터 랠리가 시작되고, 포인트 여부가 결정됩니다. 자, 이제 포인트를 어떻게 따는지를 알아볼까요?

포인트는 서브에서 시작됩니다. 서브가 그만큼 중요하지만 대다수의 선수들은 서브의 중요성을 잘 알지 못합니다. 빈틈없이, 정말 꼼짝달싹할 수 없는 멋진 서브를 하기위해 노력하는 선수를 쭉 봐왔으나 "서브에이스"는 "시간낭비"라는 점을 강조하고 싶습니다. 좋은 서브는 상대방의 스윙을 방해하도록 벽 가까이를 맞추는 것이 전부입니다.

서브에이스기술을 별도로 개발해야 할 이유는 없으며, 오히려 상대방의 리턴에 더 집중해야 합니다. 스쿼시는 서브 보다 상대방의 서브리턴(크로스, 드롭, 직선 리턴)을 읽는 것이 더 중요합니다. 서브리턴을 준비하는 제일 좋은 방법은 낮은 자세입니다. 볼에 달려들 준비 자세를 취할 때 이런 장면을 보고 있는 상대방에게 심리적 압박감을 줍니다. 서브를 넣고 T존 근처에서 잔뜩 웅크리고 있으면 상대방의 압박감은 최고조에 달합니다. 한번 해 봅시다.

5) 볼보기

모든 프로선수들은 이렇게 말합니다. "볼을 보세요!" 그러나 볼을 보는 확실한 방법을 알고 있나요?

랠리도중 상대방이 당신의 "앞", "뒤", 또는 "옆"에 서 있을 때 이런 상황마다 제대로 볼을 보는 방법이 한 가지씩 있습니다. 상대가 나의 앞에 있을 경우는 상대가 언제, 어디로 볼을 치는지는 쉽게 보입니다. 가능한 상대에 가까이로 접근(너무 바짝 붙지 말고)한다면 이는 상대에게 당신이 드롭에 대비하고 있다는 느낌을 주어 심적 부담을 줍니다. 상대가 당신 앞에 있을 때, 드롭일 가능성이 가장 많다는 사실을 절대 잊지 마십시오. 따라서 상대가 나의 앞에 있을 경우에는 상대 가까이 다가갑니다. 상대가 뒤에 있을 때, 절대로 볼을 "직접" 보지 않고 곁눈을 사용해야합니다.

이유는 빠른 크로스코트를 따라가면서 동시에 얼굴을 돌리기는 물리적으로 불가능하기 때문에 머리와 목 대신 눈동자를 사용해야 합니다. 코트중간에 있는 서비스라인이 좋은 목표점입니다. 이 라인까지만 시선을 따라가고, 기후는 서비스영역에 눈을 고정하고 곁눈으로 상대방라켓까지의 볼을 따라갑니다(만일 당신이 뒷벽을 높게 맞는 긴 볼을 쳤을 경우에는 예외입니다).

이런 예를 통해 상대 가까이에서 볼을 볼 필요가 있다는 것을 느낄 것입니다. T-존에 있는 동안 "앞면으로부터 보고 있다"는 사실을 명심하기 바랍니다.

6) 고수의 길

스쿼시 기량은 사람마다 발전 속도가 다르고, 또 각자 다른 수준으로 끝이 납니다. 오늘 일류의 선수는 분명 내일은 한 단계 낮은 레벨의 선수가 될 것입니다. 게임에서 이기던, 지던 한 가지는 반드시 배운다. 바로 "경험"입니다.

"경험 많은 선수"는 3가지 단계가 있습니다. 첫째는 경기 중 "볼을 다룰 줄 아는 법"을 배우는 것입니다. 어려운 볼을 받아치기, 타격, 움직임이 좋군요. 그러나 이모든 것은 당신의 "게임계획"에 따라 당신이 택한 한 가지 표준템포로 진행됩니다. 사람들은 "당신은 안정되고 일관성 있군요"라고 말합니다.

경험이 많은 선수의 두 번째 단계는 위의 것 이외에 "템포를 섞는 능력"을 함께 갖추고 일관성을 유지하는 법을 배우는 것입니다.

드롭, 로브, 그리고 보스트 등을 효과적으로 사용하면서 랠리의 완급을 조절 할 수 있다는 것은 대단한 것입니다.

사람들은 "당신은 상대하기 참 힘든 사람이 군요"라고 말합니다. 마지막 단계는 소수의 몇 명만이 도달할 수 있는 영역입니다. 이 단계의 선수는 위에서 말한 모든 특징 이외에 "속임수에 대한 초인간적 직관능력"을 가지고 있습니다. 이 선수는 당신을 레인(?)에 끌어다 놓고서 보스트를 치거나 준비 자세를 취하고 마지막 순간까지 강타를 날릴 듯이 보이다 순간 크로스드롭으로 변화시킬 수 있습니다. 당신은 현재 어느 단계에 있습니까?

7) 몸의 균형(Balance)

단기간에 승리자가 되는 방법은 무엇일까요? 랠리 중 집중력을 유지하고, 상대의 공격을 막을 수 있는 포인트는 어디에 있을까요? 최고의 스쿼시 선수는 어떤 능력을 별도로 갖고 있는 걸까요? 이런 질문에 대한 답은 딱 한가지입니다.

경기 중 내내 "균형(발란스: Balance)"를 유지하십시오. 균형감 있게 뛰십시오. 절대 벽을 향해 달리지 마십시오.

즉, 한 스텝 한 스텝 마다 몸의 균형을 유지하려 노력하고, 또 느리게 칠 때도 균형을 유지해야 합니다. T존에서부터 자세를 낮추고 있는 것이 랠리의 전 과정이 균형을 갖느냐 여부가 결정됩니다. 당신이 균형감을 잃는 시점과 장소를 살펴보십시오. 드롭입니까? 서비스 리턴 입니까? 아니면 백 코너에서 입니까? 몸을 비틀 때 균형을 잃습니까?

코트 내 모든 위치에서 균형을 잃을 수 있다는 점을 반성하고 이를 하나하나 교정해 나가십시오. 균형감에 관심을 갖는 이유만으로도 당신의 속도와 타격능력은 높아집니다.

8) 스쿼시 전략 – 맹점

공이 맞는 순간을 놓치지 말고 상대방이 공을 치는 모습을 잘 보아야 예측력이 향상된다고 흔히 말한다. 더 나은 예측은 다음 샷으로 도략할 수 있게 해준다고도 한다. 모두 맞는 말이다. 그러나 공이나 상대방을 볼 수 없을 때가 있는데 이것을 "맹점(blind spots)"라고 합니다.

다음에 전형적인 스쿼시 시나리오가 있습니다.

상대방이 백핸드 코너로 깊숙이 서브를 넣습니다. 맹점은 서브를 받는 리시버가 표준적인 레일 길이의 리턴을 하려고 몸을 틀 때 생깁니다. 이러한 경우 두 가지를 새겨두어야 합니다.

첫째는 리시버가 샷을 하기 직전에 마지막 서버주변의 모습을 어떻게 판단하느냐는 것이고, 둘째는 맹점에 있는 동안 상대방이 무엇을 할 것이냐는 것입니다. 우선, 리시버가 백핸드 레일을 치기 위해 공에 집중하는 동안 서버는 들키지 않게 움직일 수 있다는 잇점이 있습니다. 리시버가 공에 집중을 하고 공이 코너로 떨어지는 것을 볼 때, 그의 시야에서 서버는 한 쪽 구석에 있게 됩니다.

만약 내가 서버라면, 리시버가 백핸드 코너로 몸을 틀기 시작할 때 리시버의 백핸드 쪽으로 움직였을 것입니다. 리시버가 샷을 하려고 발을 뗄 때 맹점이 일어난다는 것을 깨달았다면 나는 조용히 포핸드 쪽의 뒤로 움직일 것입니다.

그 까닭은 무엇일까요?

리시버의 시야에서 나에 대한 마지막 이미지는 레일 길이의 리턴을 받기 위하여 백핸드쪽으로 움직이는 것입니다. 내가 다음 샷을 잘 처리할 것임을 깨닫는다면, 리시버는 다른 샷을 치는 꾀를 쓸 것입니다. 리시버는 내가 백핸드 리턴을 하기 위해 머무를 것이라 믿으면서 내게서 멀리 떨어진 옆 벽을 때리며 포핸드 쪽 코트의 앞에 떨어지는 보스트를 친다고 해봅시다. 그러나 맹점에 있는 동안 나는 코트 앞쪽으로 이미 움직여 승리의 드롭을 할 것입니다. 나는 나에게 유리하게 맹점을 이용해왔습니다. 언제나 그렇게 되는 것은 아니지만, 요점은 맹점이 일어나는 상황에서 무언가 예측하지 못 한 것을 시도하라는 것입니다.

타이밍이 가장 중요합니다.

제대로만 된다면, 상대방에게 부담을 더해줄 것입니다. 마찬가지의 스쿼시 시나리오를 이용하여, 상대방 시야에 내가 백핸드 쪽으로 움직이는 것 대신 나는 일부러 서비스박스 지역에 머무릅니다. 상대방은 나에 대한 그의 마지막 이미지를 판단기준으로 이용하여 내가 받지 못하는 예상치 못한 레일을 칠 것입니다. 한 편, 나는 그가 샷을 할 때 까지 기다릴 것입니다. 시야에서 벗어나면 나는 재빨리 잘라 치기 위하여 백핸드 사이드 쪽으로 속도를 낼 것입니다. 나는 상대방의 시야와 맹점을 유리하게 이용하여 상대방의 경기 계획을 바꾸곤 했습니다. 또 하나의 예는 상대방이 닿기 힘든 보스트를 칠 때이다. 상대방이 보스트를 받기 위해 움직이면, 다른 선수는 맹점이 일어날 때 까지 상대방의 뒤쪽으로 움직일 수 있습니다. 상대방에게 나의 마지막 모습은 드롭을 하기 위해 앞으로 나오는 것입니다. 드롭을 예상했기 때문에 상대방 선수는 로브나 대각선 샷을 할 수 밖에 없습니다. 여기서 맹점을 바르게 이용한다면, 그는 상대방 뒤에 있지 않고, 상대방이 공을 받을 때 마지막 순간에 재빨리 발리를 치기 위해 뒤로 사라질 것입니다. 상대방은 완전히 당황하게 됩니다.

9) 스쿼시 전략 – 체력

스쿼시는 체력을 요구하는 운동입니다. 우리들은 랠리가 점점 길어진다는 것을 느낄 때 체력에 대해 인식하게 됩니다. 고수들은 대게 코트 밖에서 훈련을 많이 합니다. 어떤 이는 달리고, 어떤 이는 수영을 합니다. 고수들은 코트 밖에서 훈련하기 전에 한 가지 사실을 분명히 알고 있습니다. 스쿼시에는 두 종류의 체력이 있다는 것입니다.

앞서 말한 것(달리기와 수영)은 '심혈관적 피트니스'에 해당됩니다. 그러나 일관되게 공을 친다는 것은 훨씬 더 어려운 것입니다. 프로들은 이 점을 잘 알고 있습니다.

1시간동안 좋은 컨트롤로 지속적으로 볼을 칠 수 있는 힘과 지구력이 필요합니다. 당신 팔이 1시간동안 강타를 칠 수 없다면, 코트 밖 다른 트레이닝은 시간낭비입니다. 볼 컨트롤이 없다면 어떤 운동을 했는지 상관없이 당신은 투어에서 죽은 목숨입니다.

스쿼시경기에서 다리에 비해 팔이 얼마나 더 많이 움직이는지 생각해 본 적이 있나요? 팔이 움직일 때, 다리는 몸의 중심을 잡고 복귀시키는 역할을 합니다. 매 샷 동작마다 뛸 필요는 없으나 매번 샷 동작은 팔로 쳐야 합니다. 가능하면 강한 샷을 쳐 보십시오. 물론 팔에 무리가 없는 범위에서… 그리고 그게 나에게는 얼마나 오래 동안이나 가능한지 한번 시험해 보십시오. 무모하게 맹목적으로 치는 '강타'는 옳은 방법이 아닙니다. 그러나 그전에 당신은 지구력과 볼에 대한 집중력이 향상됨을 쉽게 깨닫게 될 것입니다.

스스로 시간을 재 보십시오. 쉬지 않고 20번 포핸드 스트레이트 랠리를 사도해 보십시오. 그다음 반대 코트에서 다시 20번 백핸드 스트레이트 랠리를 하십시오. 볼 스피드는 빨라야 합니다. 반대코트를 향해 보스트 닉 샷을 시도해 보십시오. 볼을 응시해야 합니다. 쉬지 않고 한 시간 동안 계속 볼을 응시해 본 적 있습니까? 직접 해보기 전에는 쉽지 않습니다. 팔이 뻐근해 질 때 까지 입니다! 그러나 그전에 당신은 지구력과 볼에 대한 집중력이 향상됨을 쉽게 깨닫게 될 것입니다. 스스로 시간을 재보십시오.

정확하게 1시간동안 쉬지 않고 강타를 칠 수 있을 때 까지 각 섹션은 5분단위로 계속 늘려 가십시오. 이걸 도달한 후에, 그때 프로(=장재영)가 하는 코트 밖 훈련을 따라 하십시오.

10) 경기력 향상을 위한 몇 가지 제안

선수들이 기량 발전이 멈추는 중요한 이유는 항상 같은 패턴으로만 운동하기 때문입니다. 매주 같은 사람과 2게임 또는 3게임씩을 친다면 항상 같은 시간대에, 항상 같은 코트에서만 게임을 하게 되는데 이것이 항상 같은 패턴의 운동이 되는 이유입니다.

이 대목에서 고려해 볼만 한 점 몇 가지를 소개 합니다.

(1) 정례화된 표준 게임

- 스케줄상에 표준 게임을 지키십시오.
- 통상적이고 일상적인 것에 벗어나십시오.
- 매주 만나 익숙해진, 같은 선수는 이제부터 '격주'로 만나십시오.
- 기량향상을 위해 객관적인 표준 점수(reference point)를 사용해 보십시오.
- 새로운 선수에 대한 새로운 기회를 만들어 갑니다.

(2) 각종 대회 경기 참여

새로운 선수를 만나려면 지역 내 각종 토너먼트와 클럽간 리그를 통하는 것이 가장 좋습니다. 이런 경기들을 적극 활용하십시오. 클럽간 리그경기를 통해 다른 전술을 갖고 있는 새로운 선수를 만나게 됩니다. 새로운 전술적 전략을 가지고 있는 사람과 만나는 것은 확실히 모험입니다. 새로운 스타일의 샷을 예상하고 적응 해가는 것은 게임의 집중도를 높여줍니다.

만일 당신이 새로운 사람과 시합에서 만나면, 다음에 그 사람과 코트에서 한 게임 다시 치기위해 전화 번호 정도는 교환하기 바랍니다. 당신자신을 '안정지대'에서 내모는 것이 당신의 스쿼시 발전 속도를 더해줄 게 틀림없습니다.

(3) 타 구장 적응 능력

다른 코트에서 경기를 자주 해 보십시오. 모든 코트는 코트마다 다릅니다. 어떤 코트에서는 당신의 크로스 킬 샷이 별로 위력적이지 않을 것입니다. 이러면 당신은 다른 샷에 의지할 수 밖에 없을 것이고, 결국 계획과는 다른 게임을 할 것입니다.

이쯤 되면 다른 코트에 대한 적응력은 우수하다고 말할 수 있을 것입니다.

(4) 오전 경기 연습

한 주에 한번씩은 '오전경기'를 하십시오. 매번 같은 시간대에 스쿼시를 치다보면 당신의 컨디션은 그 시간대에 최상이 됩니다. 하지만 어떤 대회는 이른 아침에도 하기 때문에 일주일에 한번은 아침 6시에도 게임을 해야 합니다.

다시 한 번 반복합니다. 새로운 상대를 찾아보고 다른 코트를 찾아 보십시오. 그리고 객관적인 표준점수제를 사용해 보며, 한주에 한 번씩 아침에 게임을 하십시오. 이런 것들이 스쿼시 기량을 향상 시키는 중요한 길입니다.

11) 라켓 잡는 법

스쿼시에서 라켓을 정확히 잡는 것은 매우 중요합니다. 그립을 약간 바꿔 잡으면 손목 스피드와 파워가 더 생긴다는 것을 아십니까?

정상적인 그립은 악수를 하듯 잡는 것. 즉, 그립의 중간을 잡는다는 말입니다. 물론 안정된 스윙을 한다는 전제지만. 그러나 '빠른 킬 샷'이나 '빠른 반사 샷'을 위해 빠른 손목의 움직임이 필요합니다. 또한 코너 깊숙한 곳을 겨냥한 샷을 위해 강력한 파워가 필요하기도 하는데 만약 이런 상황에서 그립을 약간만 조정하면 쉽게 모서리에 보낼 수 있습니다.

그립을 높게 잡으면 훨씬 빨라진 손놀림을 느낄 것입니다. 그립을 조정하면서 볼을 치는 연습을 해 보십시오. 중간 위치 그립으로 공을 쳐 본 후에 그립을 좀 짧게 잡아 보십시오. 좀 더 빠르고 라켓 헤드가 가볍다는 것을 금방 느낄 것입니다. 이는 빠른 발리와 뒷벽에 붙는 깊은 백월샷을 처리하는 기본이기도 합니다. 짧은 그립은 스윙 반경을 짧게 하여 손이 편안하게 샷을 구사할 수 있도록 도와줍니다. 손목이 편안할수록 스냅이 빨라집니다. 또한 백 코너에서 정교한 드롭을 구사하려면 그립을 짧게 잡아 보십시오. 드롭에는 빠른 손목은 필요는 없지만 그립을 짧게 잡으면 핸들링이 좋아집니다.

이제 그립 끝을 잡고 볼을 쳐보십시오. 라켓 헤드가 무겁게 느껴지죠? 이것이 파워를 키우는 방법입니다. 나는 그립을 끝을 잡고 필요한 파워를 끌어내곤 하지만 라켓이 무겁게 느껴지기 때문에 충분히 풀스윙 할 수 있을 때만 사용합니다. 그립을 바꿔 잡는 연습을 해두면 게임 중 나도 모르게 이 동작이 나옵니다. 손목강화나 파워 게임을 위해 이 훈련을 반드시 혼자 힘으로 터득하기 바랍니다. 고급 티타늄 라켓이나 고급 그라파이트 라켓으로는 절대로 해결되지 않습니다.

12) 경기준비훈련

대회에 앞서 고수들은 '자기준비(self-preparation)'가 가장 중요하다는 사실을 잘 알고 있습니다. 자기준비는 육체적 상태뿐 아니라 심리적 상태도 최상으로 유지해 가는 것을 말합니다. 상대가 어떤 레벨의 선수이든 상관없이 내가 최선의 경기를 할 수 있게 만드는 것들에 초점을 맞추는 것이 필요합니다. 어떤 음식이 내 몸의 활력을 높이는지, '수면시간'은 얼마정도가 필요한지도 알아 볼 필요가 있습니다. 다시 말해 시합 전 어떤 것을 해야 하고 어떤 것을 하지 말아야 하는지 알고 있어야 합니다. 이것은 사람마다 다르나 몇 가지 제안사항이 있습니다.

훈련법이나 트레이닝 법을 말하려는 것은 아닙니다. 최소 1주에 3회 운동, 1주에 2회 수영과 조깅, 그리고 일련의 스트레칭을 권합니다. 이것이 큰 시합을 앞둔 기본적인 준비과정입니다.

시합준비는 하루 전에 시작하고 저녁 식사 때가 탄수화물 섭취에 가장 이상적인 시간입니다. 나는 파스타(달걀을 섞은 가루 반죽을 재료로 한 이탈리아 요리)와 게토FP이(미국 청량음료)를 좋아합니다. 그러나 당신이게 가장 알맞은 규정식(다이어트)이 어떤 것인지 영양사와 한번 상의해 보십시오.

충분한 수면을 취해야 하니 다음날 내가 펼칠 멋진 경기를 생각하며 잠을 청합니다. 가볍게 아침을 먹고 시합 2시간 전, 앞으로 치룰 경기에 대해 생각합니다. 이보다 더 일찍 긴장 하면 심리적으로 '녹초'가 될 수 있기 때문에 육체적인 어떤 행동도 삼가 하십시오. TV시청을 금하고 경기에만 집중하고 자신감을 유지하십시오. 시합 1시간 전, 이온음료 한 컵을 마시고, 정확히 시합 40분전 코트에 도착하여 운동복으로 갈아입습니다.

스쿼시 '용품'을 바꾸면 심리적으로 변화가 일어나니 주의하고 '평상심을 유지하여 당신의 심리 상태가 바르게 유지되게 노력하고 시합 대기 중에는 항상 보온복(땀복)을 착용하십시오.

세세한 것들에 주의를 기울입니다. 운동화 끈은 얼마나 단단하게 매었나? 헤어밴드나 손목밴드를 좋아합니까? 좋아하는 양말이 있습니까? 좋아하는 셔츠나 팬티가 있습니까? 그런 것이 없다면 이제 만드십시오. 옛날에 치열하게 싸워 이겼던 시합이 있다면 그 시합에 입었던 셔츠를 잘 보관해 두십시오(이것은 한 예입니다).

긍정적 환경을 억지로라도 만들려고 노력하는 것입니다. 마음상태는 나의 내부에서부터 밖으로 표출되어 나오는 것입니다. 시합 30분전, 중요한 순간이니 스트레칭을 시작합니다. 10~15분 정도 스트레칭을 마치고, 스윙을 시작하면서 승리자가 되는 상상을 합니다. 사람의 마음은 '상상'과 '실제'를 절대 구분할 수가 없기 때문에 마음속으로 자기를 승리자로 상상하면 마음속에 당신은 정말 그렇게 되어 있습니다. 마음속으로 그리는 이런 행위는 실제 경기에 그대로 전달 될 수 있습니다. 코트가 비어 있다면 혼자 연습 하십시오. 순서에 따라 샷의 길이를 가져가 보십시오. 발리 그리고 드롭과 앵글 샷을 연습해 봅니다. 약간 땀이 날 때까지 좋은 페이스를 유지하며 무리하지 않고 샷을 연습합니다.

경기가 시작되면 땀복을 벗습니다. 워밍업 동안 상대방 볼치는 모습을 잘 보십시오. 보면서 상대방의 샷을 예측할 수 있는 신호를 찾으며 상대가 스트레이트와 크로스샷을 어떻게 치는지를 잘 봐두십시오.

알맞은 거리로 뒷벽 코너를 목표로 타격을 하는 것이 중요 합니다. 적극적인 발리 몇 개를 구사하고, 때때로 드롭을 시도하며, 페이스를 변경하는 연습을 합니다. 절대 틴을 때리지 말 것! 전날부터 오늘 지금 순간까지 당신이 얼마나 많이 준비했는지가 좋은 출발을 가능하게 한다는 사실을 잊지 말아야합니다. 최고의 기술은 이 모든 것을 마지막 순간에 옮겨 놓는 것입니다. 이런 것들이 경기시작 시간에 맞추어 모든 노력을 기울이는 습관을 가지게 합니다. 시간을 경기 출발에 맞추면 내 몸의 내부 시계도 이에 맞추어 움직이게 됩니다. 열정을 느껴 보십시오. 내가 여태껏 축적해 온 모든 에너지가 내 손위에 있습니다. 당신의 마음상태와 육체적 에너지가 그만큼의 높이에 있음을 인식하십시오. 이 같은 느낌은 최고수의 경지이니 이 '느낌'을 꼭 기억해 두기 바랍니다.

압박감과 흥분을 느껴보십시오. 이는 곧 아드레날린을 분비시켜 줍니다.

경기에 이기거나 지거나 항상 냉정함을 잃지 말아야 합니다. 당신 스스로를 이런 '경지'에 올려 놓을 수 있는 '경기준비훈련'을 하기 바랍니다. 자 이제 모든 것은 당신에게 달려 있습니다. 당신에게 행운이 있기를!

13) 예측(Anticipation; 예상)

세계의 최고선수들은 볼이 실제로 임팩트 되기 전에 벌써 공이 어디로 갈지 안다고 합니다. 이를 '예측(Anticipation; 예상)'이라고 합니다.

(1) 다양한 선수와 경기 경험 쌓기

예측이란 '각기 다른 스타일의 다양한 선수의 다양한 샷'을 수없이 관찰함으로써 가능해 지는 것입니다. 강타를 날리는 선수는 자신의 손목을 독특하게 사용합니다. 수비형 선수는 지속적으로 꾸준히 발리를 구사하는 선수에 비해 상대적으로 느린 페이스로 경기를 펼칩니다. 키 작은 선수가 '기어다니(?)'는 반면 키 큰 선수는 몸을 쭉쭉 뻗습니다. 다른 타입의 선수와 자주 경기하면 샷에 대한 예상력이 높아집니다. 최고의 프로선수라면 랭크에 오르기 전 이미 모든 타입의 선수와 경기를 해봤다고 보면 틀림없습니다. 이런 경험이 당신에게도 필요한 것입니다.

(2) 볼을 끝까지 주시하기

두 번째 방법은 '상대선수의 볼치는 장면을 끝까지 잘 보는 것'입니다. 즉, 당신의 라켓에서 떠난 공이 상대에 도달하는 진로를 따라가라는 뜻입니다. 절대로 볼의 진로를 놓친다거나 상대가 어디에 있는지 놓치면 안 됩니다. 만일 최고기량의 선수 경기를 볼 기회가 있다면 그들이 랠리 중 얼마나 공의 진로를 잘 보고 있는 지를 눈여겨 보기 바랍니다.

(3) 경우의 수 좁히기

세 번째 방법은 '가능성을 좁히는 것'입니다. 상대의 위치와 비교해 당신이 지금 어디 있는지 인식하기 바랍니다. 만일 내가 코트 앞쪽에 있다면 상대는 분명 공을 코트 뒤로 깊숙이 보낼 것입니다. 즉 코트 앞쪽을 향한 샷은 없다고 봐야 합니다. 어떤 샷을 예측해 보려고 노력한다는 것은 매우 어려운 일이지만 이를 쉽게 하는 방법은 상대가 칠 가능성이 가장 높은 샷으로 '범위를 좁히는 것'입니다. 샷에 대한 범위를 좁히는 것, 이것이 예측능력향상에 가장 좋은 방법입니다.

(4) 자기 샷의 정확도

또 다른 중요한 문제는 내가 얼마나 볼을 정확히 다룰 수 있느냐에 있습니다. 예를 들어, 만약 상대가 T존에 있고 당신이 코트중앙으로 약한 볼을 쳤다고 가정합시다. 상대는 도대체 몇 종류의 샷을 칠 수 있을까요? 아마 코트 어느 쪽이라도 겨냥할 수 있고, 교과서에 나오는 모든 종류의 샷을 자기 마음껏 칠 수 있겠죠. 기억하십시오. 내 샷이 볼을 벽과 코너에 빈틈없이 바싹 붙일 때 상대 샷에 대한 예상은 훨씬 쉬어집니다. 내가 정확한 샷을 구사할수록 상대선수의 선택권은 줄어듭니다.

(5) 내 샷의 다양성

또 한 가지, '자기가 칠 수 있는 샷'만이 유일하게 예상할 수 있다는 사실입니다. 당신이 정확한 스트레이트 드롭을 구사할 수 있다면, 상대의 드롭도 예상할 수 있습니다. 이는 내가 다양한 종류의 샷을 갖고 있어야 함을 뜻 합니다.

(6) 반응시간 길게 가져가기

마지막으로, '반응시간'의 중요성을 인식하기 바랍니다. 나의 샷에 대해 상대가 코트 전면에서 공을 끊으면 나는 상대의 리턴에 예측할 시간이 그만큼 적어집니다. 상대는 앞 벽과의 거리와 시간을 줄이며 강한 힘을 실어 내가 다음 샷을 가름할 반응시간을 줄이려 합니다. 최고기량의 선수들이 주로 구사하는 기술입니다. 따라서 볼을 깊숙이 보내고 또 당신 샷에 대해 리턴을 구사할 시간을 최대한 길게 가져 가십시오. 상대의 리턴 샷에 시간이 길면 길수록 상대의 공이 어디로 갈지 예측하는 것이 그만큼 쉬워집니다. '로브'가 시간을 벌기위한 최고의 기술입니다. 예측기술 향상에는 많은 시간과 경험이 필요합니다. 당신에게 행운이 있기를….

14) 스텝

내가 처음 라켓을 잡았을 때 샷을 친 후 '항상' 달렸던 것으로 기억합니다. 조금씩 나아지고 나서부터는 조금 덜 뛰었지만 대부분의 사람들도 이런 식입니다. 굳이 레벨을 따지자면, 내가 D급일 때, 주로 볼을 걷어 올리는 '수비형'에서 볼 컨트롤이 조금 향상된 후에야 랠리하는 법을 알았습니다. 처음엔 랠리가 한번이었지만, 한 게임 한 게임 경기를 통해 연속적인 랠리가 가능해졌습니다.

D급일 때 나의 스쿼시 성장속도는 꽤 빨랐던 것 같다. D급 레벨 안에서도 D급 초보 때 수비형 이었다면, D급 중급 때 수비형과 공격형의 중간이었고, D급 고수가 되자 비로소 공격형이 되었습니다.

이 같은 과정은 C급으로 향상된 후에도 되풀이 되었고 B급에서도, 그리고 마지막 A급에서도 되풀이 되었습니다. 각 등급마다 수비와 공격의 수준이 더욱 더 향상되어야만 했습니다. 그러나 이전 레벨에서 공격형이었던 내가 다음 레벨로 진입하면 또 다시

'수비형'이 되어있는 나를 보면서 나는 항상 좌절하였습니다.

예를 들어 C등급에서 웬만한 공격수가 되어 T존 근천에서 상대선수를 이리저리 뛰게 만들었습니다. 이건 신나는 일입니다. 누가 이런 상황을 바꾸려 할까? 누구도 원치 않을 것입니다.

나에게는 레벨향상이 목표였습니다. 다른 사람들처럼 나도 상위 레벨이 되기 위해 진정 무엇이 필요한지 생각하기 싫었습니다. 나는 쓰라린 경험을 통해 공격이 최선이 아님을 알았습니다(그것은 나중에 다시 설명하겠다). 랠리를 통해 공을 잘 걷어 올려(즉, 수비형) T존으로 복귀할 시간을 버는 것이 최선이라는 것을 알았습니다.

D→C→B→A 등 새로운 레벨에 진입할 때마다, 나는 T존으로 복귀할 시간의 여유를 갖지 못하고 이리저리 뛰어 다녔습니다. 새로운 레벨로 진입하기 위해 가장 먼저 필요한 것은 "과연 랠리 중 T존으로 복귀할 수 있느냐"는 것입니다. 말로는 쉬우나 이것이 각 레벨 '최초의 장애물'입니다. T존으로 복귀가 가능해지면, 그 다음은 T존에 자기 자신을 묶어 둘 수 있어야 합니다. 한번 T존으로 편안하게 복귀할 수만 있으면, 그 다음은 연속적으로, 결국 승리하는 것입니다.

결국, 코트 안의 '효율적인 움직임'이 선결과제가 되는 것입니다. 스트레칭(stretching) 기술을 익혀야만 하고, 코너 깊숙한 곳을 쉽게 가기 위해서는 웨이트 트레이닝(weight training)이 필수이며 크로스 트레이닝(cross training)도 좋습니다.

그러나, 무엇보다 코트 안을 효율적으로 움직이는 것을 배우는 것이 우선입니다. 빠르게 뛰어다니기만 하면 절대로 전체 경기를 끝까지 소화하지 못하며, 자신의 페이스를 유지해야만 합니다(이것은 내가 무지하게 어렵게 터득한 것이다). 내가 아는 한 최고로 좋은 훈련법은 '별(star)모양 훈련'입니다.

T존, 즉 코트의 중앙에서 시작하여 코트 앞쪽 코너 2곳, 서비스박스 좌우 2곳, 백 코너 2곳 등 총 6지점을 목표로, 먼저 T존에서 왼쪽 앞쪽 코너로 뜁니다. 몇 걸음에 앞 코너에 도달하는가? 큰 걸음으로 3~4걸음에 가능할 것입니다. 코트 앞에서 볼을 치는 스윙을 하고 뒷걸음으로 T존으로 복귀 후, 전면 오른쪽 코너에서 스윙하고 다시 T존으로, 몸을 돌려 왼쪽 서비스박스에서 스윙 후 T존으로, 이번엔 몸을 틀고 왼쪽 뒤 코너에서 스윙 후 T존으로, 오른쪽 서비스박스에서 스윙 후 다시 T존으로, 마지막, 오른쪽 뒤쪽

코너에서 스윙 후 T존으로 복귀… 이것이 '별' 하나입니다. 실제 경기와 같은 '모의훈련'을 하는 것입니다.

바른 스텝은 자기 걸음 소리를 자기가 들을 수 없어야 합니다. 즉, 절대 세게 구르지 말아야 합니다. 또한 제동력이 중요합니다. 한 스텝에 브레이크가 걸리는가? 아니면 잔발에 제동이 되는가?

명심하십시오. "잔발로 브레이크를 잡아라" 이것이 당신 무릎을 보호 할 것입니다. 별스텝을 4번을 1세트로, 총 2세트(set)를 시도해 보십시오. 최종목표는 4세트입니다. 별모양으로 달리면서, 6지점 각 포인트에서 최상의 리턴샷을 상상하십시오. 6개 지점을 표시해 두고, 6개 각 지점으로 움직인 후 T존으로 복귀하는 것, 이것이 가장 중요합니다.

움직임은 경쾌해야 합니다. 제동 시 얼굴 땀방울에 스치는 공기의 흐름을 느껴보십시오. 각 세트마다 1분간 쉬면서 코트 이곳저곳을 걸어보며, 6개 포인트 위치를 다시 확인하십시오.

호흡이 안정되면 다음 세트를 뛰어봅시다. 스쿼시는 달리는 게임이기 때문에 코트를 부드럽게 달리는 방법을 알아야 하고 한번 스텝으로 가능한 많은 거리를 커버할 수 있어야 합니다.

큰 걸음 그리고 알맞은 거리가 효과적입니다. 경쾌하게 접근하십시오.

한 단계 다음 레벨로 업(up)되려면 반드시 볼까지 뛸 준비가 되어 있어야하고 리턴샷이 좋으면 당신은 승리할 수 있습니다.

스쿼시는 마음과 몸을 결합한 운동이라는 것을 명심하길 바랍니다.

15) 장비

당신이 '고수'라고 가정합시다. 어느 누구와 경기를 해도 자신 있고, 어떤 공도 받을 수 있다고 생각하겠죠. 경기가 시작되고, 라켓 줄이 끊어집니다. 다른 라켓을 쓸 수밖에 없어 샷이 정교하지 못해 경기는 지고 맙니다. 게임에 지고 나서 결정적 원인 한 가지. 장비의 중요성을 깨닫습니다.

가장 좋은 준비는 자기능력을 최상으로 끌어 올릴 장비를 준비해 두는 것입니다. 돈 조금 아끼는 것이 게임을 희생하는 최악의 실수가 될 수 있습니다. 최고 좋은 라켓을 사라는 말이 아니라 표준라켓을 추천한다는 말입니다. 저질라켓이라면 아무도 사지 않을 것입니다.

프로들이 쓰는 라켓을 권하는 이유는 라켓이 제일 중요한 장비이기 때문입니다.

대체로 라켓을 선택하는 흐름이 있습니다. 대부분의 사람들이 비슷한 종류의 라켓을 찾습니다. 나도 역시 요즘 잘 팔리는 라켓이 뭐냐고 점원에게 물어봅니다. 그 점원이 한 종류를 권하면 한번 시험해 볼 수 있냐고 물어보십시오. 집에 가서 한번 쳐 볼 수 있냐는 말이죠. 좋은 가게에는 이런 서비스를 합니다(쩝... 미국에서나 가능할 듯...).

이런 점을 이용하십시오. 3종류의 라켓을 시험해 봐야 무언가를 확실히 체크할 수 있습니다. 라켓을 꽉 쥐고 최대한 강하게 스윙해 보십시오. 라켓 종류별로 3개 모두 휘둘러 보십시오. 라켓마다 공기 가르는 소리가 다를 것입니다. '소리가 적게 나는 라켓'이 공기역학적으로 잘 설계된 것입니다. '공기역학적'이라는 의미는 빠른 스윙을 위해 잘 설계되어 덜 지친다는 의미입니다. 자 이제 무게중심을 시험해 봅시다. 헤드 쪽이 무겁습니까? 그렇다면, 공을 칠 때 힘이 더 많이 들어갑니다. 그러나 그립을 조금 다르게 잡으면 해결될 문제입니다.

균형이 잘 잡힌 라켓이 좋습니다. 잘 균형 잡힌 라켓을 그립을 잡을 때부터 좋은 느낌이 옵니다. 그립은 게임 중 심장과도 같은 곳입니다. 포핸드 샷을 치듯 라켓을 45도쯤의 각도로 잡아 보십시오. 정상적인 포핸드 스윙이 아닌 깍아치듯(도끼질 하듯)스윙을 해보십시오. 그립으로부터 라켓 헤드 쪽으로, 그리고 그립 뒤쪽으로 무게의 이동이 느껴지는지요?

좋은 라켓이라면 변화를 전혀 느낄 수 없어야 합니다. 다른 테스트 방법으로, 헤드 아래쪽에서 위쪽까지 이동하면서 손바닥으로 라켓줄을 쳐 보며 떨림의 정도를 느껴보십시오. 헤드 위쪽은 진동이 최고 심한 곳이며, 진동이 적을수록 좋습니다. 티타늄라켓이 질적인 면뿐 아니라 진동 제어면에서도 최고입니다.

자 이제 프레임을 볼까요? 헤드 모양이 중요합니다. 헤드가 클수록, 깨지기 쉽습니다.

라켓헤드는 범퍼가드가 좋아야 합니다. 어떤 것은 시간이 지나면 조금씩 떨어져 나가고 또 어떤 것은 마치 연필지우개마냥 얇은 것도 있는데 얇은 것이 좋습니다.

라켓 목 부분도 중요합니다. 이는 그립에 대한 축과 같은 곳으로 예민한 곳이며 가장 튼튼해야 합니다. 라켓헤드 외곽선을 따라 가장 얇은 곳을 찾아보십시오.

만일 그곳이 목 부분 근처라면, 볼 것도 없습니다. 그 라켓은 부셔버리십시오. 스트링(일명 거트; 줄)과 그립은 라켓의 직접적인 피드백 포인트(Feedback-point)라 할 수 있습니다. 아이러니컬하게도 고급 라켓도 형편없는 그립이나 스트링을 달고 출시되는 경우도 있습니다.

부드러운 그립은 절대로 좋은 것이 아닙니다. 즉시 바꿔버리십시오. 그립을 선택할 때 라인이 튀어나오고 구멍이 숭숭 뚫린 것이 좋습니다. 내 경험으로 이런 그립은 오래 쓰고 감각도 좋습니다.

대표적인 것이 윌슨(Wilson)과 포인트포(Pointfore)사 제품입니다. 거트는 아샤웨이(Ashaway)회사제품인 XL제품(synthetic 17-gauge)으로 갈아보십시오.

내가 써본 것 중에서는 최고입니다. 위에서 말한 가이드라인을 따라 라켓을 평가해 보면서 중요한 점은 공을 칠 때 가장 편안한 것이 최고로 좋은 라켓이라는 것입니다.

그럼 이제 운동화를 알아볼까요? 편안한 것을 선택 하십시오.

뒷꿈치는 별로 보호하지 않더라도, 양옆과 앞쪽 모서리 부분을 최대한 많이 보호하는 운동화가 편한 운동화입니다. 스쿼시라는 운동은 발가락보다 뒷꿈치가 항상 높게 위치하는 관계로, 상체가 들리는 것이 아니라 앞쪽으로 쏠리는 것이기 때문입니다.

가장 이상적인 스쿼시화는 마치 맨발로 뛰는 것 같은 느낌이 들어야 합니다. 또한 고무밑창이 있어야 코트 바닥의 끌기와 정지가 좋아집니다. 아디다스(Adidas), 엑텔론(Ektelon), 아식스 겔(Asic Gel), 프린스(Prince) 제품이 좋습니다.

한마디 충고를 한다면, 테니스신발은 절대 신지 마십시오!

테니스화를 신고 스쿼시를 치다가 발목 접지르는 광경을 많이 봤습니다. 테니스화는 모서리 보호가 전혀 고려되지 않은 신발입니다. 스쿼시 운동복은 비교적 꽉 끼는 것이 면서도 움직임은 편해야 합니다. 헐렁한 운동복은 땀에 젖으면 무겁게 느껴지기 때문입니다.

손목밴드를 쓰기를 권합니다. 헤어밴드와 보안경도 쓰십시오. 헤어밴드는 땀으로 눈 주위 초점이 흐려지는 것을 방지해 줄 것입니다. 결론적으로, 장비를 신중하게 선택하기 바랍니다.

티타늄라켓에 좋은 그립, 그리고 Synthetic-거트로 매고, 뒷꿈치보다 코너부분이 보강된 스쿼시화, 몸에 딱 맞는 운동복. 이정도면 장비로는 최고수준이라 장담해도 좋습니다. 중요한 시합에 줄이 끊어져, 아니면 그립이 미끈거려서 지는 일은 결코 있어서는 안됩니다. 아주 사소한 것으로 인해 시합에 이기고 지고 하는데 챔피언 들은 그것이 장비에 있다는 것을 잘 알고 있습니다. 요행을 바라지 마십시오.

16) 크리어링(Clearing)

스쿼시 게임에는 '샷(Shot)을 날리는 행위'와 '상대와 충돌을 피하기 위해 상대와 떨어지는 행위(Clearing)' 두 가지 움직임이 있습니다.

대부분의 선수들이 멋있는 승리자가 되는 것에만 관심이 있겠지만, 나는 적절한 크리어링에 더 집중해야 한다고 제안합니다.

대부분의 선수들은 자기가 지치기 전에는 멋진 샷을 치다가도 랠리가 길어지면 타격이 현저히 흔들리는 것을 많이 봐왔는데 이는 상대가 가까이 붙을까 두려워하기 때문입니다.

따라서 적당한 '크리어링 기술'이 '샷 기술'보다 우선순위에 있다 할 수 있습니다.

크리어링을 잊고 경기하는 사람이 많습니다. 어떤 사람은 정확한 샷보다 상대로부터 떨어지는데 더 신경을 씁니다(Over-Clearing; 무리한 크리어링)

무리하게 크리어링을 하는 사람은 비록 미개발상태이긴 하지만 신경 쓰지 않는 사람에 비해서는 발전할 잠재력은 있다고 봅니다. 상대로부터 떨어지려 노력하는 사람은 상대와 가까이 붙을까 겁내기 때문에 자기로부터 먼 쪽으로 샷을 날립니다. 대부분 이런 사람은 크로스샷과 보스트샷을 즐겨 칩니다. 이런 샷은 매우 정교하고 강력한 샷인 것은 틀림없지만, 반면 상대가 너무 쉽게 예측이 가능하기 때문에 상대는 당신과 싸우기가 쉬워집니다.

그러므로 과도한 크리어링은 당신의 작전을 망치게 되고, 빠른 시간에 많은 양의 체력을 소모시킵니다.

상대로부터 떨어지려는 두려움은 반드시 극복해야만 실전에 강한 선수가 될 수 있습니다. 볼을 치고 상대와 신체 접촉을 피하는 것, 그 자체는 쉬운 일이지만 당신이 피할수록 상대는 당신과 접촉하는 것을 두려워하지 않을 수 있습니다. 일부러 당신과 '더 가까이'에서 볼을 치려고 기다릴지도 모릅니다. 이것이 무리하게 크리어링 하는 선수가 정말 싫어하는 시나리오입니다. 그런 선수는 게임에 몰입할 수 없어 볼을 맞받아 칠 때마다 망설이게 되어 샷이 틴을 때립니다. 또한 렛(Let)을 자주 부르게 됩니다.

이런 경우 최고의 해결책은 파트너와 레일(Rail)을 연습하는 것입니다.

파트너와 벽을 따라 정교하면서도 깊숙이 흐르는 랠리를 연습합니다. 목표는 파트너를 항상 '당신 뒤'에 묶어 두는 것입니다.

파트너와 앞쪽에 자리 잡기위해 노력하다보면, 당신과 당신 파트너는 원형의 패턴을 그리고 있음을 알게 될 것입니다. 서로의 근처에서 빠르면서도 부드럽게 움직이려고 노력하십시오.

때때로 일어나는 충돌이나 상대와의 접촉은 신경 쓰지 말고 익숙해져야 합니다. 가벼운 충돌이 두 사람 모두에게 훨씬 더 좋은 반성의 계기가 될 수 있습니다.

이런 훈련이 한쪽 코트에서 편안해지면 반대쪽 코트에서도 반복적으로 연습해 보십시오.

먼저, 볼을 강하게 치지 말라고 충고합니다. 조금만 해보면 상대방이 가까이 있다는 것에 대한 두려움이 사라지고 레일과 길이가 향상되고 크로스샷과 보스트샷으로 일관된 게임에서 나를 해방 시킬 수 있습니다.

다만 너무 지나친 자신감으로 상대방 스윙에 맞지 않게 조심하십시오! 만일 이런 일이 일어나면 옛날 가졌던 두려움은 다시 살아나게 됩니다.

이런 랠리가 편안하게 느껴진다면, 천천히 집중도를 높여 시작해 보십시오. 스쿼시의 매력은 상대와 '근접전'이므로 상대 가까이에서 플레이하는 노력을 해야 합니다. 상대의 숨소리를 들을 수 있다면 전술적으로 가장 좋은 위치에 서 있는 것입니다!

이렇게만 된다면 ① 더 집중하게 되고, ② 더 자신감을 갖게 되고, ③ 더 균형감을 갖게 될 것입니다.

나의 이런 충고로 인해 당신이 T존을 중심으로 코너 4곳 어디서나 냉정하게 플레이하는 법을 배워 웃게 되길 바랍니다.

17) 뛰기(Running) 그리고 치기(Hitting)

스쿼시는 '풋워크(footwork)'와 '라켓컨트롤(racquet control)'의 게임입니다.

쉽게 말해 '뛰기'와 '치기' 게임이란 말입니다. 이 두 가지를 완벽하게 소화한다면 고수가 되는 것은 시간문제라 할 수 있습니다.

이를 완성해가는 과정에서 어떤 이는 이 두 가지가 잘 접목되어야 한다는 사실을 잊곤 합니다.

사람들은 이 둘을 분리해서 생각하기 때문에 게임에 대한 집중이나 전략은 기대하지 못하죠. 달리기와 치지의 조화를 위해서는 무엇보다 마지막 스텝에서의 스윙방법을 익혀야 합니다. 타이밍 만큼이나 여기에 미묘한 점이 있습니다. 마지막 스텝에서 볼을 쳐야하고 스윙이 원형궤적(모멘트; momentum)을 그리며 다음 샷을 준비해야 합니다.

백헨드샷을 예를 들어 봅시다. 먼저 1)샷을 예측하고 2)발을 떼는 것이 첫째입니다. 와인드 업(wind up)때 라켓을 몸에 붙이려 노력하십시오. 이는 몸 가까이에서 일어나는 원형궤적이 중심유지에 가장 이상적이기 때문입니다. 타점에 접근 시 마음속으로 스텝에 집중하면서 공과의 거리를 계산합니다. 마지막 스텝에서 몸의 중심을 오른발로 옮기면서 볼을 칩니다.

단 모든 무게중심이 오른발에 옮겨지기 전에 친다는 점이 중요합니다.

볼이 라켓을 떠날 때, 볼을 끝까지 보면서 팔로우 스로우(follow-through)에 계속 집중해야 합니다. 팔로우 스로우가 끝날 때 라켓을 끌어 내 몸 쪽으로 가져옵니다. 팔로우 스로우에서 어떻게 하면 라켓이 자연스럽게 코트 중앙으로 향할지 궁리해 보십시오.

라켓 무게와 싸우지 마십시오. 라켓과 함께 무게중심 이동을 시도하며 동일 동작 안에서 스윙과 함께 코트 중앙으로 돌아서야 합니다. 이렇게 되면 달리기와 치기가 서로 묶여 있는 한 동작이 됩니다.

기교(트릭; trick)로는 절대로 샷에 무게를 실을 수 없습니다. 와인드업(wind up)시 라켓을 몸 가까이 유지하려고 노력하고 볼을 칠 때는 스텝동작이 없다는 것을 명심하십시오.

마지막 스텝에서 발은 고정되는데 이는 연속적 움직임을 위한 무게의 분산일 뿐입니다(T존에 있을 때만 유일하게 양쪽 다리에 균등하게 무게가 나누어진다는 점을 알아야 합니다). 이런 연습을 통해 균형감이 유지되고 라켓 컨트롤이 부드러워집니다. 부드러운 달리기와 치기는 집중도를 높여 전략이 향상됩니다.

달리기와 치기를 쪼개 놓으면 게임과 집중도는 항상 부족해지고, 결국은 '정밀한 공격'은 불가능해 집니다.

드롭이나 크로스코트샷 훈련 시 샷과 일체화된 움직임을 연습하길 바랍니다.

샷을 치기위해 들어가면서, 그리고 치고 나오면서의 효과적인 중심이동은 움직이는 가운데서 생깁니다. 임팩트 포인트뿐만 아니라 팔로우 스로우까지 조화롭게 할 수 있는 샷 스타일을 개발하십시오. 정지 자세에서 스윙보다는 모멘텀(회전력)을 이용하십시오. 만일 당신이 그렇게 치면서 게임 잘치고 싶다면 그것은 무의미합니다.

18) 샷의 선택

어떤 샷을 칠 것인가라는 선택은 좋은 게임을 위해 결정적이라 할 수 있습니다.

샷을 선택하는 것은 단순히 포인트를 따는 게 목적이 아닙니다. 유효한 샷에 상대는 코트를 가로질러 최단거리로 커버하려고 노력할 수밖에 없습니다.

스쿼시 구장을 몇 개 구역으로 나누어보면 어떤 샷을 선택할지에 대한 이해가 보다 빠르겠죠. 일단 코트를 앞/뒤로 나누어 봅시다. 경기 중 앞쪽에 있는 선수가 이길 확률이 높다는 점. 그리고 T존이 최고 좋은 지점이라는 사실은 스쿼시의 기본법칙입니다.

다음으로 중요한 것은 상대를 코너에 몰아넣는 것입니다. 스쿼시 코트는 4곳의 코너가 있고 랠리가 대부분 이곳에서 끝이 나기 때문에 이기려면 반드시 4곳의 코너를 겨냥해야만 합니다. 상대를 코너에 몰아놓고 나는 T존에서 준비하는 것이 최고의 시나리오입니다. 한번 상대를 코너에 몰아놓고 그 랠리를 리드하게 된다면, 다음 샷은 상대로부터 가정 먼 곳을 향한 빠른 코너샷일겁니다. 예를 들어 상대가 앞 코트 왼쪽 코너 가까이 있었다면 볼을 보낼 최고의 지점은 뒤 코트 오른쪽 코너가 되겠죠.

전략적으로 상대를 끌고 다니는 기술을 개발한다면, 처음 한번 정도는 상대가 대응샷을 칠지는 모르나 세 번째쯤에는 절대로 똑같이 대응하지 못한다는 것을 쉽게 알 수 있습니다.

상대를 계속 뛰어다니게 만드는 것은 상대의 경기 지속능력을 약화시키게 됩니다.

이와 같은 스타일의 일관된 공격으로 상대가 지치면 나의 시야는 점점 더 넓어지게 됩니다.

끈기가 키포인트입니다. 당신이 랠리를 장악할 능력을 갖게 되었다면, 상대를 계속 뛰게 하는데는 3가지 방법이 있다는 사실을 인식하기 바랍니다.

① 크로스코트 드라이브(drive)로 서비스박스 사이를 좌/우로 뛰게 할 수 있다.
② 드롭(drop), 레일(rail) 또는 로브(lob)로 앞/뒤로 뛰게 만들 수도 있다.
③ 마지막으로 보스트(boast), 드롭(drop) 그리고 크로스코트(crosscourt)로 대각선으로 뛰게 할 수 있다.

각 경우마다 상대는 많을 거리를 뛸 것이고 대신 당신은 그만큼 이득을 봅니다. 결코 어떤 샷을 칠지 선택하기 위해 비교한 것이 아니라 단지 상대를 요리하는 '초보 매뉴얼' 쯤으로 기억해두라는 뜻입니다. 가능한 모든 가능성을 찾아 마스터하도록 노력하십시오.

세 번째 예처럼 상대를 대각선 코너에 밀어 넣을 경우에 상대는 '최장 거리'를 커버해야 하고 반대로 나는 비교적 쉽게 코너샷을 좌우로 치게 됩니다. 비교적 쉽다라는 말을 정확한 킬 샷을 칠 수 있는 '자신감'을 의미합니다. 따라서 가능하면 상대를 대각선으로 쫓아다니게 만드는데 초점을 맞추기 바랍니다.

대각선샷에 대한 압박감은 상대를 긴장하게 하고 발란스를 무너뜨리는 효과까지 덤으로 얻을 수 있습니다. 프로들 역시 이런 일련의 과정으로 상대를 요리하지만, 대신 단순히 볼을 멀리 보내는 것보다 '약간 높은' 높이의 볼을 구사함으로써 상대 체력을 더욱 소진하게 만드는 작전을 쓰곤 합니다. 힘만 좋고 경험이 부족한 젊은 선수들이 이런 대각선 트랩에 잘 걸려들죠. 또 신체적으로 자기보다 못해 보이는 사람도 이런 상황을 극복해 내는 것을 보며 스스로 좌절합니다.

랠리를 리드하지 못하고 샷과 샷 사이를 이리저리 뛰어다니면서 상대를 따라 다니려면 관두기 바랍니다. 코너와 T존 사이는 반드시 완벽하게 마스터해야 하는 필연적 레일이라 할 수 있습니다.

그 유명한 '제프 헌트(Geoff Hunt, 호주)'가 자신의 저서에서 이렇게 말했습니다.

"내가 스쿼시를 처음 배우기 시작했을 때 나의 아버지는 일련동안 레일(rail)치는 것 이외 어떤 샷도 허락하지 않으셨다."

나중에 헌트는 British Open을 8번이나 휩쓸었습니다(1969년, 1974년, 1976~1981년). 레일(rail)의 역할에 대해 알아보겠습니다. 무엇보다 레일의 거리가 중요하고, 찬스를 얻을 때까지 선수들은 레일을 계속합니다. 레일의 길이가 좋으면 우세하게 경기를 가져갈 수 있고 벽에 공을 바짝 붙이는 것이 훨씬 더 효과적입니다!

공을 구석 깊이 보내기보다 벽에 바짝 붙이기 바랍니다. 물론 최고의 레일은 공이 벽에 바짝 붙어서 뒷코너에서 죽는 것입니다.

그러나 이것은 발란스가 무너지면(지치면) 매우 하기 어려운 동작입니다. 짧지만 벽에 붙는 공이 신체적인 피로도 적으니 더 유리하다 할 수 있습니다. 따라서 일관성 있게 벽에 붙여 짧게 치는 것이 경기 중 체력 소진을 피하는 방법이므로 개발해야 할 것입니다.

이제 오늘의 주제인 '샷의 선택'을 정의하겠습니다.

"상대의 어설픈 샷에 대응하는 행위"입니다. 예를 들어 상대가 코트 중앙에서 별 볼 일 없는 공을 쳤다고 합시다. 이때 상대가 다시 만회할 수 있도록 깔끔하게 길을 열어주는 샷을 선택하겠습니까? 당연히 '아니오'죠. 무조건 상대선수의 진로를 막는 샷을 쳐야만 합니다.

이유는 이 랠리는 당신이 이길 가능성이 가장 크고 상대는 비록 당신 주위를 뛰어다니는 꼴이 되더라도 당신의 다음 샷을 수비 할 수밖에 없기 때문입니다.

이런 상황에서 상대가 당신에게 달려들어 렛(let)을 부른다면 이건 이미 당신이 이긴 것입니다. 당신주위를 빙빙 돌며 만회를 위해 노력해야만 하는 '심리적 부담감'까지 심어주십시오.

간단히 말해, 이런 찬스를 얻었을 때, 상대는 별로 당신 주위에서 지속적으로 뛰어다니게 만드는 샷을 선택하라는 말입니다. 상대를 약하게 만드는 샷을 치기 바랍니다. 내가 T존을 장악하고 있는 동안은 상대가 여자든 남자든 상관없이 계속 뛰어다니게 만들어야 합니다. 가능하면 대각선으로 뛰게 만들어야 합니다. 찬스가 오면 상대가 내 주위를 뛰어 다니다 렛이나 스트록에 걸려들게 유도하십시오(스쿼시의 비밀 전술임). 체력유지를 위한 긴 레일보다 짧지만 벽에 붙는 레일을 치기 바랍니다. 게임시 샷 선택에 유념한다면 공격수나 수비수 모두 값진 식견을 얻을 수 있습니다.

19) 템포조절

나는 어렸을 때, '최상급 프로선수의 랠리는 일반 사람들과는 무언가 다르다'는 느낌을 받았습니다. 한 쪽에 서서 반대쪽으로 공격을 계속 퍼부어 대고 있었습니다.

나는 이것을 "공격(Attacking)과 전열 재정비(Regrouping)"라 정의합니다. 나도 몇 번 이것을 써 보니, 역시 상대가 내 게임패턴을 쉽게 예측하지 못하는 것을 알게 되었습니다. 상대는 나의 '다음 샷의 움직임'을 기다리고 있다는 것을 알 수 있었습니다. 내가 경기의 템포(Tempo)를 조절하기 시작했다는 것입니다(반대로 상대는 심각한 과오를 범하고 있다는 뜻이지만).

게임을 지배하고 있다면, 단순히 포인트를 얻는 것이 결코 중요하지 않음을 알게 되었습니다. 템포를 이용해 경기 전체를 조절할 수이 있게 되어 상대를 심리적으로 녹다운시킬 수 있었습니다. 가끔 나도 이런 공격을 멋지게 성공시킬 때도 있긴 하지만, 사실 대부분은 랠리를 끝내지 못해 지치고 그때마다 좌절하였습니다.

경험이 조금씩 쌓이면서 공격 페이스가 오면 절대로 랠리를 이길 필요가 없다는 사실을 알게 되었다. 몇 차례의 공격 후, 다시 '길이 게임'으로 상대를 끌고 가는 것이 필요하다는 것을 알게 되었습니다. 공격 횟수가 많아질수록 이는 결국에 나의 체력을 급격하게 소모시킨다는 것도 알 수 있었다. 스스로 페이스를 적절히 조절하지 못하면, 나의 전술은 절대 효과를 거두지 못하게 됩니다. 공격찬스 때 빠른 샷의 교환이 상대를 더욱 지치게 합니다.

거기에 강한 타격보다 템포로 상대를 압박합니다. 상대를 달리게 만들고 그리고 다음 샷을 생각할 겨를이 없게 만드는 것, 이것이 '템포를 겸비한 공격'입니다. 다시 말해, 3~4회 이하로 공격해두고, 그 다음은 정교하게 레일(rail)로 변경하려는 시도를 하기 바랍니다. 3~4회 맹폭격과 그 다음 느리고 안정된 연타를 조화시키는 연습을 하기 바랍니다. 이것은 경기에 대한 조절능력과 나의 전략을 펼칠 기회를 찾을 수 있는 사람만이 구사할 수 있는 전략입니다. 시행착오를 조금 해보면 적당한 기회를 찾을 수 있습니다. 상대의 약한 리턴샷, 그때가 공격의 시작입니다. 그러나 지나친 길이는 금물입니다. 샷의 길이가 너무 길면 레일(rail)의 페이스 변화 없이 꾸준히 계속 길이로만 연결됩니다.

이런 랠리가 어쩌면 순조로운 것으로 느껴 질 수도 있습니다. 물론 한 포인트 따는 전략으로는 좋을 수도 있습니다. 그러나 안전한 게임을 극단적인 상황으로 몰고 갈수 있는 위험이 있습니다. 이것이 상대에게 랠리를 서둘러 끝내지 않으려는 압박을 더해주는 것은 사실이지만, 상대의 역습을 허용할 수 있기 때문에 상대의 예측을 어렵게 만들어야 합니다.

상대가 남자든 여자든 상관없이 느슨한 샷을 치면 '당신은 정교하게 공격할 것이고 또 결코 순순히 랠리를 끝내지 않는다' 는 점을 상대방에게 똑똑히 인식시켜 주는 것이 중요합니다.

이게 다른 점입니다. 강력한 샷을 친다는 것, 이것은 나 자신에게도 부담입니다. 템포를 가미하여 신체적 정신적 압박감을 나 아닌 상대방에게 주기바랍니다. 샷이 아닌 템포로써 상대를 압박하기 바랍니다. 누구나 눈에 보이는 것에만 몰입하지만 더 중요한 것은 '전체 분위기'를 바꾸는 것입니다. 심리적 압박이 가미된 게임은 당신공격에 대응할 실마리를 찾고 있는 상대를 약하게 만듭니다. 경기를 결정짓는 마지막 포인트까지 상대수비를 끊임없이 무너뜨린다면, 이 게임은 심리적으로도 상대를 이겼다고 할 수 있습니다.

20) 스트로크(Stroke)

스쿼시에서 스트로크가 가장 중요합니다. 스트로크에 대해 몇 가지 영역으로 나누어 설명해 보겠습니다.

첫째, 나만의 스위트 스팟(sweet spot)을 찾는 노력이 필요합니다.

라켓과는 무관하며 나만의 고유한 스윙동작으로 최고 파워를 낼 수 있는 나만의 임팩트 점(point)이라 할 수 있습니다. 키, 체중, 신체특성에 따라 다르며, 사람마다 자기가 좋아하는 임팩트 포인트가 있습니다. 스쿼시에 이 지점을 찾는 것이 가장 중요합니다. 정확한 포인트를 찾는 데는 몇 년씩 고생하는 사람도 있고, 갑자기 순식간에 '감'이 오는 경우도 있습니다. 나만의 특정한 스위트 스팟(sweet spot)을 찾는 가장 좋은 방법은 혼자 연습하는 것입니다.

둘째, 스위트 스팟을 찾았다면 이제 스윙을 간결하게(shorten your swing) 가져가십시오.

동일한 파워를 내는 샷도 최대한 짧게 스윙하면 시간과 에너지 소모가 적다는 것, 두 말하면 입 아프죠. 또, 게임을 훨씬 공격적으로 만들 수 있기도 합니다. 팔꿈치를 최대한 몸 쪽으로 끌어넣고 허리를 최대한 사용한다는 점을 명심하고 스트록을 강력하게 구사하십시오. 어깨를 들어 올려 보면 머리가 양어깨 속에 들어가게 하고, 무릎 관절을 구부려 웅크린 자세를 취합니다.

최고 좋은 연습은 ① 웅크린 자세로 ② 팔꿈치와 무릎이 공을 칠 지점에서 만나는 것입니다. 누구나 그렇게 할 수 있다는 것은 아니지만 충분한 시간을 투자하고 좋은 발놀림을 갖는다면 가능합니다. 발리 연습이 간결한 스윙에 도움이 됩니다.

그래도 '허리'가 최고의 무기입니다!!!

셋째, 그립(Grip)입니다.

꽉 쥘 수도 있고 느슨하게 쥘 수도 있습니다. 스쿼시에서, 볼을 치는 순간에 그립을 어떻게 잡느냐가 중요합니다. '임팩트 때 강하게 잡고 팔로우 스루 때 느슨하게 잡는다' 이것이 정답입니다. 이런 그립 조절 감각을 반드시 가져야 합니다. 스트로크 동안에 강하게 잡기와 느슨하게 잡기에 대한 감각을 갖는다면 당신의 라켓 컨트롤은 최고라 할 수 있습니다.

어떤 선수는 스트록 내내 그립을 강하게 잡고 치지만 프로들은 상대의 빠른 공을 원만히 리턴 할 때 또는 강력한 샷을 칠 때만 강하게 잡습니다. 대체적으로 그립을 계속 강하게 잡으면 게임이 진행될수록 팔의 힘이 약해집니다. 임팩트 순간에 꽉 잡는 것을 익히려면 연습과 의식적으로 노력하는 것 뿐 입니다.

혼자서 이런 스윙의 각 요소를 따로따로 분리해 연습해 보십시오. 예를 들어 먼저 그립 컨트롤 연습을 하고, 다음에 간결성 연습. 마지막으로, 좌우 두 스트록을 동시에 관심 가져야 한다는 점입니다. 즉 포핸드, 백핸드 다 앞서 말한 3가지 요소를 모두 조화롭게 개발해야 한다는 점입니다. 스위트 스팟, 간결함, 그리고 그립, 이는 포핸드와 백핸드에서 다르게 나타납니다. 따라서 양쪽에서 똑같이 연습하는 것이 중요합니다.

경기 중 당신이 어떤 코스를 주로 선택하는지 통계를 내보면 양측의 균형감을 테스트 할 수 있을 것입니다. 만일 포핸드가 강하다면 백핸드 연습이 더 필요하다는 뜻이겠죠(양쪽의 균형을 위해). 양쪽 샷의 강도나 정밀도는 지금뿐 아니라 앞으로도 내내 똑같아야 합니다. 코트 6구석 어디에서도 언제나 이런 균형은 유지되어야만 합니다.

만일 포핸드와 백핸드가 다르면(대부분 그러기가 쉬워요) 내 스쿼시 전략은 문제가 있습니다. 예를 들어, 포핸드는 강하지만 백핸드가 약한다면 게임에 잘 집중할 수 없습니다. 약한 백핸드 때문에 백핸드쪽 수비에 더 신경을 쓰는 것이 자연스럽게 나타납니다. 결국 백 핸드측 방어로 인해 더욱 수비적인 경기가 되고 말죠. 양 스트로크가 똑같은 강도를 갖을 때, 그때 멋진 전략이 나옵니다. 그래야만 최적의 조건으로 경기를 치룰 수 있다는 것, 프로라면 누구나 이쯤은 알고 있습니다.

21) 블라인드 스팟(Blind spot)

'임팩트 때 볼보는 것'과 '볼을 치는 상대를 보는 것'은 매우 중요합니다. 볼을 보는 방법은 '예측'편에서 이미 다룬 바 있습니다.

예측을 잘하면 다음 샷을 잘 준비할 수 있으니 한 단계 '업그레이드'된다고들 말합니다. 맞는 말입니다. 그러나 볼을 보지 못하거나 상대를 놓치는 때도 종종 있는데 이를 블라인드 스팟(Blind spot 장님이 되는 지점)이라고 합니다.

전형적인 시나리오가 한 가지 있죠. 상대서브가 뒤쪽 코너 깊숙이 들어옵니다. 레일을 치기위해 몸을 돌리는 순간 '브라인드 스팟'이 됩니다.

이때 2가지 점을 명심해야 합니다.

① 리시브를 위해 내가 볼로 뛰어가기 전까지의 적정(상대의 상태)을 판단하는 것.

② 내가 '장님'일 동안 과연 상대는 무얼 하고 있는가.

사례 1

리시버가 백핸드 레일을 치기위해 볼에 집중하는 동안 서버는 상대방 몰래 움직일 수 있습니다. 리시버가 볼에 집중하고 코너에 떨어지는 공을 보고 있는 동안 '힐끗' 눈으로 적정을 살펴봅니다. 만일 내가 서비스를 넣는다면 상대가 백핸드 코너로 몸을 돌리기 시작하면 나는 상대의 백핸드 쪽으로 이동하겠습니다. 그리고 상대가 샷을 치기 위해 발검을 옮기기 시작하면서, 상대의 블라인드 스팟이 시작되면 나는 '조용히' 포핸드 쪽으로 움직이겠습니다.

왜죠? 리시버가 머릿속에 담고 있는 나의 마지막 이미지는 자기 레일을 커버하기 위해 접근하고 있는 모습뿐입니다. 내가 다음 샷을 앞에서 준비하고 있다고 느끼면 상대는 다른 샷으로 나를 속이려고 할 것입니다. 상대 생각에 내가 백핸드를 선호하니(나로부터 가장 먼) 포핸드 쪽으로 보스트를 칩니다.

그러나 나는 이미 블라인드 스팟 동안 포핸드 쪽으로 움직여 보스트 리턴은 내 라켓 끝에서 드롭으로 끝나고 말았습니다. 블라인드 스팟이 도움이 되었군요. 이런 상황이 항상 일어나는 것은 아니지만, 블라인드 스팟 동안 예측할 수 없는 그 무언가가 일어난다는 것을 말해 줍니다. 타이밍이 매우 중요합니다. 이것이 정확히 실현되었다면 이로써 상대는 더욱 압박을 받게 됩니다.

사례 2

비슷한 시나리오 또 한 가지.

내가 백핸드 리턴을 대비하지 않는 척 움직이지 않고 서브 넣은 자리에 그냥 지키고 있다면 상대는 나의 마지막 이미지를 떠올리며, 의심할 여지없이(내가 따라 오지 못할) 레일을 칠 것입니다. 그러나 상대가 샷을 칠 때까지 기다렸다가 상대의 시야에서 벗어나면 즉시 백핸드 쪽으로 이동하여 빠르게 찍는 샷을 대비 합니다. 이것이 상대가 파악한 주변상황과 블라인드 스팟을 이용, 상대의 계획을 바꾸어 버리는 것입니다.

사례 3

한 가지 예를 더 들어 볼까요?

정말 멋진 보스트 샷을 하나 쳤다고 합시다. 상대는 그 보스트를 받기위해 이동할 때 나는 적군의 뒤에서 블라인드 스팟 동안 움직일 수 있습니다. 상대가 인지한 마지막 상황은 '드롭에 대비해 들어오겠지?' 일 것입니다. 이에 상대는 로브나 크로스코트를 치려 할 것이고, 이런 블라인드 스팟을 확실히 이용한다면, 상대 뒤에 서있지 않고 상대 볼에 대응한 빠른 발리를 위해 순식간에 사라지면 상대는 깜짝 놀랍니다.

이 시나리오들을 다시 정리해 볼까요?

나는 내 모습을 드러내지 않고 그저 움직이지 않고 T존에 머무르는 듯한 모습만 보여줍니다. 상대가 보스트를 치려는 순간 마지막으로 본 내 모습은 T존으로 복귀하려는 것이었습니다. 적군은 내가 멀찌감치 물러나 있다고 판단하여 드롭을 시도하지만 나는 적군의 시야에 블라인드 스팟이 시작 될 때까지만 T존에 있다가 조용히 접근하여 상대가 드롭을 놓으면 강력하게 깊은 드라이브로 상대를 놀라게 합니다.

조언

곁눈질을 통해 블라인드 스팟은 대부분 해결될 수 있습니다.

그럼에도 불구하고 상대가 코너에서 돌아 나올 때마다, 그리고 크로스코트 때 그리고 전면에 있을 때 블라인드 스팟은 발생합니다. 적이 무엇을 보고 있는지를 잘 알기 위해서는 블라인드 스팟을 이용한 공격법을 개발해야 합니다. 프로선수는 이 블라인드 스팟이 상대를 떼어 놓는 가장 좋은 기회라고 생각합니다. 보통 이런 전략이 성공하면 상대는 자기 시야에서 내가 사라지면 상대는 불안해 지고 나는 내 의도대로 랠리를 끌고 갑니다. 볼을 칠 때 회전력을 이용한다면 상대의 시야에서 벗어나는 샷을 치는데 도움이 됩니다.

랭킹상승이 목표라면 블라인드 스팟을 스스로 만들어야합니다. 블라인드 스팟을 제대로 이해만 하면 당신은 완벽한 승리자가 되고 상대는 완전히 바보가 됩니다. 과거에 당신이 이 블라인드 스팟 때문에 심하게 당한 적이 있다면 이 블라인드 스팟이 상대 움직임을 읽는 중요한 감각이라는 사실, 다시 한 번 되새기길 바랍니다.

가끔 나는 내 블라인드 스팟 동안 상대가 내게 가까이 와 있다는 사실에 깜짝 놀라곤 했습니다. 분명히 앞 벽에서 출발 했는데 단 3걸음만에 샷을 발리로 닉에 꽂아 버리는 경험을 한 적이 있습니까? 프로는 블라인드 스팟이 공격의 시작이라 생각하고 항상 그 순간을 기다리고 있습니다. 이로써 상대를 심리적으로 압박합니다. 블라인드 스팟이 짧은 시간이라 하더라도 상대에게 당신이 보이지 않는다면 당신은 이미 강력한 공격수입니다.

상대는 이 블라인드 스팟을 즐겨 이용하고 있으니 당신도 이제 한번 해 보십시오.

22) 고공 플레이

스쿼시에 두 가지 작전이 있습니다.

하나는 공격적인 게임 이고 또 하나는 끈기 있게 진행하는 수비형 게임입니다 공격적 게임은 코트 바닥을 향해 강하게 치는 샷이며 수비형 게임은 볼이 코트 공중에서 노는 것을 상상하면 될 것입니다. 한 작전은 가능하면 낮게 또 한 작전은 가능하면 높은 곳에 포커스를 맞추고 있습니다. 경기 중 낮은 샷은 약 75%정도 차지하고, 높은 샷은 25% 쯤 된다고 보면 됩니다. 경기를 강력하게 이끌려면 코트 높은 쪽에 초점을 맞출 필요가 있습니다. 고공플레이를 위해 명심해야할 2가지가 있습니다.

① 앞 벽 어느 지점을 겨냥해야하는지 알아야 한다.
② 상대가 친 높은 공에 대한 리턴이 중요하다.
①은 공격이고, ②는 수비입니다.

(1) 로브

고공플레이에 제일 좋은 방법은 로브입니다. 로브기술은 완벽하게 구사해야만 합니다. 로브는 보통 드롭이나 보스트에 대한 수비로써 코트앞쪽에서 구사하는 것입니다. 로브의 목표지점은 서비스 라인 1m지점이며 먼저 크로스코트 로브를 쳐봅니다. 멋진 로브는 적절한 포물선을 그려야합니다. 고공플레이의 주목적은 랠리 중 시간을 버는 것이므로 볼이 최대한 공중에 오래 머물러 있어야 합니다. 공은 뒷벽으로부터 1m정도 떨어진 옆벽에 바운드 되는 것이 최상입니다. 로브는 공이 뒤 코너에서 죽기 때문에 위력적인 무기라 할 수 있습니다.

로브가 정확히 구사되면 T존 복귀도 그만큼 쉬워집니다. 랠리가 빠르게 진행될 때 로브는 순간적으로 템포를 조절함으로서 빠른 경기흐름을 끊어놓을 수도 있습니다.

로브는 혼자서 연습할 수 없다는 것이 단점입니다. 혼자서도 연습할 수 있긴 하지만 레일 보스트 그리고 로브가 적절히 혼합 된 일련의 연습이 되어야 합니다. 또한 공이 따뜻해야 감각이 떨어지지 않기 때문에 두 파트너가 연습하는 것이 좋습니다. 한 사람은 보스트, 한사람은 로브를 빠르게 연속적으로 연습해야만 정확도가 높아집니다.

(2) <u>크로스코트</u>

두 번째는 옆벽에 높게 바운드 되어 상대를 향해가는 크로스코트 샷입니다. 이것은 상대가 뒤쪽옆벽 가까이 있을 때만 써야합니다.

만일 상대가 코트 앞에 있다면 옆벽에 맞기 전 발리로 역습을 당할 수 있으며, 또한 상대가 옆벽이 아닌 가운데 있다면 상대는 코트 뒤 벽으로 길게 공을 칠 수 있습니다. 이런 경우 당신이 역으로 궁지에 몰리게 됩니다. 상대의 리치를 벗어나는 고공플레이는 스위트 스팟 만큼이나 효과적일 수 있습니다. 정리하면 고공플레이는 ① 페이스를 바꾸고, ② 원하는 지점으로 움직일 수 있고, ③ 에너지 소모량을 줄일 수 있습니다.

게임시간이 계속 길어지고 있어도 나는 아직도 ① T존 복귀가 원활하고, ② 체력이 아직도 남아있다면 상대는 압박 받을 것이고 몹시 혼란스러울 것입니다.

고공플레이의 생명은 정확도와 타이밍입니다. 이를 위해서는 훈련이 먼저이고 경기 중 의식적인 노력이 그 다음입니다.

경기 내내 냉정하게 그리고 집중력을 가져야함을 명심하기 바랍니다. 대회우승은 당신의 머리에서 시작됩니다. 머리를 써야 여러 가지 작전을 효과적으로 쓸 수 있습니다.

고공플레이를 시도할 때 샷과 샷 사이의 레그 타임에 주목해야 합니다. 어떻게 리듬을 깰 수 있는지 관찰하고, 상대의 반응을 읽을 수 있어야합니다. 부드러운 포물선 로브가 포인트를 따는데 얼마나 가공할 압박을 가하는지 느껴야 합니다.

(3) 수비

시나리오를 한번 바꿔 봅시다. 상대가 고공플레이 작전을 구사한 덕분에 상대가 좋은 위치를 선점하였습니다. 당신 역시 고공플레이로 대응 하여 위험지역에서 빠져 나와야 합니다.

상대가 시간을 벌고 당신을 좋은 위치에서 끌어내려 노력하면 당신도 공의 체공시간을 길게 가져가 랠리를 주도하려는 상대의 음흉한 계략을 무력화 시켜야 합니다.

드롭이나 보스트 같은 낮은 높이의 샷들도 페이스를 느리게 가져갈 수 있긴 하지만 로브나 크로스코트 같은 낮은 고공플레이가 T존으로 복귀하는데 훨씬 좋은 방법이라 할 수 있습니다.

(4) 결론

강하고 빠른 샷으로 얻는 포인트 멋지게 느껴집니다. 그러나 정말 훌륭한 선수라면 빠른 페이스의 공격뿐만 아니라 로브와 코트 높은 곳을 이용하여 T존을 차지해야 할 줄 알아야 합니다. 프로들이 보는 스쿼시 규범집을 보면 뒤에 있으면 페이스가 급격히 떨어진다고 합니다. 더구나 단순한 랠리를 이기는 것이 목표가 아니지 않습니까? 경기를 이겨야지요.

"고공스쿼시 전략 없이 게임을 치면 경기의 25%를 희생한 것과 같습니다."

내 말을 믿으십시오. 그러면 이 교훈이 당신의 머릿속을 떠나지 않을 것입니다. 나의 이런 조언을 통해 오늘 이후로 당신의 스쿼시 게임이 훨씬 더 강력해지길 기원합니다.

23) 닉샷(Nick shot)

스쿼시 경기 중에 상대를 확실하게 제동 걸 수 있는 샷이 딱 하나 있습니다. 약간 편파적으로 판단하는 심판조차 너무 깔끔해서 어쩔 수 없습니다. 조용하게 구경하던 관중이 단번에 환호하면 기립 박수를 칩니다. 당신의 에너지는 용솟음 치고 반대로 상대는 힘이 빠집니다. 이 샷은 노력하는 사람만이 구사할 수 있는 샷입니다.

이번 주제는 이 화려한 닉샷입니다.

닉샷이란? 공이 앞벽을 맞고 옆벽과 바닥면이 만나는 지점에 떨어지는 샷을 말합니다. 옆벽과 바닥이 만나는 바로 그 근처에 볼이 떨어지게 하려면 수평, 수직방향으로 어느 정도의 각도가 나와야 하는지 계산해야 합니다. 이 두 요소의 조합이 있어야 아래로 향해 찍는 각도가 나올 수 있습니다. 아래를 향한 각도를 조정할 수 있는 한 가지 힌트가 있습니다. 닉은 코트 어느 곳을 막론하고 바닥과 벽이 만나는 지점이라 정의할 수 있습니다. 이는 내가 시도할 수 있는 닉샷의 종류가 굉장히 많다는 뜻입니다. 또한 닉샷이 창조적이고 독창적인 샷 이기도 합니다. 정교한 드롭닉샷, 강력하게 찍어 누르는 발리 닉샷도 가능합니다. 정확히만 친다면 닉샷은 긴 랠리를 끝내는 가장 확실한 방법입니다. 자유자제로 닉샷을 친다는 것은 격렬한 게임일수록 보다 더 유리하다 할 수 있습니다.

닉샷을 정확하게 칠 수 있는 사람은 마치 장인이라고 할 만합니다. 장인에게 도구도 중요하지만 재료와 환경이 최종 결과물을 얻는데 불가분의 상관관계가 있듯이 닉샷도 예외가 아닙니다. 충분한 연습은 물론이고 좋은 라켓과 ASB같이 벽면이 균일한 코트 이쯤 되면 닉샷을 칠만 합니다. 뭐니뭐니해도 닉샷에 가장 중요한 것은 셋업입니다. 완성도 높은 닉샷을 칠 수 있는 셋업을 가져야 합니다. 닉샷을 칠 목표점을 겨냥하는 것이 50%이고, 목표점을 겨냥했다면 실제 그곳으로 치는 것이 그 다음이겠죠. 어떤 닉샷은 볼이 아주 작게나마 바운드되어 나옵니다(상대의 기대에 부응이라도 하듯).

어떤 닉샷은 정말 절묘하게 쪼금의 바운드도 없이 옆벽을 따라 흐르는데 이런 경우는 극히 드물죠. 한마디로 닉샷이란 '앞벽에 맞고 튀어 나오는 볼의 각도의 싸움' 이라 할 수 있습니다. 가장 쉬운 닉샷은 앞코너 좌우 두 지점입니다. 처음에는 이곳을 표시해 두면 좋습니다.

닉샷은 다른 샷과는 달리 가슴에서 시작됩니다. 샷을 치기 전 0.5초안에 '이건 닉샷이다!'를 느낄 수 있어야 합니다. 스텝이 쪼금 더 크게하고 마음속에 선명한 시나리오 하나를 그려보고 스스로 닉샷 칠 기회를 찾아 어슬렁거리는 사냥꾼이라고 상상해 보십시오. 언제라도 그런 찬스를 찾을 수 있어야 합니다. 일종의 '강박관념' 같은 것이어야 합니다.

여러 각도로 닉샷을 쳐 보면서 나만의 개인적인 목표점을 찾는 시도를 해보기 바랍니다.

먼저 앞쪽 코트 두 곳에서 시작하십시오. 그런 다음 코트의 다른 곳으로도 확대 해 보십시오. 닉샷은 기회를 포착하는 것이 먼저입니다. 최고 좋은 기회는 상대가 친 공이 코트 가운데로 몰리게 유도할 때입니다. 각도가 제일 중요한 키포인트입니다. 항상 감시하고 있어야 하고, 폭격할 준비가 되어있어야 합니다. 다시 말해서 닉의 개념을 마음 속에 두어야 하며, 매 랠리 때 마다 항상 마음에 새겨야 합니다.

닉샷을 시도한다는 것은 '과감하다'라는 면과 '바보같다'라는 두면이 있습니다. 왜냐하면 닉샷의 시도는 잘 치거나 못 치거나 둘 중 하나이기 때문입니다.

잘 치면 기분이 좋으나 실수하면 상대가 쉽게 이깁니다. "왜 선수들은 닉샷을 잘 치지 않는가?" 라는 물음에 대한 가장 중요한 첫 번째 이유입니다. 적이 먼저 자리를 잡지나 않을까라는 두려움 때문에, 그리고 구경하며 내기를 건 사람들에게 내가 바보같이 보일 것 같은 두려움 때문에 닉샷을 시도하려하지 않습니다. 나의 충고는 '두려움을 떨쳐 버리고 시도해 보십시오!'입니다. 그러나 실제로 닉샷이 실패한다면 어쩔 수없이 그 대가를 치러야죠.

이런 사실이 두려움으로 스며들면 안 되며 다시 시도해야 합니다. 성공했건 실패했건 한번 닉샷을 시도하고 나면 상대는 당신이 다음에도 또 다시 닉샷을 칠지 도 모른다고 두려워하게 됩니다. 프로들은 확실한 닉샷이야 말로 상대에 대한 '반전의 기회'라고 생각합니다.

닉샷을 치고 순간적으로 '업'되는 상승기류가 비록 일시적이지만 상대를 심리적으로 압도할 수 있습니다. 프로는 닉샷이 중요하다 것을 알고 있고 프로라면 누구나 닉샷을 연습하지만, 그중 어떤 이는 정말 잘 치는가 하면 어떤 사람은 그렇지 않습니다. '카이버' 지역 같은 곳은(Khyber pass; 아프가니스탄과 파키스탄을 잇는 실크로드 산길) 우리 집안의 고향인데요 높은 고도 때문에 게임 중 공이 떠 다녀 스쿼시 선수들은 옛날부터 닉이 '공을 죽이는' 제일 좋은 방법이라는 것을 알고 있습니다.

닉샷이 최고 기술이라는 것은 틀림없지만, 어느 누구도 이를 제대로 가르치는 방법을 개발하지 못하고 있습니다.

첫째 이유는 닉샷의 중요성을 모르기 때문이며, 또 하나의 이유는 대부분 선수들이 자기 게임 시나리오에 닉샷을 넣어 두려는 '욕구'가 부족하기 때문입니다. 배우기 어려운 샷인 것은 틀림없지만 전혀 접근 못 할 정도는 아니죠. "게임 중에 반드시 닉샷을 의무적으로 칠 것!"

이건 어떻습니까? 닉샷이 당신 게임의 한 부분이 된다면, 상대의 기타 샷은 그저 평범해 보일것입니다. 역사상 최고의 닉샷을 구사했던 카마르 자만(Qamar Zaman; 파키스탄; 75년 British Open 우승, 78/79/80/84년 준우승).

카마르 자만 같은 닉샷에 관한 도사도 닉샷이 무서운 무기이긴 하지만, 그 닉샷 때문에 완전히 망가질 수도 있다는 점을 인정합니다. 그래도 닉샷은 여전히 가장 무서운 스트록입니다. 이걸 당신 무기로 만드십시오. 당신도 할 수 있습니다.

앞서 말한 카이버 페스 소재 스쿼시코트는 세계최고 프로선수들이 하도 들락거려서 닉샷 구멍 투성입니다. 그 사람들이 그렇게 좋다고 시도했다면 이건 분명 당신에게도 좋을 것이니 닉샷을 치는 습관을 들여보세요.

24) T-zone의 활용

스쿼시를 잘하기 위해 보려 고민하고 있다면 T존을 보다 잘 이해하는 것이 좋습니다. T존은 코트 한 가운데에 있기 때문에 공격의 최적점이면서도 수비에도 최적점이라 할 수 있습니다. 다들 이런 말들은 하긴 하지만, 실제로 T존에 대해 대강만 알고 넘기고 있습니다.

키포인트는 ① 셋업(setup; 샷을 치기 위한 자리잡기)에 T존을 어떻게 이용하느냐, ② 전략적 이익을 어떻게 창출해 내느냐 입니다.

T존에 대해 이야기하기 전에 스쿼시 일반론을 조금 더 이해해 봅시다.

(1) 스쿼시 일반론

스쿼시는 '전략의 경기'입니다. 이때 전략이라는 말은 ① 볼을 치는 동작(Hitting), ② 올바르게 움직이는 동작(Moving), ③ 보는 동작 (Witching)의 조화를 말합니다.

스쿼시(Squash)란 용어자체에 스트로크(Stroke), 풋워크(Footwork), 예측(Anticipa-tion)이란 의미가 포함되어 있죠. 위 3가지 영역의 발판이 T존입니다.

T존의 중요성과 스쿼시 경기에서 T존의 연관성을 알기 시작하면, 랠리가 길어지고

게임이 힘들어지며 수준이 upgrade됩니다. 스쿼시 수준이 높아지면 상대의 경기패턴이 잘 보이고 더불어 상대의 약점을 쉽게 찾을 수 있습니다. 상대의 생각을 읽을 수 있게 되어 다음엔 무엇을 할 것인지 미리 알게 됩니다. 이쯤 되면 코트에서만 이긴 것이 아니라 심리전에서도 이긴 것입니다. 이것은 상대선수를 알게 되고 상대 게임을 해석하게 된다는 말입니다.

승부는 코트라는 한정된 공간에서 진행되고, 연결된 다음 랠리는 결과로 나타나니, 이런 심리전은 두 선수를 전혀 다르게 행동하게 만듭니다. 고급 수준일수록 선수들은 직감을 이용합니다. 선수들은 '어떻게 하면 상대의 직감을 읽을까'에 초점을 맞추며, 게임내용을 기술과 육체적 측면에서 심리적으로 바꾸려 노력합니다. 직감과 재치가 상대선수를 압도할 수 있다는 점을 알아야 합니다. 직감을 이용하는 한 가지 방법은 '덫'을 놓는 것입니다.

덫을 놓기 가장 좋은 지점이 T존입니다. 멘탈을 이해하면서 T존을 최대한 이용하면 게임은 이미 이긴 것입니다. 이는 게임이 흥미진지 할수록 확실하죠.

그러나 스쿼시는 기술의 게임이라서 연습과 훈련을 충분히 하면 선수 직감이 최고조로 성숙되지만 많은 사람들이 이 직감을 간과합니다. 나는 모든 선수들에게 이 직감의 세계에 들어 가도록 독려합니다. 쉬운 일은 아니지만 바른 훈련과 집중력을 갖는다면 가시권에 들어옵니다.

(2) T존

그럼 이제부터 프로선수들이 T존을 어떻게 이용하는지 이야기 해보겠습니다.

수준이 비슷한 선수끼리 경기를 하면 랠리가 길고 경기가 힘들어 지는데 T존을 잘 사용하는 선수가 경기를 이길 것 같습니다. 그렇습니다. 나는 "보다 빨리 또는 보다 효과적으로 T존으로 복귀하라"가 아닌 "T존을 이용하라"라고 말합니다.

만일 경험이 많은 선수가 볼 때 상대가 T존으로 원활히 복귀하지 못하는 걸 알게 되면'(속으로)공격!'라고 말할 것입니다.

보통 게임 초반에는 두 선수 모두 가볍고, 원활하게 T존으로 복귀할 수 있지만 둘 중 한사람이 지치는 모습을 보인다면, 그땐 T존으로 복귀가 덜 효율적이며 실수를 범할 여지가 생깁니다. 그러므로 최고로 좋은 T존 이용은 시간이 필요한 부드러움(연화법)을 통해서만 달성할 수 있습니다. 이는 프로들이 지친상대의 샷에 영향을 미치게 T존을 이용할 때 사용하는데 상대의 샷을 요리하는 T존 이용법이 무엇인가요?

T존과 관련된 가장 간단한 법칙은 '한 선수가 상대가 볼을 치기 전 바로 T존으로 복귀하면 이는 상대가 수비적인 샷을 치게 된다.'입니다. 이것이 핵심 포인트입니다.

만일 T존보다 조금 오른쪽으로 치우쳐 자리 잡으면 어떨까요? 상대는 백핸드쪽으로 길게 뛰어가게 만들려고 노력할 것입니다.(오른손 잡이인 경우)왼쪽으로 약간 치우치면 상대는 당신 포핸드 또는 크로스코트를 쳐서 뒤쪽 코너로 몰리게 할 것입니다. 이런 것이 전형적인 시나리오지요.

상대가 생각하기에 당신이 T존을 늦게 커버하고 위치를 벗어나 있다고 생각하게 만들 목적으로 이런 종류의 작전을 구사해 볼까요? 이런 종류의 속임은 프로들이 즐겨 사용하는 방법입니다. 즉 상대가 자신이 볼을 치기 좋은 지점에 셋업 되었다고 믿게 만들죠(실제는 함정에 걸린줄도 모르고). 약간 치사해 보이죠? 그러나 모든 사람이 알 듯 스쿼시에서 이기고 진다는 것은 지극히 개인적의 권리이며 당신도 함정을 만들 수 있으며 이를 꿰뚫어 보려고 무슨 짓이라도 할 것입니다. 결국 이런 종류의 생각이 당신의 게임에 중요한 부분이니 상대를 심리적으로 약하게 만드는데 사용해야만 합니다.

이점을 생각하십시오. 당신이 한번 T존과 관련된 함정작전이 성공하고 상대가 이 함정에 빠지면, 상대는 아마 당신 행동을 예측하기 힘들어 질것입니다.

(힘든 게임일수록)상대의 마음을 읽기 시작하면, 상대의 전략적 집중도는 더욱 떨어질 수밖에 없습니다. 이는 엇비슷하게 전개되는 게임을 승리하는 경계점 같은 것입니다. 또 다른 예 하나, 상대로 하여금 당신이 그 사람의 샷을 방해하는 행위를 하는 듯이 보이게 하는 것입니다. 이것은 T존이 아닌 곳에 서서 특정 샷을 치게 유도하는 것과는 다릅니다. 방해라는 의미는 적극적으로 샷에 들어가는 것을 의미합니다. 보통 이런 종류의 속임수는 상대가 당신 뒤에 있을 때(코너에서… 당신은 T에 있고) 적절하게 작용합니다.

상대방이 샷을 치려고 와인드업 할 때 당신은 뒷벽까지 떨어지는 레일샷을 치는 척하다가 결국은 백핸 드롭을 칠 것이다. 상대는 당신의 행동에 대해 보다 넓은 지역을 커버해야만 합니다. 상대는 보스트 같은 코트 앞쪽을 향한 샷으로 반응할 것입니다.

상대가 샷을 치러 스텝을 밟기 시작하면 브라인드 스팟(blind spot; 맹점)을 이용해 방향을 바꿔 앞으로 다가갑니다.

당신이 상대 선수의 게임에 익숙해 진 후 그리고 상대가 지치기 시작하면 이와 같은 행위에 최선을 다해야 한다는 것 잊지 마십시오. 만일 이런 계획을 미리 세워 둔다면 상대선수는 당신이 드라이브를 치기위해 코트 뒤로 움직일 것이라고 생각하는 동안 당신은 코트 앞에서 드롭을 시도하고 있어야만 합니다.

또 하나의 사례는 상대가 백핸드 코너에 있고 당신은 오른쪽으로 움직여 상대에게 '크로스코트로 움직일 것이다'라고 생각하는 것처럼 만들면 상대는 이 같은 전형적인 레일을 위해 반응하지 않고 패싱샷이 되도록 강하게 볼을 치게 될 것인데 이로써 당신은 상대에게 잘못된 느낌을 주어 결국 상대로 하여금 적절치 못한 샷을 치게 유도하는 것입니다.

이제 이 볼이 빠른 페이스로 당신을 지나가게 되고 당신은 레일을 가로채기위해 빠르게 움직이게 되어 예상보다 빨리 볼을 가로채게 됩니다.

당신의 이 같은 속임수는 당신의 페이스로 가져가게 만들어 줍니다. 이처럼 상대방을 주무르는 것은 연습과 빠른 순발력이 필요하며, 시도하기 전 '최악의 경우'도 예상해 주기 바랍니다. 때가 되면 알게 됩니다.

(3) 결론

스쿼시 경기를 이기기 위해서는 '당신이 어떤 스타일의 선수냐'와 '상대가 어떤 스타일이냐'에 따라 전혀 다른 전술이 필요합니다.

그러나 한 가지는 분명합니다. 상대는 최소한 당신이 리턴 할 준비가 되어있는 샷을 치게 될 것이라는 것입니다.

① '당신 샷을 속이는 방법'을 배워야 하는 것은 물론이고,

② '당신의 움직임을 속일 줄 아는 방법'을 배워야 합니다.

하나의 샷을 시도하는 법과 T존에 당신자신을 놓는 법, 이것들이 상대를 완벽하게 함정에 빠뜨릴 수 있는 방법이 될 수 있습니다. 이런 기술개발은 스쿼시 기량향상을 위

해 빠르면 빠를수록 좋습니다. 프로들은 이런 속임수가 심리적 게임을 이기는 최고의 방법임을 잘 알기 때문에 즐겨 사용합니다. 따라서 T존을 수비를 위한 최고점이라는 이유로 이용하는 것 이외 상대의 다음 샷을 요리하는 지점으로 이용하기 바랍니다.

25) 압박

스쿼시경기에서 공격적이라 말은 '압박(pressure)을 가해 랠리를 이기는 기회를 얻는 것'이라 말할 수 있습니다.

압박을 가한다는 말은 '상대가 리턴하기 어렵게 한다.'는 의미입니다.

이런 압박을 가능하게 하는 요소로 ① 당신 수준(level)과, ② 상대의 수비능력을 들 수 있습니다. 이들 요소는 매우 다양할 수 있지만, 의외로 압박을 가하는 방법은 비교적 단순합니다.

압박을 가하는 방법은 3가지입니다.

- 상대가 어려운 샷을 수비하게 만든다!
- 상대와의 샷 교환시간을 짧게 가져감으로써 상대가 빠르게 돌진하게 만든다!
- 앞의 두 가지의 조합, 즉 바쁘게 어려운 샷을 수비하게 만든다!

(1) 방법 1: 어려운 샷 만들어 치기

첫 번째 방법은 '(의도적으로)특정 샷을 만드는 전략'이라할 수 있습니다. 샷을 만들어 친다는 것은 어떤 기회가 오면 반드시 이긴다는 말입니다. 이런 전략은 상대를 지속적으로 압박하게 됩니다. 샷을 만들어 치면 상대는 많이 달리게 됩니다. 하지만 이런 압박은 몸이 빠르고 육체적으로 잘 준비된 상대에게는 별로 효과가 없음을 알아야 합니다.

(2) 방법 2: 시간 뺏기

압박을 가하는 두 번째 방법은 굳이 랠리를 이기려 하지 않고 볼을 최대한 빠르게 리턴하는 것입니다. 여기서 공격자는 하프발리(half volley: 볼이 튀어나온 후 바운드

전 최대한 낮게 볼을 침)와 발리(volley: 바운드 전 공중에서 볼을 침)을 구사함으로써 상대의 샷에 최대한 빠르게 반응합니다. 상대가 다음 샷을 생각할 여유를 빼앗아 항상 일정한 압박 속에 가두어 두는 것이 목표입니다.

코트 전면에 자리를 잡기를 즐기는 선수는 이런 전술에 쉽게 적응 할 수 있습니다. 전면에서 빠르게 볼을 낚아채면 챌수록 페이스를 유지하고 샷과 샷 사이의 레그 타임(lag time)을 줄여 압박을 가하기가 쉽습니다. 이런 선수들은 T존을 선점하여 당신의 밸런스를 무너뜨리게 합니다.

상대가 이런 전략을 쓰면 단신은 로브, 높은 레일, 그리고 높은 크로스코트를 이용해 뒷 코너로 볼을 치면서 페이스를 느리게 가져가는 것이 최고입니다. 페이스를 늦추면 그만큼 포지션 복귀가 쉬워지고 샷과 샷 사이 시간을 길게 하여 상대의 공격적 게임 계획을 무너뜨릴 수 있습니다. 그래도 공격적 발리를 즐기고 코트 앞쪽을 선점하는 선수와 싸워 이런 전술을 펼친다는 것은 무척 어려운 일입니다. 더군다나 두 번째 종류의 압박(볼을 빨리빨리 리턴하는)을 즐기는 선수는 대체로 볼을 잘 다루고 거리 감각도 좋습니다. 하지만 이런 종류의 선수의 최대약점(아킬레스건)은 느린 페이스에 대한 '참을성이 부족하다'는 것입니다.

(3) 방법 3: 어려운 샷을 빠르게

3번째 종류의 압박은 위 두 가지 종류의 압박을 조합하는 것입니다. 굉장히 민첩하게 T존으로 복귀하는 선수가 있다고 합시다. 그는 상대에게 아주 작은 틈새만을 주면서 랠리를 리드해 나가려 합니다. 그리고 가능한 빠르게 모든 샷을 인터셉트하려 노력합니다. 아마 당신도 이런 종류의 선수에게 질질 끌려 다닌 경험이 있을 것입니다. 이상하죠…. 이런 상대는 꼭 대회 첫 게임에서 만납니다.

공격전술을 완벽하게 소화하는 것은 프로선수의 가장 중요한 목표중 하나입니다.

프로들은 자리잡기+샷만들기+빠른 교환이 "동시에 이루어져야" 최고의 결과가 얻어진다는 사실을 잘 알고 있습니다. 따라서 압박을 당신게임에서 최우선 순위(priority No.1)에 두십시오. 스쿼시 수준(level)에 상관없이, 상대를 적극적으로 압박하는 것이 중요 포인트에서 이기는 실마리가 됩니다.

스쿼시는 모든 사람들이 비슷한 스타일로 치듯이, 압박을 가하는 것 역시 서로 비슷합니다. 결국 '압박의 개념'을 배우는 것이 중요합니다. 딱 한번만 해보면, 무엇이 중요한 핵심 포인트인지 느끼게 됩니다. 조금만 관심을 가져도 다음 대회를 위해 좋은 밑거름이 될 것입니다. 압박은 그 자체로 가치가 있습니다.

26) 자책에러(Unforced error)

경기 중 일어나는 여러 가지 현상 중 제일 눈에 띄는 것은 단연 선수의 '실책'입니다.

이상하게도 절대 일어날 수 없을 것 같은 상황에서 불쑥 일어나고 맙니다. 경기초반에 일어날 수도 있고 경기가 다 끝나갈 쯤 일어나기도 합니다. 이것으로 내가 리드하고 있던 랠리는 곧바로 엉망이 되고, 반면 상대는 '이길 수 있다!'는 확신을 갖게 됩니다. 이 실책은 '심리적 붕괴의 신호탄'으로 보면 됩니다. 실책은 어떤 댓가를 치르더라도 절대로 범해서는 안됩니다.

오늘의 주제는 "자책에러(unforced error)"입니다. 자책에러는 우연한 사건이라 할 수도 있습니다. 자책에러는 이길 찬스를 내 스스로 내버리는 실로 단순한 실책입니다. 엄밀히 말하면 자책에러는 error라 말할 수 없습니다. 왜냐하면 이런 실수를 전에도 한번쯤을 저지른 적이 있기 때문이죠. 자책에러란 '어떤 특정행위를 실행할 능력이 없음(=무능력)'을 뜻합니다. 특정행위에 대한 무능이란 해당행위에 대한 '방해요소' 때문에 생기는 것이 틀림없습니다. 만일 당신에게 에러를 범하는 방해요소만 없다면 당신은 충분히 고수의 반열에 들어가도 될 만큼 '심리적으로 강하다'고 말해도 됩니다. 한번 자책에러를 범하면 당신의 심리상태는 자책감에 빠집니다. 앞서 심리적으로 약해지는 신호라고 말했었죠?

어느 누구도 자책에러로부터 자유로울 수는 없으며 중요한 것은 그 실수가 절대 중요한 순간에 가끔씩, 누구에게나 공통적으로 나타난다는 것입니다.

어떤 코치도 이 실수에서 당신을 구해낼 수 없습니다. 스쿼시수준에 상관없이, 이 자책에러는 각자 개인적으로 치료할 수밖에 없습니다. 나만의 치료법을 찾는다는 것, 그것은 '대회우승 한번해 보기'프로젝트의 필수요소입니다.

어떤 이는 '두려움과 불안감(신경과민)'과 관계가 있다고 하고, 어떤 이는 '주의집중을 게을리 하거나 이기려는 욕구가 없기 때문'이라고 합니다. 또 어떤 이는 지쳐서 그렇다고도 합니다. 다 맞는 말임에도 불구하고, 자책에러에 온 신경을 곤두세워야만 하고 이겨내야 합니다. 만일 에러를 범하면 거기서 꾸물거리고 있지 말고 내가 유지해 가고 있는 나의 페이스를 '한번 시험받았다' 정도로 가볍게 취급해야 합니다.

하지만 너무 자주 일어나면, 상대의 자신감은 하늘을 찌를 것이고, 대신 당신은 죽고 싶은 심정일 것이다. 이것으로 당신게임은 최악의 패배의 길로 들어서기 시작합니다. 최악의 패배는 경기 중 마음이 심란하여 도대체 경기에 몰입 할 수 없다는 것.

심리적 혼돈 중에 가장 심각한 것이 바로 자책에러입니다. 가장 좋은 치료는 혼자서 연습하는 시간을 갖는 것입니다. 이런 중요한 훈련을 시작하는 것이 더욱 빠르게 성장하고 샷을 자신 있게 치는데 가장 중요합니다.

이렇게 새롭게 upgrade된 자신감을 갖는다면 자책에러를 덜 범할 것이며 결국 위닝샷(winning shot)을 더 잘 치게 됩니다.

코트 안에서 최고로 듣기 싫은 소리는 중요한 포인트 순간 나의 자책에러에 관중들이 지르는 탄성소리일 겁니다. 경기 중 자책에러를 줄이고자하는 결심, 더는 늦추지 마십시오.

5. 스쿼시경기에서의 예상과 속임수

> "당신은 얼마간 모든 사람을 속일수도 있다. 당신은 얼마간의 사람을 항상 속일수도 있다. 그러나 모든 사람을 항상 속일 수는 없다." - 아브라함 링컨

예상, 그리고 그것의 정반대인 속임수는 본질적으로 경험(시행착오)에 의해 전통적으로 학습되어온 지각력 있는 운동 기술과 관련된다. 그리고 속이는 기술의 경우, 대개 운이나, 뛰어난 속임수 선수의 관찰이나 모방에 의해서 학습된다.

예상과 속임수 둘 다, 관련된 직관(지각력)과, 결정하기 기술을 많이 포함한 체계적이고 구조화된 일련의 반복적인 활동을 제공함으로써 더 유능하고 더 빠르게 개발될

수 있다.

1) 예 상

Gill(1994)에서 발췌한 다음에 나오는 그래프는, 전문적인 선수들이 충격이 있기 밀리세컨드(1초의 1000분의 1) 전에 상대방의 shot을 매우 정확한 수준까지 예측할 수 있다는 것을 설명한다. 그래프는 또한 예측의 결정을 하는데 중요한 단서인 팔과 라켓의 움직임, 특히 충격의 160~80밀리세컨드 전의 움직임과, 충격 후에 즉시(80밀리세컨드로) 공이 날아간다는 것을 지적한다. 사실, Abernethy 와 Wollstein(1989)은 전문적인 선수들에 의해 사용되는 두 개의 주요 근원은 아래와 같다고 보여준다.

① 가능성(확률): 상대선수의 전략적인 습관, 상대선수의 기술적인 능력과 경기장에서의 그의 위치.
② 상대선수가 풍기는 자세의 단서: 특히 공과 접촉하게 되는 팔과 라켓의 움직임.

연구에서 보여지는 바는, 전문적인 선수들은 초보자들보다 더 좋은 시력을 가지고 있지도 않고, 어떤 상황이 벌어질지에 대한 결정을 하기 위해 정보를 찾을 때 초보자들과 다른 신호를 보지도 않는다는 것이다(Abernethy, 1987). 오히려 전문 선수들은 이용 가능한 정보를 더 잘 이용하는 것처럼 보인다. 특히 상대선수의 팔과 라켓의 움직임과 관련하여.

전문 선수들은 또한 초보자들보다 경기의 패턴을 더 잘 확인하고 포착한다. 경기의 다른 패턴(흐름)을 도입하면, 예측하고 예상하는 전문 선수들의 능력이 감소된다.

예상 기술의 범위는 공이 튕기는 것을 예상하는 단순한 것에서부터, "속이는" 선수에 의해 앞쪽 코트에서 때려진 빠른 속도의 공을 연속으로 받아치기 위해(volley) 경기를 충분히 잘 읽는 능력에까지 이른다. 이런 기술들은 경험으로 자동화되지만 전통적으로, 우리는 시합으로만 이런 기술을 발달시켜왔다.

2) 속임수

전문적인 선수들을 관찰해보면 상대선수를 속이기 위해 그들이 사용하는 많은 기술이 나타난다. 이런 기술들 중 몇 가지는, 상대선수가 자기 자신을 속이고 다른 선수들은 그런 환경에서 예외적인 shot을 치기 위해 코트에서의 여러 상황들을 이용하는 환경을 만들어내는데 사용된다.

이러한 기술들은 다음과 같이 요약될 수 있다.

① 라켓에 공이 맞기 전에 즉시 신체를 사용하여 상대선수로부터 contact(접촉)과 시기를 숨기는 것(이것은 초보자와 점차 발전하는 선수들에게 흔히 가르쳐지는 기본적인 기술에 포함된다).
② 처음에 갈피를 못 잡게 하는 정보를 제공한 후 마지막 순간에(즉, 공을 치고 160 밀리세컨드 이내에) 타법의 결과를 바꾸기 위해 손목, 팔뚝, 그립(라켓 쥐는 법)의 정통이 아닌 변화를 사용하는 것.
③ 지속적인 그 패턴을 사용할 것이라고 상대선수가 느끼도록 정해진 "경기의 패턴"을 고의적으로 사용.
④ 상대선수가 다음 shot을 시작하는데 더 적은 시간을 만들어내기 위해 매치 플레이의 속도를 증가시키는 것 - 상대선수가 점점 더 일찍 예상하게 하면서.
⑤ 상대선수를 속이고 갈피를 못 잡게 하는(오해하게 만드는) 경기 패턴을 설정하기 위해 바디 랭귀지(신체 언어) 사용하기.

전문 선수들에게서 쉽게 관찰되는 또 다른 매우 정교한 속임수의 형태는 내가 "타이밍 속임수"라고 부르는 것이다. 스포츠에서 가장 중요한 기술 중 하나가 타이밍이다. 공과 접촉을 하는 "동시 발생 타이밍" 뿐만 아니라 언제 움직임을 시작하고 언제 다음 shot을 칠지를 아는 타이밍 기술이 있다. 예를 들어, 선수들은 상대선수가 공을 치는 것을 기다리는 동안 전형적으로 "뛰듯이 걷는다(활발히 움직인다)." 그리고 그들의 전형적인 "split-step(갈라지는 걸음?)"의 타이밍은, 공을 치는데 사용되는 근육을 미리 뻗는 타이밍 만큼이나 성공적으로 공을 치는데 중요하다.

Wollstein과 Abernethy(1988)는 다운스윙(포워드 스윙)의 시작과 접촉 사이의 시간이 모든 선수들에게 일관적이며, 다운스윙은 일반적으로 공이 바운스(튀어오르는 것)의 꼭대기에 도달할 때 시작된다, 즉, 바운스의 꼭대기와 접촉 사이의 시간이 일정하다는 것을 나타내는 타이밍의 일반적인 특징에 대한 증거를 제공한다(이러한 일관된 타이밍을 내재적으로 이해하는데 기초를 둔). 상대선수의 준비 타이밍을 뒤엎기 위해, 속임수를 쓰는 선수는 상대선수로부터 다운스윙의 시작을 애매하게 하는(알기 어렵게 하는) 기술을 사용한다. 그래서 상대선수가 적절하게 반응하는 것을 준비할 수가 없다. 다시 말해서, 상대선수는 폭발적인 반응을 가능하게 하기 위해 몸을 통해 다양한 "stretch-shortening(뻗고 단축하기)"를 반복하는 시간을 적절하게 잴 수 없다. 다운스윙의 시작에 다양한 움직임을 추가하고 라켓을 지속적으로 움직이는 것과 같은 기술은 흔히 사용된다.

3) 예상과 속임수 기술을 발달시키기 위한 훈련 활동

"스쿼시에 대한 지각력 있는 운동 기술 개발 프로그램 만들기" 라는 기사에 예상과 속임수 기술을 개발하기 위해 사용되어야 하는 훈련 활동의 유형과 발전을 나타내는 많은 도표가 포함되어 있다.

당연히 모든 예상과 속임수 기술은, 속임수나 예상의 성공이나 실패와 관련하여 내재적인 피드백을 제공하기 위해 파트너와 함께 행해져야 한다. 어떤 활동 · 상황에서 코치는 상황의 미묘한 차이와 선수들의 위치가 그들의 노력의 결과를 관찰하지 못하게 할 수도 있기 때문에 언어적인 피드백을 제공해야 한다.

1 초보자들

완전 초보자들은 공이 바닥에 튀기는 것에서부터 하나, 둘, 세 개의 벽에 리바운드(다시 튀기는) 되는 것에 이르기까지의 다양한 상황에서 공이 리바운드 되는 방식을 더 잘 이해하기 위해 "acclimatisation(새환경 순화)" 활동의 범위에 소개되어야 한다. 유사하게, 그들은 선수가 일관된 높이와 위치에서 공을 치도록 요구할 뿐만 아니라 높이,

속도, 방향에서 변경을 가한 방법을 결합한 연습을 함으로써 점진적으로 기본적인 예상 기술을 발달시킬 것이다. 그래서 접근을 하기 전에 상황을 지속적으로 분석하도록 요구받는다.

아래에 간략하게 설명되어 있는, 공을 다루는 기본적인 기술들은 공이 날아가는 경로를 추적하는 강화된 능력을 통해 선수의 손-눈, 손-라켓-눈에 대한 이해를 더 강화시켜줄 것이다. 이런 활동들은 몇몇 체육 프로그램에서 흔하며, 독일 테니스 연합에 의해 만들어진 두 개의 비디오 테이프에서 보여진다.

● Throwing-Catching Activities(던지고 받는 활동)

다른 크기의 공과 튕기는 정도가 다른 공을 사용하여 왼손과 오른손 둘 다를 이용한 공을 던지고 받는 기술.

● Bat and Ball Activities

위의 던지고 받는 것에서 묘사된 것처럼, 다양한 bat를 사용하는 것 뿐만 아니라 던지는 대신에 공을 나아가게 하기 위해 다른 형태와 크기의 라켓을 사용하는 것.

● Multi-Ball Activities(여러 개의 공을 사용한 활동)

공을 나아가게 하기 위해 손을 포함하여 두 개, 세 개 그리고 그 이상의 공과 다양한 도구를 사용한 Throwing-Catching 그리고 Bat and Ball 활동

다음에 나오는 것은 좀 전에 언급한 비디오 테이프에서 나온 스쿼시 환경에 내가 적응시킨 활동의 목록이다. 몇 가지는 스쿼시의 구체적인 활동에 관한 다음 장에서 더 자세히 묘사된다.

- 손을 사용하여 공중에 여러 개의 balloon(풍선)을 놓기.
- 공을 던지고 앞으로 굴리고 공을 잡기.
- bat를 사용하여 공중에 여러 개의 풍선을 놓기.

- 한 번에 공을 두 번 튕기고 나서 두 개의 다른 공을 사용하기.
- bench 위에서 한 번에 두 개의 공을 튕기기.
- 양동이에 공을 던지기(깊이 인식력)
- 양동이에 공을 치기.
- bat/racquet을 사용하여 공중에 두 개의 공을 치고 두 개의 다른 라켓 사용하기(즉, 스쿼시 라켓과 라켓볼 라켓).
- 두 개의 다른 라켓과 바뀌는 손으로 공중에 두 개의 공을 치기.
- 두 개의 라켓으로 벽에 대고 공을 치기-교차하는 면에
- 두 개의 다른 라켓으로 벽에 대고 공을 치기-교차면에
- 던지기/치기/잡기를 하는 동안 메디신 볼(운동용의 큰 가죽 공)의 균형을 잡기
- 던지기/치기/잡기를 하는 동안 흔들거리는 널빤지 위에서 균형 잡기.
- 코치가 두 개의 공을 잡고(각 손에 하나씩) 바닥에 임의로 한 공을 떨어뜨린다. 선수는 두 개의 공이 튕기기 전에 달려가서 공을 쳐야 한다.
- 코치가 두 개의 공을 잡고(각 손에 하나씩) 바닥에 임의로 한 공을 떨어뜨린다. 선수는 달려서 공을 발리로 쳐야 한다(연발로 치는 것).
- 훌라후프 달리기: 선수들은 한 후프에 한 발짝, 그 다음엔 두 발짝씩 후프를 통과해 달린다.
- 후프를 굴리고 그것이 굴러가는 동안 통과해서 걸어가고. 동시에 공을 튕긴다.
- 발로 공을 튕긴다.
- 서로에게 동시에 두 개의 공을 협동해서 친다.
- 라켓으로 공을 잡고 한 번의 움직임으로 되돌아온다.
- 다른 선수에게 되돌아오기 전에 공중에 공을 친다.
- Rallying - 두 선수가 포핸드로만 공을 쳐야 한다.
  - 두 선수가 백핸드로만 공을 쳐야 한다.
  - 공이 코트의 백핸드 쪽에 있다면 두 선수는 포핸드로 쳐야하고 포핸드 쪽에 있다면 백핸드로 공을 쳐야 한다.

● Squash-Specific Multi-Ball Activities(스쿼시의 특수한 여러 개의 공 활동)

주변의 인식, 공을 뒤따르기, 집중하기를 강조하는 Multi-ball 활동. 이것들은 위의 활동들 중 몇 가지를 더 개조한 것들이다.

● Two-Ball Bouncing

두 개의 라켓으로 한 번에 공중이나 바닥으로 두 개의 공을 튕겨라 - 각각의 손에 하나씩. 기록을 세어라. 다른 라켓과 공을 사용해라.

● Two-Ball Driving

선수는 두 개의 공이 다 움직이게 하면서 두 개의 공을 번갈아가며 벽 아래로 drive 한다.

● Two-Ball Volleys

선수는 두 개의 공이 다 움직이게 하면서 두 개의 공을 번갈아가며 벽 아래로 volley-drive한다.

● Two-Ball Slashing

선수들은 각각 하나의 공을 가지고 Short Line의 앞에 있는 코트의 양 쪽에 서 있는다. 각각의 선수는 Cut Line위에서 코트의 대각선 방향으로 경기를 하고 상대방의 공을 다시 volley한다. 계속된 기록을 세어라.

● Slashing with “Innovation”(혁신을 가진 슬래싱)

Slashing과 비슷하다. 한 공을 사용해서 선수들은 매 세 번째 shot마다 “혁신(변화)”을 요구하면서 코트의 대각선 방향으로 상대방에게 공을 친다. 즉, 다리 사이에서, 등 뒤에서, 왼쪽 손으로 공을 치는 것 등. 상대선수가 한번에서 세 번의 시도 내에 되풀이하지 않는 shot에 대해서 점수를 주어라.

- Two-Ball Figure-Eight(8자 모양)

"T"의 1미터 뒤에 서라. 첫 번째 공 다음에 두 번째 공을 움직이는 동안 "T"에 다시 리바운드 되도록 코너로 움직여라. 반대쪽 코너로 계속 가라. 성공적인 코너의 기록을 세어라.

- Racquet Swaps(라켓 교환)

선수들은 공유할 하나의 라켓을 그들 사이에 놓고, 서비스 박스(서브하는 곳) 내 코트의 양 쪽에 서 있는다. 선수 1이 코트의 대각선 방향으로 공을 치고 선수 2에게 라켓을 던지면 선수 2는 공을 받아 치고 라켓을 되돌려준다.

- Three-Ball Driving

Two-Ball Driving과 같음. 세 개의 공을 사용함.

- Four-Ball Driving

위와 같음. 네 개의 공을 사용함.

- Two-Ball Length Game

두 개의 공으로 경기를 한다. 모든 shot은 Short Line 앞에 다다라야 한다. 공을 되돌리지 못하거나 공이 Short Line에 넘어가지 못하거나 Cut Line 아래를 친다면 선수들은 rally를 잃는다. 9점까지 경기를 해라.

- Two-Ball Racquet Swaps(투볼 라켓 교환)

위에 나온 Racquet Swaps처럼 설정하지만 각각의 선수가 라켓을 가지고 있다. 두 선수가 코트의 대각선 방향으로 공을 치고 라켓을 교환한다.

예상, 주변 인식, 속도/민첩성을 강조하고, 다음과 같이 속도/반응 훈련에 사용될 수 있는 다른 활동들.

◉ Random 6-Point Movements(Ghosting)

코치에 의해 안내되는 6점 이동. 코치는 어느 모퉁이로 달려야 할지를 지시한다. 각 선수에게 한 세트가 1분이고, 1~2분 휴식.

◉ Dog and Ball

코치는 "T" 근처에 서 있는다. 라켓으로, 코치가 다양한 각도와 속도로 공을 바닥에 때린다. 선수는 벌칙으로 5초의 추가 시간에 공이 벽에 닿지 않도록 한다. 각 선수에게 한 세트가 1분이고, 1~2분 휴식.

◉ Dog and Ball(2)

선수는 앞쪽 벽을 향하여 Short Line 뒤에 선다. 코치는 손에 6~10개의 공을 가지고 선수 뒤에 선다. 코치는 무작위로 앞쪽과 옆쪽 벽을 향해 선수의 어깨를 넘어 한번에 1~3개의 공을 던진다. 선수는 공이 벽에 닿지 않게 한다. 벌칙은 위와 같다. 각 선수에게 6~10개의 공으로 3~6세트. ,

◉ Squash Specific Advanced Drills(스쿼시의 구체적인 상급 훈련)

- Lateral Anticipation/Deception(좌우의 예상/속임수)

공이 코트의 왼쪽 혹은 오른쪽으로 갈 것인지 아닌지를 선수가 예상하려고 할 때(다시 말해서 포핸드가 될 것인가 백핸드가 될 것인가?).

- Longitudinal Anticipation/Deception(세로 방향의 예상/속임수)

공이 코트의 앞쪽으로 갈 것인지 뒤쪽으로 갈 것인지를 선수가 예상하려고 할 때.

선수의 예상/속임수 기술의 향상을 자극하도록 고안된 어떤 훈련이나 활동이든 선수가 처하게 되거나 효과적으로 예상하거나 속이도록 기대할 수 있는 다양한 상황을 언급할 필요가 있다. 예를 들어: 상대선수가 앞쪽 백핸드에 있고, 선수가 T에 있을 때나 상대선수가 뒤쪽 포핸드에 있고 선수가 T에 있을 때.

상대선수는 좌우의 속임수(일직선 또는 코트의 대각선 방향으로 된 shot), 세로 방향의 속임수(짧거나 긴 shot), 또는 이 둘의 결합에 제한될 수도 있다. 선택된 shot은 또한 제한되거나 변화될 수 있다.

가능한 곳에서는 어디서든지, "예상하는" 선수가 전술상 건전한 반응으로 반응하도록 이런 훈련을 구성하는 것이 중요하다.

선수가 진보할 때, Fynn(1992)에 의해 출판된 작은 책자와 비디오로부터 발췌된 다음에 나오는 연습과 수법이 스쿼시의 특수한 예상과 속임수 기술을 개발하기 위한 출발점을 제공할 것이다.

- Quarter Court

선수1(또는 코치)이 뒤쪽 쿼터코트에 서서 코트 주변에 랜덤으로(무작위로) 공을 친다. 선수2는 쫓아가서 공을 쿼터코트로 되돌려 보내야 한다. 드라이브, 로브 등 어떤 가능한 방법으로든. 이것은 양쪽 선수에게 속이는 움직임을 자극시키고 선수2가 예상하도록 촉진해주는, 초보자와 상급자들에게 간단한 연습이다.

- Random Drive and Boast

선수1(또는 코치)이 앞쪽 코너에 서 있는다. 선수2는 각각의 shot 사이에 T에서 출발해서 T로 되돌아와야 한다. 선수1은 세게, 똑바로 또는 대각선 방향으로 길게 drive를 치고 선수2는 쫓아가서 목표로 한 two-wall boast(?)를 치려고 시도한다. (보통 하나의 여분의 라켓이 앞쪽 벽 중앙에 놓여있다.) 향상되면 선수2는 boast를 연달아 치고 성공적이지 않으면 다시 달려가서 boast해야 한다.

- Drive and Boast or Drop
- Random Drive and Boast or Drop
- Straight Game
- Slashing

……

2 코칭(지도)에 대한 암시

선수가 이런 활동에서 훈련받고 있는 동안, 이런 기술들은 점차적으로 압박을 증가하면서 테스트되는 것이 중요하다(완전한 매치플레이를 포함하여).

다음에 오는 기사인 *"책략과 전략"*에 묘사된 패턴은 이런 목적에 이상적인 활동이다. 특히, 그 패턴이 "random(무작위)"이 되면, "option(선택권)"이 추가되고 선수는 "phasing(단계)", "extended phasing(장기간에 걸친 단계)", "reverse phasing(반대 단계)"를 이용할지도 모른다.

적이 공을 칠 때, 적이 이용할 수 있는 정보를 혼동시키거나 막으면서 가능한 한 빨리, 의도된 공의 날아오는 경로를 확인하는 능력은 스포츠의 근본적인 기술이다. 그리고 이것이 세 번째 기술인 효과적인 shot-selection(shot 선택)에 도움이 된다.

적절한 훈련 활동에서 우리 스포츠의 세 가지 중요한 결정하기 기술의 통합은 단지 고급 선수들뿐만 아니라 모든 선수들의 준비에 대해 이상적인 학습/발달상의 접근법을 제공한다. Abernethy(1995)가 말한 것처럼, 전문적 기술은 과업이 명확하고 상황에 민감하다. 따라서 가능한 한 매치플레이 조건과 비슷하게 활동이 수행되는 것이 중요하다.

세 가지 결정하기 기술은 내재적으로 서로 관련이 있으며, 선수가 스포츠에서 그들이 참여한 매우 기초단계부터 이런 기술들을 발달시키도록 체계적이고 발전적인 프로그램을 제공하는 것은 코치의 의무다. 그것들은 "상급의 기술"이 아니라 "전문가"가 되기 위해 필요한 기술이다.

속임수 기술 - 특히 상대선수로부터 접촉을 숨기는 능력 - 의 발달을 촉진하는 근본적인 치는 기술과 움직임의 기술을 발달시키는 것 또한 코치의 의무다. 다양한 그립과 스윙 사용의 영향은 선수의 발달 초기에 소개되어야 하고, 코치는 이런 결정하기 기술이 모든 활동에 통합되도록 훈련 설계에 상상력이 풍부한 접근을 해야 한다.

V

스쿼시 경기 사전과 사후관리

1. 스쿼시 경기에서의 지침서

사람들이 자주 묻는 질문 중의 하나는 '공을 얼마나 낮게 치느냐'는 것입니다.

대부분의 선수들은 틴 위 2mm 지점을 맞추라는 대답을 할 것이라고 기대합니다. 이런 반응은 그 선수들이 틴 위 5~10센티미터 보다 높이 공을 맞춘다는 것을 확인해줍니다.

질문에 대한 재미있는 것은, 질문 그 자체입니다. 얼마나 높게 치는지를 묻는 선수는 거의 없습니다. 그 까닭은 간단합니다. 대부분의 선수들은 가능한 한 여러 벽을 이용하여 될 수 있는 한 세게, 낮게 공을 치면 굿 샷으로만 생각하기 때문입니다.

문제로 돌아가서, 다음의 지침을 제외하면 정답은 없습니다.

1) 절대의 힘은 절대의 힘으로 무너진다

스쿼시의 위대한 점 하나는 갇힌 에너지를 풀어놓게 한다는 겁니다. 번개같이 빠른 속도로 공이 오가는데서 이기려면 공을 시야에서 놓치지 않도록 주의해야합니다. 야구 투수가 빠른 공을 연달아 던지지 않듯, 속도를 조절하는 법을 배우십시오. 투수는 타자가 예측할 수 없도록 여러 구질의 공을 던집니다. 여러분도 그렇게 해야 합니다. 속도와 샷을 다양하게 조절하십시오. 이런 전략의 장점은 팔에 가는 부담을 덜어 부상을 방지합니다.

2) 앞 벽의 높이를 이용하라

나는 많은 선수들에게 강한 드라이브 보다는 앞 벽에 높이 치기를 권장합니다. 코트 뒤쪽으로 공이 가게 하는 가장 좋은 방법은 커트라인 위쪽을 겨냥하는 것입니다. 이렇게 하면 공을 강하게 쳐야 할 필요가 없어지고, 여러분의 볼 컨트롤이 좋아집니다. 야구를 다시 생각하면, 외야수는 홈으로 보내기 위해 절대로 공을 낮고 세게 던질 필요가 없습니다. 공은 높이 던질수록 멀리 갑니다.

3) 힘을 측정하기 위한 컨트롤 표시를 이용하라

스쿼시 공을 때릴 때, 여러분의 볼 컨트롤 능력이 얼마나 되는지 스스로 물어보십시오. 나는 사람들에게 공을 강하게 치는 일이 없을수록 컨트롤이 좋아진다고 말합니다. 자동차와 관계 지어 본다면, 여러분이 조절할 수 있는 능력보다 더 빨리 차를 운전하지 않습니다.

다른 상황에선 더 많이 허용하지만, 특정한 상황에서 운전할 때는 다른 때보다 좀 더 컨트롤이 필요할 때가 있습니다.

4) 라켓면을 열어라

대부분의 실력 있는 선수들은 공을 코트 뒤쪽으로 보내기 위해 라켓면을 열어줍니다. 사실, 그들은 자연스레 공을 앞 벽 높은 곳에 맞춰 지쳤을 때도 공을 코트 뒤쪽으로 보냅니다.

대부분의 클럽 선수들은 라켓면을 닫고 공을 쳐서 앞 벽 낮은 곳에 맞춥니다. 더구나 지쳤을 때 실수를 대비한 여유가 없어 틴을 맞추는 경향이 있습니다.

5) 조건 바꾸기

고려해야 할 또 하나의 요소는 공을 쳐야할 속도와 높이가 코트에 따라 다르고, 시기에 따라 다양하다는 것입니다. 여름철 코트에서는 공이 더 잘 튀어 공을 강하게 치려한다면, 정상적이 곳보다 낮은 지점을 겨냥해야 하고, 겨울철 코트에서는 좋은 길이의 공을 치려면 좀 더 높이 쳐야합니다. 또 하나 생각할 것은 공 그 자체인데, 점의 색깔뿐 아니라(공에 있는 파랑, 노랑 점) 제조업체도 생각해야 합니다. 어떤 공은 다른 공보다 '느립니다'.

6) 아이구, 놀라워라

많은 선수에게 경기에서 성공하기 위한 열쇠가 앞 벽에 맞는 적절한 높이임을 깨달아야 합니다. 적절한 높이는 적당한 길이를 만들어주며, 볼 컨트롤에 집중하는데 도움이 됩니다. 또한 여러분의 상대선수가 뒤쪽으로 움직이는 모습을 보는 일은 공을 치는 것만큼이나 중요합니다.

2. 시합불안 제어 프로그램 진술항목 74문항

1. 인간이기 때문에 완벽할 수는 없으며, 완벽하려고 초조해 할 필요도 없다. 그러나 연습에 의해 완벽에 무한히 접근할 수 있다는 것은 안다. 가능하면 보다 완벽한 스쿼시 선수가 되기 위해 연습, 연습으로 대처한다.
2. 스쿼시 시합 중에 실수가 있더라도 나는 다시 나를 안정시킬 수 있는 자기 통제방법을 평소에 만들어 연습하여 갖출 것이다. 시합 중 신중히 하겠지만 만일의 실수에도 걱정 없다.
3. 시합과 상대방에 대해 보다 더 치밀하게 분석하여 잘 알고, 보다 더 많은 피땀과 정성을 쏟아 붓는 것이 스쿼시 시합에 대한 불안을 없애는 가장 효과적인 방법임을 안다. 이는 모두 내가 지금, 실제 할 수 있는 것이다.
4. 요행으로 1등하기를 바라지 않는다. 내 노력과 연습량이 제일 많으면 1등이 되는 것이라 생각하고 연습한다. 노력과 연습, 모두 내가 할 수 있는 일이다.
5. 이번 스쿼시 시합에서 내가 이기느냐 지느냐 하는 것은 내가 하는 수행 외에도 상대방의 수행, 심판, 운 등등 여러 가지와 관계가 되어 있다. 내가 할 수 있는 일은 내 힘이 닿는 한 가장 많은 연습과 가장 치밀하고 탄탄한 준비를 하고 결과를 기다리는 것이다. 나는 내가 할 수 있는 것에만 신경을 쓴다.
6. 나를 진정으로 생각해 주는 사람은 스쿼시 시합에서 내가 승리했다고 나를 좋아하고 승리하지 못했다고 싫어하지 않는다. 내가 할 수 있는바 가장 많은 피땀과 치밀한 준비를 한 시합이면 결과가 어떻든 그들의 애정은 변함이 없다는 걸 알고 있다.
7. 불안하지만 내가 해내야만 한다. 강하고 끈질긴 마음을 먹는다. 강하고 끈질긴 마음을 먹으면 잡다한 불안 따위는 아무 문제가 아님을 알고 있다.

8. 내 목표는 내 실력이 얼마나 나아지느냐에 있다. 스쿼시 시합에 나가서 우승하든 못하든 그것이 크게 중요한 것은 아니다. 나는 나의 목표를 나대로 정하고 거기에 도달하기 위해 전력을 다한다. 나에게서 성공은 그 목표를 성취하는 것이다.
9. 내가 불안해하는 것을 인정한다. 그러나 이번 스쿼시 시합에 출전하는 다른 선수들도 모두 다 불안해하는 것을 알고 있다. 문제는 누가 그 불안을 잘 처리하느냐이다. 나는 불안해하는데 드는 에너지를 내 실력을 조금이라도 향상시키는 쪽에 사용하겠다. 불안해하는 에너지를 연습 하나라도 더 하는 데에 돌린다.
10. 강하게 마음먹고 부정적인 생각을 떨쳐버린다. 할 수 있는지 없는지 애매한 부분은 보다 강한 마음을 먹으면 해 낼 수 있다는 걸 알고 있다. 그 애매한 부분을 해내는 자가 승자가 된다는 걸 잘 알고 있다.
11. 즐거운 마음으로 운동한다. 운동을 즐긴다. 즐기며 하는 운동, 하고 싶어서 하는 운동의 효과가 마지못해 하는 것보다 훨씬 큼을 확실히 이해하고 있다. 최상의 결과는 내가 즐겁게 기꺼이 하는 과정 끝에 온다.
12. 내가 지면 남이 어떻게 생각할 지 걱정하는 것은 내가 이번 스쿼시 시합하는데 아무런 도움을 주지 못한다는 것을 확실히 알고 있다. 시합에 도움을 주지 않는 것들은 모조리 잊어 치운다.
13. 이번 스쿼시 시합에서, 상대방이 나보다 피땀과 정성을 더 많이 들였으면 상대방이 이기는 것은 당연하다. 마찬가지로 내가 많이 들였으면 당연히 내가 이긴다. 흘린 피땀과 들인 노력의 양으로 실제 시합 전에 이미 승부는 나있다는 걸 알고 있다. 피땀과 노력을 쏟아 붓는 일은 지금 내가 실제 해낼 수 있는 일이다.
14. 내 경쟁 상대인 ○○○에게 지면 안 된다. 하지만 질 수도 있는 것이다. 그러나 내가 더 많은 피땀을 흘리고, 더 정성 들여 치밀하게 준비했는데도 지는 일은 거의 일어나지 않는다는 것을 잘 알고 있다.
15. 부모님, 선생님의 기대에 부응해야 하지만 져서 그렇게 하지 못할 경우도 있다. 내가 나의 할 바를 다했을 경우엔 부응하지 못했어도 어쩔 수 없는 것이다. 이번 스쿼시 시합을 위해 내가 지금 할 수 있는 준비에 내 모든 정성과 피땀을 다하고 그 나머지에는 신경 쓰지 않겠다.

16. 이번 스쿼시 시합에 대해 내가 현명하게 생각하지 못해 쓸데없이 불안해하고 있다는 것을 잘 안다. 나는 내가 지금 할 수 있는 것을 찾아내고 그것에만 주의 집중하겠다. 내 생각을 바꾸는 것은 전적으로 내 일이다.
17. 승리는, 이기고자 하는 의지가 보다 더 강한 자의 것이다. 나도 불안하지만 상대도 불안하다 내가 해낼 수 있을까 의심하는 부분에서 상대 선수도 그렇다. 그 부분은 이기고자 하는 의지가 강한 선수가 해내며, 그가 결국 승리를 차지한다는 걸 잘 알고 있다.
18. 승리하면 승리에 대한 대가를 지불해야 한다. 나는 그 대라를 지불할 준비가 되어 있다. 나는 '강한 사람'이 좋다. 강한사람이 되고 싶고 거기에 필요한 피땀을 흘릴 준비가 되어 있다
19. 시합에서 '신중하고 완벽한 준비'보다 중요한 것은 아무 것도 없다. 이것은 지금 내가 실제로 해낼 수 있는 것이다.
20. 이기고자 하는 의지보다 더 중요한 것은 '이기기 위해 충실하고 치밀하게 준비하려는 의지'이다. 준비는 내가 지금 실제로 할 수 있는 것이다.
21. 나에게 '성공(승리)' 란, 내가 될 수 있는 한 최고가 되기 위해, 내가 할 수 있는 한 모든 것을 다 했다는 것을 아는, 스스로의 만족에서 마음이 평안한 상태이다. 이 모두는 내 힘으로 힘낼 수 있는 것들이다.
22. 훈련과 준비에 최선을 다했다면 스쿼시 시합이 끝난 후 결과가 어떻든 당당하게 고개를 들고 떠날 수 있다. 훈련과 준비는 내가 실제 할 수 있는 일이다.
23. 나는 운동하는 것이 좋다. 하나하나 충실히 훈련해 가는 것이 좋다. 최상의 결과는 내가 즐겁게, 기꺼이 하는 훈련 과정 끝에 온다.
24. 나는 우리(나라)를 대표하는 선수이다. 나의 손에 우리(나라)의 명예가 걸려있다. '나'는 이제 없다. 나는 이제 우리(대한민국) 그 자체이다. 우리(대한민국)의 명예가 올라가면 더 이상 바랄 것이 없다.
25. 자꾸 자꾸 반복 연습한다. 반복 연습과 준비를 하면 시합 중 실수도 시합 걱정도 다 달아난다. 불안 없이 완전히 능숙하게 잘 할 수 있을 때까지 끈기 있게 반복 연습과 준비를 한다.

26. 나는 새로운 스쿼시 기술을 하나하나 익혀 가는 것이 즐겁다. 한 단계씩 내 기술이, 내 스쿼시 실력이 늘 때마다 기쁨을 느끼며 보람을 느낀다. 1등이나 우승은 이런 것들이 모여서 이루어지는 것이다. 나는 내 기술, 내 실력 향상에 정신을 집중한다.

27. 스쿼시 훈련과 연습이 지겨울 때도 있지만 승리를 위해 이것은 피할 수 없는 일이다. 일단 훈련, 연습이 시작되면 그것에 더 몰두한다. 훈련, 연습에 오히려 더 적극적으로 참여하여, 여러 가지로 생각하며 알찬 연습이 되도록 정성을 모으면 어느덧 싫은 감정보다는 재미와 보람을 느끼게 된다는 것을 잘 알고 있다.

28. 마음속으로만 자꾸 다짐할 필요가 없다. 지금 그렇게 실제 행동으로 해내면 된다. 실천하는 사람이 힘을 갖게 되는 것을 안다.

29. 나는 스쿼시 시합 직전에 '이번 시합을 위해 이제 내가 할 수 있는 것은 다했다'는 느낌이 들도록 나의 모든 정성과 노력을 다한다. 참가 선수들의 훈련과 준비 정도에 따라 시합 전에 시합 결과는 이미 결정되는 것이다. 내 할 바를 다했다고 느끼면 시합자체는 두렵지 않은 일이라는 것을 잘 알고 있다.

30. 나는 현명하고 유능한 스쿼시 선수이다. 나는 현명하게 생각하며 시합 준비 및 시합을 한다. 나는 내가 지금 실제로 할 수 있는 것을 잘 알고 있다. 내가 할 수 없는 것, 관중이나 쓸데없는 생각이 내 일을 방해하는 것을 용납하지 않는다.

31. 내가 하는 스쿼시에 대해 하나하나 알아 가는 즐거움이 너무 좋다. 새로운 훈련기술을 찾아내는 즐거움이 너무 좋다. 전혀 새로운 훈련 기술을 배워 가는 즐거움이 너무 좋다. 어떤 어려운 훈련 기술을 완전히 습득해내는 것이 너무 재미있다. 스쿼시에서 내 약점을 보완해나가는 즐거움이 너무 좋다. 내 능력을 완벽하게 갖추어 나갈 때 느끼는 만족감이 너무 좋다.

32. 스쿼시 운동에 완전히 몰입해 푹 빠져 있을 때 느끼는 즐거움이 너무 좋다.

33. 성공(승리)에 자신감이 없으면 열심히 할 의욕도 생기지 않음을 잘 알고 있다. 그러나 자신감은 느낌이며 고정된 것이 아니다. 내가 쏟아 부을 수 있는 내 최고의 노력과 치밀한 준비가 내 자신감을 강하게 한다는 것을 잘 안다.

34. 이렇게 매일 매일, 차근차근, 치밀하고 정성껏 준비하는 일이 뿌듯하고 즐겁다,

차근차근 정성껏 치밀하게 준비해 가면 마음 뿌듯한 보람을 느낀다.

35. 지난 스쿼시 시합의 실패 원인은 준비 과정에서의 내 노력 부족이다. 상대 선수와의 노력 경쟁에서 패한 것이다. 상대 선수와의 노력 경쟁에서 패한 것이다. 상대 선수가 흘린 피땀에 경의를 표한다. 허나 이번에는 나의 준비가 얼마나 치열치고 치밀한지 알게 될 것이다.

36. 이번 스쿼시 대회에서 받은 상은 나의 능력이 뛰어남을 입증하는 것이다. 그러나 내 능력이 나타나는 것은 쏟아 붓는 나의 정성과 피땀이 있어야 가능하다는 것을 잘 알고 있다

37. 나는 나의 목표가 허황되게 어려운 것이 아님을 안다. 그러나 쉽지도 않아 내 전력을 다한 노력의 여하에 따라 달성 가능한 것임을 안다. 즉, 목표달성은 내가 할 수 있는 일이며 따라서 내가 책임져야 하는 일이다.

38. 나의 목표는 '최선을 다하자'와 같이 모호한 것이 아니다. 내 목표는 아주 구체적이며 내가 지금 그 목표에 얼마나 가깝게 다가가고 있는지 측정해 볼 수 있다.

39. 나의 원대한 장기적 큰 목표는 여러 개의 중간 단계, 단계 단기 목표들을 달성해 가는 끝에 성취되도록 되어 있다. 내 노력을 모아 하나하나 차근차근 달성해 나간다.

40. 나는 내 상대방과 다투지 않는다. 내 수행 목표를 스스로 설정하고 그것을 내가 해 낼 수 있는 나의 피땀과 노력으로 달성 해 나간다.

41. 내 목표를 달성하기 위한 구체적인 전략(예, 보조운동 등)과 행동규칙(예, 10분전 연습장 도착 등)도 함께 설정한다. 실제 내가 해낼 수 있는 것들로 치밀하게 작성한다.

42. 우리 팀이 ㅇㅇ팀에게 지는 것은 견디기 힘들다, 이제 내 개인이란 있을 수 없다. 내 팀이 곧 나이다.

43. ㅇㅇ에게 내가 실패하는 꼴은 보이고 싶지 않다. 그러지 않기 위해서 지금 내가 실제적으로 할 수 있는 일은 정성과 노력을 다해 치밀하게 시합 준비를 하는 것이다.

44. 내 꿈은 스쿼시의 ㅇㅇㅇ처럼 되는 것이다. 그가 스타가 되는 데는 남 다른 노력이 반드시 있었을 것이다. 나는 그에 마땅한 대가를 치를 각오가 되어 있으며 즐

거운 마음으로 준비해 가겠다.

45. 나는 경쟁하는 것이 즐겁다. 스쿼시 시합에서 상대방과 겨뤄보기 위해 지금 정성껏 노력을 다해 준비하는 일이 나는 즐겁다.

46. 그렇게 정성껏 치밀하게 시합 준비하여 성공한 내 자신이 자랑스럽다. 이번 시합에서는 지난번에 부족했던 ㅇㅇ부분을 조금 더 준비 보완해보자.

47. 남들은 모두 내가 우승하기만을 바라고 있으나 내 목표는 승리 자체가 아니다. 내가 설정한 수행상의 기준을 통과하면 승패의 결과에 상관없이 나는 만족한다. 수행상의 기준은 내 노력 여하에 따라 해낼 수 있는 일이다. 남에게 신경 쓰지 않는다. 나는 내 식대로 한다.

48. 나는 이번 스쿼시 시합의 우승을 통해 내 능력이 최고임을 여러 사람에게 보이고 싶다. 그러나 이것은 내 최고의 노력을 투입한 철저한 준비 없이는 불가능함을 잘 알고 있다.

49. 이번 스쿼시 시합에서 내 승리는 내가 만들 것이다. 승 리가 나의 계획과 내 스스로의 통제 아래 이루어졌음을 확인하고 싶고 또 보이고 싶다. 내가 하는 일에 대해서는 내가 책임진다. 내 스스로 철저하게 시합 준비한다.

50. 나는 항상 자신감 있게 행동한다. 내가 머뭇거리면 상대방의 자신감은 더 강해지고 나는 더 불안해진다는 것을 잘 알고 있다. 같은 실력이면 자신감 있게 행동하는 쪽이 훨씬 승리에 가깝다는 것을 잘 알고 있다.

51. 목표달성 여부가 불분명할 때 '나는 해낸다.' 고 스스로에게 강하게 말하며 자신감을 갖는다. 그런 불분명한 일들의 대다수가 내가 아주 강하게 마음먹으면 달성된다는 것을 잘 알고 있다. 성공은 강하게 마음먹은 자의 것이다.

52. 자신감이 부족하다고 느끼면 더욱 더 철저히 연습하고 준비한다. 나는 이번 스쿼시 시합의 승리를 위해 내가 지금 할 수 있는 모든 것을 다하여 철저히 대비하겠다.

53. 스쿼시 시합에서 '정성과 피땀 어린 훈련 및 신중하고 치밀한 준비' 보다 더 중요한 것은 아무 것도 없다. 이것들은 내가 실제로, 지금 해낼 수 있는 것이다.

54. 시합 걱정 따위는 없다. 왜냐하면 나는 내 마지막 힘까지를 훈련과 준비에 다 바쳤기 때문이다. 이제 져도 할 수 없다. 마음이 평안하다(그렇게 되도록 마지막 힘

까지 다 바쳐 시합 준비한다).

55. 승리는 승리를 믿는 자에게 간다. 승리하지 못하고 너를 막는 것은 아무도 없다. 오직 너의 그 생각만이 너를 막는 것이다. 이기지 못한다고 미리 생각하는 그 생각이 너의 수행을 망치고 너를 깨뜨리는 것이다.

56. 시합은 처음부터 불확실한 것이다. 너의 해낼 수 있다는 굳은 의지와 실행력만이 확실하며, 보다 확실하게 승리를 만들어 낼 수 있다.

57. 훌륭한 선수는 실제 시합 중 닥칠 수 있는 여러 위기 상황에 대해 생각하고 그것을 해쳐 나갈 방법을 미리 강구해 놓는다. 스쿼시 시합에서의 승리는 치밀하고 철저한 시합 준비에 달려있다.

58. 위대한 선수의 진가는 어려움에 닥쳤을 때 나타난다. 진짜 능력 있는 선수는 불리한 처지를 만회하여 다시 도전하고 끝내 승리를 만들어 낸다.

59. 상대방이 참아낼 수 있는 것을 내가 못 참아낼 이유가 없다. 오히려 내가 한걸음을 더 참고 해내서 반드시 승리를 내 것으로 만들고 말겠다.

60. 시합에는 도박성이 포함되어 있다. 시합의 승리는 냉철한 머리로 정확히 상활을 파악하고 필승의 신념으로 주저하지 않고 뛰어드는 자에게 돌아간다.

61. 겁에 질려 실력도 제대로 못 펴 보고 바보처럼 창피 당하며 져 버리기는 절대 싫다. 안 될 때 안 될 지라도 모든 힘을 다해 부딪쳐 보겠다. 질 때 지더라도 전력을 다해 부딪쳐 보겠다.

62. 그것이 내가 해낼 수 있는 일일까 아닐까 생각할 정도면 그것은 아주 사치스러운 상황이다. 물론 해낼 수 있다. 극한 상활ㅇ이 되면 이보다 훨씬 힘든 부분도 해낼 수 있다는 것을 확실히 알고 있다. 나는 거기까지도 해낸다. 승리는 거기서 결정된다.

63. 하면 된다. 안 되겠다고 생각하는 것은 나의 못한다는 그 생각뿐이다. 강하게 각오를 하면 더 할 수도 있다. 해내는 자가 이긴다. 하면 된다.

64. 진정 의미 있는 승리 치고, 승자가 극한적 최선을 다하지 않고 이루어 낸 승리란 거의 없다. 승리의 영광은 이런 극한적 최선을 다한 자에게 가야 하는 것이다.

65. 훌륭한 선수는 위기가 닥치면 이를 기꺼이 맞이한다. 위기를 자신 있게 맞아들여

이를 이겨냄으로써 자신의 참다운 능력을 느끼기 때문이다.

66. 미리 기가 꺾이면 자기가 가진 실력의 상당 부분이 축소되어 버린다. 지금 스쿼시 시합에서 미리 기죽어 져버리기는 죽기보다 싫다. 상대도 나처럼 힘들 것이다. 의젓하게 행동하자. 내가 의연하면 상대방이 먼저 기가 꺾이는 것을 잘 알고 있다.

67. 나는 최악의 처참한 경우도 경험해 보았다. 이번 스쿼시 시합의 우승을 위해 이정도 고생하는 것은 아무것도 아니다. 최악의 고생했을 때를 다시 생각해 보겠다. 이정도 어려움은 아무 것도 아니다.

68. 경쟁의 진짜 묘미는 경쟁을 준비하는 과정에서 누가 더 어렵고, 지겹고, 하기 싫은 것들을 참아 내며 적극적으로 치밀하게 준비해 내는가에 있다. 이번 스쿼시 시합의 우승은 누가 더 극한적인 어려움을 적극적으로 잘 참아 내느냐에 달려있다. 나는 힘들게 고생하였다(미리 고생해 준비하겠다). 나는 상대보다 조금이라도 더 견뎌 이겨낸다.

69. 시합은 상대방과 나의 의지의 투쟁이다. 중요한 국면에서 패배의 기분을 느끼기 시작하면 승리는 이미 필승의 의지로 버티는 편으로 가 있다.

70. 상대방과 내가 피로에 지쳐 있을 때 특히 의지력이 누가 세느냐가 승리를 결정한다. 내가 패할 것 같다고 느끼고 있을 때 상대방도 마찬가지의 생각을 하고 있는 경우가 많다. 승리는 누가 더 굳세게 참고 이겨내느냐에 달려 있다. 필승의 의지로 버티는 쪽이 이긴다.

71. 스쿼시 시합에서 쌍방의 능력이 비슷하면, 과감성 있게 시합에 임하는 쪽이 공포에 묻혀 있는 쪽보다 승리하는 확률이 훨씬 큼을 확실히 알고 있다.

72. 피땀 흘릴 각오 없이 승리를 얻고자 하는 자는 피땀 흘릴 각오를 한 자에게 반드시 패배하게 된다.

73. 충실한 훈련은 자신감과 인내력을 길러 준다. 선수는 자신이 잘 훈련되지 않았다는 것을 알 때 자신감을 잃게 되며, 특히 스쿼시 시합 중 위기를 맞을 때 그러하다.

74. 전진할 결의를 가진 자가 승리한다. 단지 싸우기 위해 스쿼시 시합장에 그냥 나가는 것이 아니라 노력으로 승리를 쟁취하기위해 시합에 임한다.

3. 스쿼시 경기를 위한 심상훈련

〈 근육 이완 훈련 지시문 〉

편안한 복장으로, 편안한 자세를 취합시다. 자, 눈을 감고 깊이 숨을 쉬어 봅시다. 복식호흡을 하면서 부드럽게 숨을 쉬십시오(약 10초).

이제부터 이완연습을 시작하겠습니다. 오른쪽 주먹을 꼬옥 쥐어서 근육을 긴장시켜봅시다(약 7초 후, 혹은 속으로 일곱까지 수를 센 다음). 자, 오른손의 근육을 편안하게 이완시키시고-근육을 긴장시켰을 때와 풀어주었을 때의 느낌을 비교해보십시오(약 10초 후, 혹은 속으로 열 가지 수를 센 다음). 이번에는 왼손입니다. 왼쪽 주먹을 꼬옥 쥐어서 긴장시켜 봅시다(약 7초 후). 자, 왼손을 편안하게 이완시키시고-왼손근육을 이완시켰을 때와 풀어주었을 때의 느낌이 어떻게 다른지 비교해보십시오(약 10초 후).

이번에는 오른쪽 팔 근육입니다. 팔을 들어 굽히고 팔에 힘을 주어 보세요(약 7초 후). 오른쪽 팔 근육을 편안하게 풀어주세요. 팔을 긴장시켰을 때와 풀어주었을 때의 느낌을 비교해 보십시오(약 10초 후). 같은 방법으로 이번에는 왼쪽 팔 근육을 긴장시켰을 때와 이완시켰을 때의 느낌이 어떻게 다른지 비교해 보십시오(약 10초 후).

이제 오른 발과 다리의 근육을 긴장시킬 차례입니다. 오른쪽 발을 들고 발끝을 쭉 뻗어봅시다. 발과 다리의 근육에 힘이 들어가고 긴장된 것을 느껴야 합니다(약 7초 후). 자, 이제 편안하게 풀어주시고- 긴장되었을 때와 이완되었을 때의 차이를 음미해 보십시오(약 10초 후). 같은 방식으로 왼쪽 발과 다리의 근육을 긴장시켜 봅시다(약 7초 후). 자, 이제 편안하게 이완시키시고-긴장했을 때와 이완했을 때의 차이를 깊이 음미해 보십시오(약 10초 후).

이번에는 약 허벅지 근육을 긴장시켜봅시다. 두 다리를 모아들고 허벅지를 서로 눌러주세요. 근육의 긴장을 느끼세요(약 7초 후). 네, 이제 편안하게 풀어주시고-다리가 긴장되었을 때와 이완되었을 때를 비교해 보십시오(약 10초 후).

자, 이제 아랫배의 근육을 긴장시켜봅시다. 아랫배를 들여보낸 채 가만히 계십시오(약 7초 후). 자, 편안하게 이완해주십시오. 긴장되었을 때와 이완되었을 때를 비교해 보십시오(약 10초 후).

이제 가슴의 근육을 긴장시켜봅시다. 깊이 숨을 들이쉰 다음 멈추십시오(여기서는 7초보다 조금 길어도 좋다). 자, 숨을 내 쉬면서 편안하게 이완시켜 봅시다. 가슴의 근육이 긴장되었을 때와 이완되었을 때의 차이를 음미해봅시다(약 10초 후).

이완이 점점 깊어 갑니다. 자신의 호흡을 관찰 해 보십시오. 아주 규칙적으로 호흡하고 계십니다. 한번 들이 쉴 때 마다 이완이 깊어갑니다. 한 번씩 내실 때마다 편안한 이완의 느낌이 온몸 구석구석 퍼져갑니다.

자 이제는 어깨를 긴장시켜봅시다. 어깨를 귀까지 올려주세요(약 7초 후). 자, 이제 어깨 근육을 편안하게 풀어주십시오. 어깨근육을 긴장시켰을 때와 이완시켰을 때의 차이점을 음미해 보십시오(약 10초 후).

이번에는 입술을 긴장시켜봅시다. 입을 꼭 다물어 주십시오(약 7초 후) 자, 이제는 편안하게 이완해 보십시오. 긴장했을 때와 이완했을 때의 차이를 음미해 보십시오(약 10초 후).

자, 눈의 근육을 긴장시켜 봅시다. 눈을 꼭 감고 계세요(약 7초 후). 자, 편안하게 눈의 근육을 풀어주시고-눈의 근육을 긴장시켰을 때와 이완시켰을 때를 비교해 보십시오(약 10초 후).

이번에는 아래 이마를 긴장시켜봅시다. 양 눈썹을 모으고 미간을 찌푸려주세요(약

7초 후). 자, 이제 편안하게 이마 근육을 풀어주세요. 아래 이마를 긴장시켰을 때와 이완시켰을 때를 비교해 봅시다(약 10초 후).

이번에는 윗 이마를 긴장시켜봅시다. 눈썹을 위쪽으로 해서 이마에 큰 주름을 만들어 보세요(약 7초 후). 자, 이제 편안하게 이마 근육을 풀어보세요. 윗 이마 근육이 긴장되었을 때와 이완되었을 때의 차이를 느껴보십시오(약 10초 후).

더욱 깊은 이완상태로 들어가도록 도와드리겠습니다. 하나부터 다섯까지 세겠습니다. 제가 세는 동안, 점점 더 깊게, 그리고 편안하게 이완되고 풀어져서 아주 고요한 휴식상태로 들어갈 것입니다. 하나(내쉴 때 , 약 5초 후), 둘(약 5초 후), 셋(약 5초 후), 넷(약 5초 후), 다섯. 아주 깊고 고요한 휴식상태입니다.

편안한 이완상태를 유지하면서 이번에는 호흡에 주의를 기울여보십시오. 조용히 복식호흡을 계속하십시오(약 20초 후).

복식호흡을 계속하시면서 한번 상상해 보십시오. 바닷가 모래밭에 따스한 햇살을 받으며 누워 있습니다. 부드럽고 따뜻한 모래가 느껴집니다. 파도 소리가 들립니다. 파도가 밀려왔다가 부서집니다. 파도가 또 와서 부서집니다. 싱그러운 바다내음이 느껴집니다(약 1분후).

자, 이제 깨어날 시간입니다. 다섯에서 하나까지 세겠습니다. 지금부터 점점 정신이 들 것입니다. 둘에 눈을 떠 주세요. 하나를 셀 때는 평소의 각성상태로 돌아갑니다. 다섯(약 2초 후), 넷(약 2초 후), 셋(약 2초 후), 둘(약 2초 후), 하나. 아주 상쾌한 느낌입니다.

부록

1. 스쿼시 에티켓

① 지나친 승부욕을 자제합니다.

② 상대방 볼의 진행방향을 방해하지 않습니다.

③ 상대방의 공격을 방해하지 않습니다.

④ 자기 주위의 떨어진 볼은 주워줍니다.

⑤ 위험한 볼은 치지 않습니다.

⑥ 서비스권자가 점수를 불러줍니다.

⑦ 상대방과 실력 차가 있을시 지도하는 입장에서 게임을 합니다.

⑧ 지정된 복장을 착용합니다.

⑨ 대기자가 많을시 코트를 양보하는 미덕을 보입니다.

⑩ 게임을 즐기되 안전사고 예방을 최우선 합니다.

2. 스쿼시와 라켓볼 비교

	스쿼시	라켓볼
게임종류	단식, 복식, 혼합복식, 단체전	단식, 복식, 3인 경기
점수제	9점, 11점 또는 15점제 랠리 및 서비스 권제	11점, 15점, 21점제
필요한 장비	라켓, 볼, 신발, 경기복	라켓, 볼, 신발, 경기복, 보안경, 장갑, 리스트코트(손목에 감는 줄)
라켓의 길이/무게	68cm/120230g	56cm/150~250g
라켓소재	알루미늄, 보론, 그라파이트, 티타늄	알루미늄, 보론, 그라파이트, 티타늄, 플라스틱
볼	무게: 23.3g 직경 : 3.95m~4.15cm 점의 색깔: 청색(초보자용), 적색(초보자용) 노란색(시합용), 흰색(연습용) 튀는 높이에 따라 점의 색깔이 다름 탄성: 작다	무게: 40g 직경: 5.7cm 색상: 청색, 그린색 탄성: 크다
코트의 평수	19평(가로X세로=6.4mX9.75m)	22평(가로X세로=6.1mX12.2m)
코트 크기/모양		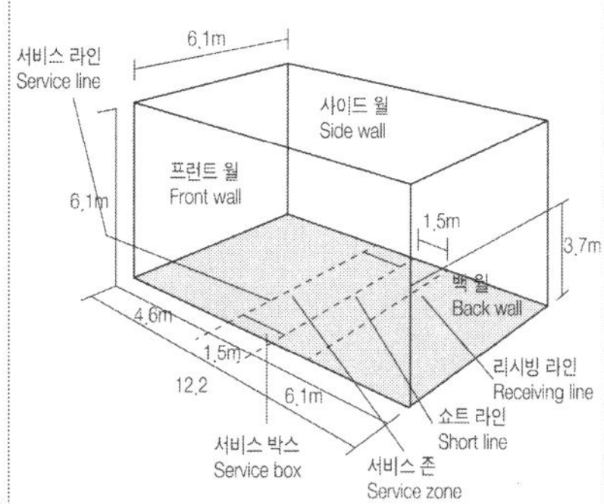
코트의 사용부위	5면을 이용하고 아웃라인이 있으며 천장은 사용할 수 없다.	6면 코트를 사용한다.
성격	다이나믹 하면서도 유연하다.	스피디하며 격렬하다.
전국 코트 수	클럽수 350, 코트수 1026	센터수 87, 코트수 231
전국 동호인 인구수	약 100만명	약 30만명

3. 스쿼시 기술용어해설

- 앵글 샷(angle shot) 옆벽과 앞 벽을 동시에 이용한 샷(공격적인 보스트샷)
- 어필(appeals) 주심원의 판단에 상응하여 랠리 중 볼이 "down", "not up" 또는 "out"이라고 생각하면 랠리가 끝난 다음 주심원이나 상대선수에게 어필할 수 있다.
- 보스트(boast) 옆벽이나 뒷벽을 먼저 맞고 앞벽으로 튀는 각도 샷 크로스
- 크로스코트샷(cross court shot) 앞 벽면을 맞고 반대편으로 가로질러 날아가는 타구
- 커트라인(cut line) 앞 벽 1.8m 높이에 적색으로 그어진 가는 선. 서브는 이선 위를 맞추어야 한다.
- 거짓스윙(disguise) 다른 샷을 시도할 것처럼 상대를 속이는 스윙 동작
- 드라이브(drive) 무릎정도의 높이로 바운드되는 볼을 포핸드나 백핸드 스트로크로 강하게 치는 샷
- 드롭(drop) 앞 벽 틴(tin) 바로 위나 닉(nick)을 겨냥해 세밀한 스핀으로 넣은 공격 샷
- 플릭(flick) 백스윙이나 마무리(follow-through)를 완전하게 하기 보다는 손목을 사용해 볼을 가볍게 쳐서 방향과 속도를 결정하는 샷
- 프로우트(float) 보통 강도로 높이 쳐서 뒤 코트에 떨어지는 볼
- 하프코트라인(half-courtline) 뒷벽 중간지점에서 쇼트라인 중간지점에 적색으로 그어 진 세로선
- 하프발리(half volley) 바닥에서 볼이 튀자마자 치는 샷
- 방해(interference) 선수사이에 사람끼리 혹은 라켓이나 볼로 부딪치는 신체적 접촉
- 랭스(length) 코트 뒤로 깊게 떨어지는 볼
- 킬 샷(kill shot) 강하고 낮게 치는 공격적인 스트로크
- 렛(let) 랠리를 다시 시작해야하는 경우
- 닉(nick) 바닥과 옆벽 면이 만나는 모든 부분(닉을 맞은 볼은 불규칙하게 바운드되기 때문에 받아치기가 어렵다)
- 스트록(stroke) 상대가 스윙범위 안에 있기 때문에 라켓 스윙을 하지 못하는 상황
- 아웃라인(out line) 코트의 상한선을 규정하기 위해 벽 윗쪽 사면에 그어진 적색선.

이선을 맞추거나 넘어간 볼은 “out”이 된다.

- 랠리(rally) 볼을 계속 주고받는 상황
- 리버스 앵글(reverse angle) 반대쪽 옆벽을 먼저 맞추고 반대편 코너로 볼을 떨어뜨리는 샷
- 서비스(service) 랠리의 첫 번째 샷. 한발은 서비스 박스 안에 두고, 앞 벽 커트라인과 아웃라인사이를 이용해 반대쪽 서비스 지역으로 떨어뜨린다.
- 쇼트(short) 앞 벽 가까이서 틴(tin)바로 위를 겨냥해 짧게 밀어치는 샷
- 쇼트라인(short line) 정면 벽에 평행이 되게 코크 바닥에 그어진 빨간 선. 서브된 볼은 이 선 뒤쪽으로 넘어가야 한다. 앞 벽에서 5.44m, 뒷벽에서 4.26m 위치에 있는 적색 가로선
- 스키드보스트(skid boast) 앞 벽 가까운 옆벽 높은 곳을 맞추고, 앞 벽에 튀겨 반대편 뒤 코너 로 떨어뜨리는 샷
- 스트레이트 샷(straigt shot) 직선으로 날아가는 타구
- 슬라이스(slice) 볼 하단부분에 스핀을 주면서 밀어치는 스윙
- 틴(tin) 앞 벽 바닥으로부터 0.48m 높이에 있는 부분(맞으면 소리가 나고 “out” 된다)
- 발리(volley) 볼이 바닥에 닿기 전에 치는 샷
- 로브(lob) 코트 앞쪽에서 상대키를 높게 넘겨 코트 뒤로 떨어뜨리는 샷

4. 최고의 경기력을 위한 영양 공급과 타이밍

선수들이 근력이나 순발력, 혹은 지구력을 향상시키기 위하여 강훈련을 하지만 더 이상 향상을 보이지 않고 정체되어 있는 현상을 보일 때, 다양한 종류의 영양보조 식품을 섭취를 시도해 본다. 그러나 그 결과는 대개 별 효험이 없는 경우가 많다. 사실, 경기에서 승리하기 위한 올바른 영양섭취와 훈련은 대단히 중요한 일이다. 그런데 대부분 양질의 영양소를 충분히 공급하고 훈련시키면 선수들의 체력과 기술이 향상되어 경기에서 승리할 수 있다고 쉽게 믿어왔다.

그러나 최근 이 분야 전문가와 학자들은 과거 이러한 방법으로는 비효율적이라고 한다. 다시 말해, '무엇을 섭취하고 얼마나 섭취하느냐'가 중요한 것이 아니고 '어느 시기에 무엇을 섭취시키느냐'가 더 중요하다고 말한다. 특히, '2005~2006년 전미 대학 미식축구 대회에서 우승(Rose Bowl)'한 텍사스 대학교(Austin) 팀의 훈련과 영양분과 자문위원이고 이 분야의 세계적 권위자인 John Ivy 박사는 선수들의 훈련 및 경기력에 있어서 영양공급의 타이밍이 무엇보다도 중요하다고 강조한다.

즉, 적절한 영양공급 타이밍이 동작의 수행력을 더 향상시키고, 훈련 후 근육을 빠르게 회복 및 강화시키며, 더 효과적으로 근육 발달을 가져온다는 것이다. 이것은 마치 자동차의 기화기(carburetor)와 같아서 충분한 산소와 휘발유의 공급에도 불구하고 기화기가 조절을 잘못하면, 아까운 연료만 손실되고 자동차의 주행은 형편없이 되는 것과 같다.

따라서 Ivy 박사와 트레이닝 전문가들의 이론을 바탕으로 효율적인 훈련을 위한 영양공급과 타이밍을 24시간의 3단계 주기로 나누어 소개하고자 한다. ① 훈련이나 경기 중 효율적인 동작수행을 위한 '에너지 공급 단계', ② 운동 직후 손상된 근육조직의 회복과 근육 에너지원 재충전의 '강화 단계', ③ 강화 단계 이후 근육 조직 발육과 에너지원을 계속적으로 회복시키는 '증대 단계'

1) 에너지 공급 단계

(1) 운동 중 에너지 공급과 타이밍의 4가지 목표는 무엇인가?

훈련이나 경기 중 운동 강도가 증가하면 더 많은 근육의 에너지가 필요하게 된다. 이렇게 증가된 에너지 필요량을 충족시키기 위하여 우리 몸은 복잡한 생리적 대사의 변화를 시작해야한다. 그리고 이러한 대사적 변화를 꾀할 때 종종 근육의 손상과 면역기능이 저하되는 현상도 발생된다. 따라서 근육의 에너지 공급 단계에서 타이밍이 중요한데, 그 목표를 4가지로 요약해 보자.

첫째, 적절한 영양공급 타이밍은 근육의 영양소 공급을 효과적으로 증가시키고, 근육의 주요 에너지원(크레아틴 인산 CP 및 글리코겐)과 근육 구성 물질(단백질)을 비축시키는 목표가 있다. 운동 중에 탄수화물이나 단백질 복합물(음료수 복합물)을 수시로 공급하면 근육의 에너지 보급율이 향상 되어 훈련이나 경기를 보다 오랫동안 효과적으로 수행할 수 있게 된다. 따라서 과거에 운동 중 아무 것도 먹지 않는 훈련방법은 옳지 않다고 볼 수 있다.

둘째, 운동 중 근육의 손상을 최소화하는 목표가 있다. 사실 일부 근육의 손상은 근육이 더 크고 강하게 발달시키는 기여하지만, 지나친 손상은 근육조직의 쇠퇴를 가져와 오히려 근육이 적어지고 약화된다. 따라서 근육이 크게 손상되는 것을 막아 주어야 동작 수행을 원활히 할 수 있게 된다. 또한 운동 중 순간적으로 발생되었다가 사라지는 활성산소를 비타민 C와 E와 같은 항산화제로 신속하게 제거해야 근육이 제 기능을 발휘할 수 있다.

셋째, 질병 및 피로와 관련된 면역기능의 저하를 사전에 막는 역할을 하는 목표가 있다. 일반적으로 보통이하의 운동 강도로 훈련을 하게 되면 면역기능이 향상되지만, 운동선수들과 같이 고강도의 훈련을 지속하게 되면 이러한 면역기능은 스트레스 호르몬인 코티졸의 작용에 의하여 약화된다. 그리고 정상적인 대사작용의 에너지 공급에도 장애를 유발시켜 동작 수행에 방해가 된다. 따라서 적절한 영양공급은 인슐린의 활성화를 유도하면서 코티졸을 억제시켜 피로 및 면역기능에 크게 도움이 된다.

넷째, 영양공급의 타이밍 체계에서 중요한 요인으로써, 훈련 후 빠른 회복기를 갖도록 하는 목표가 있다. 비록 근육의 크기 증가는 근육의 자극, 붕괴, 재결집의 과정을 통하여 이루어지지만, 만약 적절한 시기에 영양공급이 이루어지지 않아 빠른 회복을 이루어지지 않으면 붕괴된 근육이 재결집이나 결합되지 못하고 점차 근육의 질과 양이 약화되는 결과를 초래하여 우리 몸의 근육 강화 및 성장 발달이 감소하게 된다.

(2) 운동 중 주요 영양소와 역할은 무엇인가?

운동 중 효과적인 에너지 공급 영양소는 대표적으로 탄수화물, 단백질(유장 whey), 아미노산(leucine), 포타슘, 나트륨, 마그네슘, 비타민, 물을 들을 수 있다.

첫째, 탄수화물은 고혈당의 탄수화물(꿀과 엿의 당분 높은 탄수화물; 자당 sucrose, 포도당 glucose, 맥아당호정 maltodextrin)이 적당한데, 이들은 순발력과 지구력에 중요한 에너지원이 된다. 보통 설탕과 같은 당분은 나쁜 영양소를 취급하는 경향이 있는

데 이것은 크게 잘못된 것이다. 특히 운동선수들이 운동 중 고혈당의 탄수화물 성분을 충분히 섭취하지 못하면 경기력을 제대로 지속시키지 못한다.

둘째, 단백질(whey)과 아미노산(leucine) 섭취는 운동 중 근육의 쇠퇴를 막아주고 근육의 구성물질인 단백질 재합성에 도움이 된다. 전통적으로 이들 성분 역시 운동선수들이 운동 중에 전혀 섭취하지 않았던 영양소이다. 그러나 많은 임상 실험에서 경기력에 대단히 중요한 성분으로 밝혀져 세계적인 선수들은 운동 중 음료수의 형태로 수시 섭취하고 있다.

셋째, 나트륨(소금), 포타슘, 마그네슘은 운동 중 운동기술과 관련된 근신경계에 중요한 역할을 하고 있는데, 땀을 통하여 배출된다. 따라서 수시로 보충되어야 한다. 그리고 비타민 C와 E는 활성산소에 의하여 근육이 손상되는 것을 막아주는 역할을 하기 때문에 음료수에 포함시켜 운동 중 마셔야 한다.

끝으로, 수분의 섭취인데, 종종 수분의 중요성이 무시되는 경향이 있다. 우리 몸의 근육은 혈액속의 수분을 통하여 각종 영양소와 산소를 공급하여 동작수행을 원활하게 만들기 때문에 대단히 중요하다. 따라서 운동 중 최소한 약 400ml 이상의 수분을 섭취해야 한다.

(3) 언제, 어떻게 영양 공급을 해야 가장 효과적인가?

아직도 순수한 물이나 무기질만 포함된 이온음료가 좋다고 고집하는 선수나 지도자가 있는데, 지금 세계적인 선수들이 훈련이나 경기 중에 섭취하는 음료는 다르다. 그들은 위의 주요 영양소가 골고루 포함된 혼합 음료수를 마신다. 많은 임상 실험에서 고혈당 탄수화물, 단백질, 비타민, 무기질의 혼합 음료수가 대사기능을 향상시켜 에너지를 원활히 공급하여 순발력과 지구력 유지에 도움이 되고, 피로 및 에너지원 회복에 효과적이었다고 보고하고 있다.

(4) 그러면 언제 이 혼합 음료수를 마시는 것이 가장 좋은가?

핵심적인 시기는 운동 15분전부터 운동을 마칠 때까지 섭취해야한다는 것이다. 약 15~20분 정도 간격으로 약 400ml의 혼합 음료수를 조금씩 나누어 운동이 끝날 때까지 모두 섭취해야 한다. 물론 훈련 중 이 혼합 음료수이외에도 강한 훈련으로 갈증이 나면 탈수를 예방하기위하여 일반 음료수를 더 마셔 주어야 한다. 참고적으로, 훈련 직후 10~20분 이내에도 훈련 중에 마셨던 똑같은 성분의 혼합음료수(약 400ml)를 더 섭취해야 빠른 근육 피로회복과 근육조직의 강화를 꾀할 수 있어 훈련의 효과를 극대화할 수 있다. 이것은 빠른 피로회복과 근육강화를 위하여 대단히 중요한 타이밍이다(자세한 배경 설명은 다음 호에서 계속되어짐).

그러면 이들 음료수에 포함된 기본적 영양소 양의 분배 원칙을 보면, 단백질은 6g이 되어야 하는데 일반적으로 단백질 파우더(protein powder) 형태가 이용하기 좋고, 고혈당 탄수화물은 단백질의 약 4배(25g)가 되어야 하며, 꿀, 정제된 설탕류가 해당된다. 그리고 나트륨 100~250mg, 포타슘 60~100mg, 마그네슘 60~120mg, 비타민 C 30~120 mg, 비타민 E 20~60 IU가 필수적으로 포함되어야 한다. 편리상 시중 약국에서 판매하는 비타민/무기질 보충제인 '센트럼(centrum)'을 이용할 때 보통 성인이 섭취해야 할 일일 필요량(1일 1정 기준)이 표시되어 있는데, 운동선수는 성인의 1일 필요량(1정)을 1회의 운동 중에 섭취해줘야 한다. 그리고 운동 직후에도 이상의 비타민 C와 E 량을 똑같이 섭취해줘야 한다.

2) 강화(동화) 단계

강화(동화) 단계는 에너지 공급 타이밍에 있어서 가장 중요한 시기이다. 일반적으로 운동이나 훈련 직후 근육조직은 분해(이화) 단계에 접어든다. 그러나 이때 운동 직후 적절한 자극이 주어진다면 이 근육 조직은 분해 단계에서 강화 단계로 전환될 수 있다. 즉 운동 직후 적절한 영양 공급과 타이밍이 주어진다면, 근육이 분해되어 약화되지 않고 오히려 강하고 커지게 될 수 있다는 것이다. 그러면 운동직후 영양 공급과 타이밍의 주요 5가지 목표, 주요 영양소와 역할, 그리고 언제, 어떻게 공급해야 하는지를 차례로 살펴보자.

(1) 운동 후 영양 공급과 타이밍의 5가지 목표는 무엇인가?

첫째, 운동 직후 영양 공급 타이밍은 근육 조직을 분해 상태에서 강화 상태로 전환시키는 목표가 있다. 일반적으로 인슐린(Insulin)은 단백질 합성 촉진, 아미노산 운반 증대, 단백질 감소 완화, 글루코스 섭취 촉진, 글리코겐 저장 증대, 코티졸 배출 억제, 그리고 근육 혈류 증대를 꾀하면서 강화 과정에서 중요한 역할을 하고 있다. 결국 이러한 인슐린이 많이 분비되면 근육의 강화상태를 쉽게 가져올 수 있다. 그런데 인슐린 분비를 자극하는 가장 효과적인 방법이 탄수화물과 단백질 혼합 영양소를 운동 직후 섭취하는 것이라고 한다. 따라서 근육 강화를 위해서는 운동 직후 이러한 혼합 영영소의 섭취가 필수적이다.

둘째, 운동 직후 영양 공급 타이밍은 증가된 근육 혈류에 의하여 대사 부산물을 신속하게 처리하는 목적이 있다. 근육 기능의 회복에 있어서 영양소와 산소의 섭취도 필요하지만, 신진대사 부산물(예, 젖산)을 빠르게 제거하는 것도 중요하다. 보통 이러한 젖산으로 인하여 크레아틴 인산(CP)의 보충을 지연시키게 되기 때문에 근육 기능 회복이 느려진다. 그런데 인슐린이 혈관을 확장시키는 산화질소(NO) 생성에 중요한 자극제가 되기 때문에, 운동 직후 탄수화물과 단백질 혼합 영양소를 운동 직후 섭취하는 것은 근육 혈류를 증대시켜 부산물을 쉽게 제거하고 근육 기능을 빠르게 회복시킨다.

셋째, 운동 직후 영양 공급 타이밍은 근육의 글리코겐(에너지원)을 더 보충시키는 목표가 있다. 보통 운동 직후 탄수화물을 많이 섭취하면 인슐린을 많이 분비할 수 있어서 근육의 글리코겐을 많이 보충할 수 있다고 알고 있다. 그러나 최근 연구에 서 운동 직후 탄수화물보다는 탄수화물과 단백질 혼합의 영양소를 섭취하는 것이 인슐린 분비하도록 하고, 글리코겐을 보충하며, 나아가서 회복기 이후에 더 오래 동안 운동을 수행하는데 훨씬 더 효율적이라고 한다.

넷째, 운동 직후 영양 공급 타이밍은 손상된 근조직을 회복 및 발달시키는 목표가 있다. 근육의 크기와 힘이 증가하려면 단백질의 합성이 증가하여야 된다고는 생각하지만, 근육의 단백질 감소에 대해서는 무시하는 경향이 있다. 사실 보다 정확히 구분하면, 근육의 단백질 감소된 양보다 합성된 양이 더 커야 근육이 커지고 강해지는 것이다. 역시 최근 연구에서 운동 직후 탄수화물과 단백질(아미노산) 혼합물의 섭취가 각각 탄수화물이나 단백질의 섭취보다 훨씬 손상된 근조직 회복과 근육 크기 및 힘 증대에 효과적이었다고 한다.

끝으로, 운동 직후 영양 공급 타이밍은 근육 손상을 감소시키고, 또한 면역 체계를 보강하는 목표가 있다. 보다 크고 강한 근육을 만들기 위해서는 어쩔 수 없이 힘든 운동과 함께 근육의 손상이 반복적으로 이루어지게 되어 있다. 그러나 지나치게 근육이 손상되는 것은 오히려 글리코겐 저장이나 단백질 합성에 장애가 되고, 근육통을 수반하며, 그리고 근육 기능 회복이 지연되어 역효과를 가져온다. 따라서 근 손상과 면역기능을 예방하기 위하여 운동 직후 탄수화물과 단백질에 비타민 C와 E가 함유된 혼합물을 섭취하는 것이 근육 손상을 감소시키며, 또한 체력 및 건강 상태를 향상시킨다.

(2) 운동 직후 주요 영양소와 역할은 무엇인가?

운동 직후 효과적인 영양소는 대표적으로 탄수화물, 단백질(유장 whey), 아미노산, 포타슘, 나트륨, 마그네슘, 비타민, 물을 들을 수 있다.

첫째, 탄수화물은 고혈당의 탄수화물, 예를 들면, 포도당 glucose(단당류의 천연감미료), 자당 sucrose(엿과 같은 당), 맥아당호정 maltodextrin(녹말성분에서 나오는 당)이 적당한데, 이들은 복합 탄수화물에 비해 훨씬 흡수가 빨라서 근육 강화 작용에 대단히 중요한 에너지원이 된다. 다만 탄수화물 중 과당 fructose(과일에 많은 당)와 유당 lactose(우유에 많은 당)는 인슐린을 자극하는데 크게 도움이 되지 않기 때문에 운동 직후에는 피하는 것이 좋다.

둘째, 단백질(유장 whey)은 9개의 아미노산을 함유하고 있으며, 소화가 잘 되어서 쉽게 혈액을 타고 근육 조직에 전달되는 특징을 가지고 있다. 또한 활성산소의 형성을 최소화하는 역할도 하고 있어서 운동 중과 후에 대단히 유용하다. 아미노산(leucine과 glutamine) 섭취는 운동 후 근육의 구성물질인 단백질 재합성에 도움이 될 뿐만 아니라, 근기능 회복에도 큰 역할을 하고 있다. 또한 glutamine은 glucose로 전환되어 에너지로 쓰이기도 하지만 면역 기능에도 크게 기여한다. 일반적으로 우리 운동선수들이 운동 후에 거의 섭취하지 않았던 영양소인데, 세계적 스포츠 과학자들의 실험 결과 후 일류 선수들이 음료수의 혼합물의 형태로 섭취하여 그 효과를 보고 있다.

셋째, 항산화제인 비타민 C와 E가 포함되어야 한다. 힘든 운동을 하게 되면 활성산소가 발생되어 근육의 단백질 손상과 면역 체계가 약화될 수 있다. 따라서 이들 성분을 음료수 혼합물에 포함시켜 운동 직후에 마셔야 한다.

(3) 언제, 어떻게 영양 공급을 해야 가장 효과적인가?

운동 직후 영양소를 공급할 때 식사를 하든 혹은 음료수 혼합물을 섭취하든 다 좋다. 그러나 운동 직후 대개 배가 고프다는 것을 느끼지 못한다고 마냥 배가 고플 때까지 기다는 것은 영양소 공급 타이밍을 놓치는 중대한 실수이다. 지금까지 실험된 결과를 비추어 볼 때, 음료수 형태의 혼합물이 섭취하기에 편리하고 효과적이다. 앞에서 언급하였듯이 많은 임상 실험에서 고혈당 탄수화물, 단백질, 아미노산, 비타민의 혼합 음료수가 대사기능을 향상시켜 피로 물질 쉽게 제거하고 근육을 크고 강하게 만드는데 효과적이었다고 보고하고 있다.

그러면, 언제 이 혼합 음료수를 마시는 것이 가장 좋은가?

운동 직후 45분 이내에 적절한 영양소 공급이 가장 이상적이고 효과적이라고 Dr. Ivy 등 여러 스포츠 과학자들이 주장하고 있다. 운동 중과 마찬가지로 운동 직후에는 ATP, CP, 근육의 글리코겐이 고갈되고, 분해(이화) 작용을 일으키는 호르몬(cortisol, epinephrine, norepinephrine)과 활성산소가 생성되기 때문에 근육의 크기를 감소 및 손상시킨다. 그리고 각종 피로물질이 발생되어 근기능을 저하시킨다. 이때 분해되는 근육 조직을 강화되는 근육 조직으로 전환시키는 호르몬이 있는데, 그것이 바로 인슐린이다. 따라서 운동 직후 45분 이내에 영양소 공급이 주어진다면 근육 세포들은 이들 인슐린의 강화 작용에 대단히 민감하게 반응하여 단백질 합성과 함께 근육을 크고 강하게 만든다. 또한 혈액의 흐름을 증가시켜 피로물질 및 대사산물을 신속하게 제거하고 영양소를 신속하게 공급하여 근기능 회복에 크게 기여한다. 한편 가장 이상적인 영양소 공급 타이밍 시기는 운동 직후 20분 이내이다.

그러면 체중 75kg인 운동선수 기준으로 이들 음료수에 포함된 기본적 영양소 양의 분배 원칙을 보면, 운동 중의 영양소 양보다 약 2배 정도 많다. 수분은 역시 운동 중과 같이 400ml를 가지고 단백질(유장, whey) 13~15g, leucine 1~2g, glutamine 1~2g이 좋고, 고혈당 탄수화물은 단백질의 약 3~4배(40~50g)가 되어야 한다. 그리고 비타민 C 60~120mg, 비타민 E 80~400IU가 필수적으로 포함되어야 한다. 이해하기 쉽게 시중 약국에서 판매하는 비타민/무기질 보충제인 '센트럼(centrum)'을 이용할 때 보통 성인이 섭취해야할 일일 필요량(1일 1정 기준)이 표시되어 있는데, 운동선수는 성인의 1일 필요량(1정)을 1회의 운동 직후에 섭취해줘야 한다.

3) 증대 단계

영양 공급과 타이밍에서 세 번째 단계는 증대 단계이다. 이 증대 단계는 약 18~20시간에 걸쳐 이루어지며, 대부분의 근육 크기와 힘은 이때 증대되어진다. 사실 이렇게 근육이 증대된다면 운동선수 생활은 참으로 식은 죽 먹기와 같이 쉬울 것이다. 이러한 현상은 에너지 공급과 강화 단계에서 적당한 영양공급과 타이밍이 수반되었을 가능하다.

그러나 만약 그렇지 않다면, 혈중 인슐린(Insulin)의 수준은 낮은 반면에 코티졸(cortisol) 수준은 높아서 근육의 글리코겐은 계속적으로 부족한 상태를 이루고, 근육 단백질의 감소와 손상은 계속 될 것이다. 그리고 활성산소의 영향으로 근육 손상과 면역 체계가 약화될 것이다. 게다가 더 중요한 것은 근육이 인슐린에 민감하게 반응(insulin sensitive)하는 상태 대신에 인슐린에 저항(insulin resistant)하는 상태로 발전되어 근육을 최대로 증대시키는 시기를 지연시키게 된다는 것이다.

일반적으로 근육 세포 조직이 인슐린 저항 상태에 처하면 운동 후 약 2시간 정도 소요하는데, 적절한 영양 공급과 타이밍이 주어지지 않는다면 인슐린 저항 상태는 16시간 이상 계속된다. 결과적으로 근육이 최대로 증대 및 강화되는 시기를 놓치게 된다는 이야기이다.

한편 영양 공급과 타이밍의 증대 단계는 시간의 경과에 따라 2부분으로 구분한다. 즉, 강화 단계 이후 4시간까지를 '빠른 증대 단계'와 운동 직후 5시간 이후부터 다음 운동 전까지를 '지속된 증대 단계'이다. 전자는 근육의 증대와 강화가 대단히 빠르고 크게 이루어지는 반면에, 후자는 비교적 느리고 적게 이루어진다. 그러면 강화 단계 이후 영양 공급과 타이밍의 각 시기별 목표, 주요 영양소와 역할, 그리고 언제, 어떻게 공급해야 하는지를 차례로 학습해보자.

(1) 강화 단계 후 영양 공급과 타이밍의 목표는 무엇인가?

1 빠른 증대 단계

근육의 증대 및 강화 주기는 구분되어 이루어지지만 각각의 단계는 연쇄적으로 다음 단계에 중요한 영향을 주기 때문에 영양 공급의 타이밍은 의미가 있다. 강화 단계에서 적절한 영양 공급이 이어지는 증대 단계에서 효과적으로 근육을 증대 및 강화시킬 수 있다.

첫째, 강화 단계 직후 빠른 증대 단계의 영양 공급 타이밍은 증가된 근육의 인슐린에 대한 민감성을 유지시키는 목표가 있다. 일반적으로 운동 직후 2시간 이내에 근육의 글리코겐 보충과 단백질 합성이 절반 정도 이루어진다고 한다. 이때 탄수화물과 단백질 혼합물이 공급되면 원래의 단백질 합성보다 3배가량 증가되지만, 영양 공급이 지연되면 단백질 합성이 원래의 약 10% 정도에 그친다고 한다. 즉, 회복기 초기에 근육은 인슐린에 대단히 민감한데 적절한 영양 공급과 함께 처음에는 탄수화물에 의하여 민감성이 증가되다가, 근육의 글리코겐 회복이 어느 정도 되면 단백질에 의하여 인슐린의 민감성이 증가되어 근육의 단백질 합성에 효과가 있게 된다. 따라서 근육의 증대 및 강화를 원한다면 회복기 빠른 증대 단계에서 혈중 인슐린 수준과 민감성이 유지되어야 한다.

둘째, 강화 단계 직후 빠른 증대 단계의 영양 공급 타이밍은 근육 단백질의 강화(동화) 상태를 유지시키는 목표가 있다. 운동 후 4시간까지 근육의 강화 상태를 유지시키기 위해서 2시간 이내에 탄수화물과 단백질 혼합물을 섭취하면 혈중 인슐린 수준을 유지하여 최대 6시간까지 글리코겐과 단백질 합성이 이루어진다고 한다. 부가적으로, 운동 후 4시간 이상보다 2시간 이내에 이 혼합물을 섭취하는 것이 근육 크기 증가가 이루어지면서 또한 체지방 감소에 더 효과적이라고 한다(이것은 더 큰 근육이 안정 시 높은 대사율을 유지하고, 나아가서 이것은 체지방율을 낮춘다).

2 지속된 증대 단계

첫째, 강화 단계 직후 지속된 증대 단계의 영양 공급 타이밍은 양적(+) 질소(nitrogen) 균형을 이루고 단백질 합성을 자극하는 목표가 있다. 이것은 우리 몸에서 소비하는 것보다 섭취하는 단백질 양이 많아야 한다는 것이고, 그러므로 해서 근육의 증대가 이루어진다는 것이다. 따라서 운동 직후 5시간 이후부터 다음 운동전까지 하루에 섭취하는 단백질의 양은 체중의 1kg당 1.9g 정도는 섭취되어야 양적(+) 질소 균형 수준을 유지할 수 있다고 한다.

둘째, 강화 단계 직후 지속된 증대 단계의 영양 공급 타이밍은 단백질을 전환하여 근육 증대(발달)를 시키는 목표가 있다. 단백질의 전환은 단백질의 분해 과정과 새로운 단백질 형성의 과정을 모두 포함한다. 이러한 전환이 증가할 때 운동에 의하여 손상된 단백질이 더 많은 섬유질의 강한 근육으로 된다. 비록 이러한 단계가 빠른 증대 단계보다는 적지만, 충분한 영양소가 공급된다면 여전히 많은 양의 단백질 합성이 이루어진다. 특히 지속된 증대 단계에서는 혈중 아미노산의 수준을 유지하는 것이 중요하다. 주된 식사 사이에 간식으로 아미노산 단백질이 많이 함유된 간식을 하게 되면 혈중 아미노산 수준을 증가시키고, 나아가서 이것은 단백질 합성 증가를 가져온다. 그러나 어느 일정 수준 이상에서는 단백질 합성이 증가되지 않기 때문에 간식 없이 주식을 많이 섭취하게 되면 오히려 비효과적이다.

(2) 회복기 주요 영양소와 역할은 무엇인가?

운동 직후 효과적인 영양소는 대표적으로 탄수화물, 단백질(유장 whey), 아미노산, 비타민, 물을 들을 수 있다.

첫째, 탄수화물은 고혈당의 탄수화물, 예를 들면, 포도당(glucose), 자당(sucrose), 맥아당호정(maltodextrin)이 적당한데, 이들은 인슐린을 적정 수준까지 가져가는데 중요한 영양소이지만, 지나치게 섭취하면 지방 축적의 위험이 있다. 따라서 탄수화물의 양을 약간 줄이는 것이 바람직하다.

둘째, 단백질(유장 whey와 건락소 casein)은 장시간에 걸쳐 단백질 합성 유지에 유용하다. 유장이 빠르게 반응하는 효과가 있다면, 건락소는 느리게 반응한다. 아미노산(leucine과 glutamine) 섭취는 회복기 빠른 증대 단계에서 근육의 구성물질인 단백질 재합성에 도움이 될 뿐만 아니라, 면역 기능에도 큰 역할을 하고 있다. 지속된 증대 단계에서는 인슐린 수준이 감소하기 때문에 탄수화물과 단백질(아미노산 포함)의 간식을 적절히 취해야 한다. 그러면 증가된 아미노산의 수준에 의하여 단백질 합성 증가와 근 단백질 약화를 감소시키게 된다.

(3) 언제, 어떻게 영양 공급을 해야 가장 효과적인가?

영양 공급 타이밍 체계의 가장 기본적인 원칙은 신진대사의 민감성이다. 그리하여 특정 영양소의 신진대사 작용은 대개 언제 섭취했느냐에 따라 분명하게 달라진다.

(4) 그러면, 언제 이들 영양소를 섭취하는 것이 가장 좋은가?

회복기 빠른 증대 단계에서는 2시간 이내에 탄수화물과 단백질(아마노산)의 혼합물이나 주된 식사를 섭취하는 것이 가장 좋고, 지속된 증대 단계에서는 운동 후 5시간 이상부터 다음 운동 전까지를 말하는데 똑같은 탄수화물과 단백질(아미노산) 혼합물을 1번 더 취하면 혈중의 인슐린 수준과 근육의 단백질 합성을 효과적으로 유지시킬 수 있다(이것은 정규 식사와 별개로 섭취해야 함).

참고적으로, 손상된 근육의 복구와 증대를 이상적으로 하기 위하여 양적(+) 칼로리 균형을 맞추어야 한다. 근육의 힘을 키우는 것이 목적이라면 소비된 것보다 섭취된 음식이 50~100 칼로리를 초과해야 하고, 근육의 크기를 증가시키는 것이 목적이라면 섭취된 음식이 100~200 칼로리는 초과 되어야 한다(체지방 감소는 소비보다 섭취된 음식을 100~200 칼로리 적게 함).

그러면 체중 75kg인 운동선수 기준으로 이들 혼합 음료수에 포함된 기본적 영양소양의 분배 원칙을 보면, 회복기 빠른 증대 단계에서 수분은 역시 운동 중과 같이 400ml를 가지고 단백질(유장, whey) 14g, leucine 3g, casein 2g, glutamine 1g이 좋고, 고혈당 탄수화물은 단백질의 약 2~4g가 되어야 한다. 또한 회복기 지속된 증대 단계에서 정규 식사시간 이외에(예, 저녁 식사 후 간식으로) 똑같은 혼합물을 섭취한다.

5. 스쿼시 운동과 탈수

스쿼시 경기 시 운동 강도, 대기 온도, 습도, 복장, 신체의 수분 량의 정도에 따라 운동 중의 탈수는 대단히 위험할 수 있다. 비록 몇몇 더위나 열과 관련된 상해가 땀의 과다 배출에 의한 체중감소에 앞서 나타나지만 운동 중 체중감소 정도에 따라 위험의 정도는 각각 다르다.

운동 중의 체중감소는 대부분 많은 땀에 의한 수분의 배출이라고 보면 옳다. 운동을 오래 지속해서 땀의 배출이 많은 상태는 탈수의 초기 단계라고 한다. 따라서 운동 중에는 반드시 갈증이 느껴지기 전에 정기적으로 약 30분에 한 번씩 적당한 수분을 공급하는 것이 바람직하다.

참고로 체중의 감소 정도에 따라 생리적/심리적 증상에 대하여 간단히 정리한다.

체중 감소 %	증상들
0.5 %	갈증
2.0 %	심한 갈증, 미묘한 불쾌감, 식욕 상실
3.0 %	혈액 농축, 입안 건조, 소변량 감소
4.0 %	운동중 과다 에너지 소비, 피부 홍조, 무감각증
5.0 %	집중력 감소
6.0 %	신체내 체온 조절 손상, 불규적으로 증가된 심박수
8.0 %	어지럼증, 운동중 호흡 곤란, 혼절
10.0 %	근육 경련, 평형감 상실, 헛소리 증상
11.0 %	급격한 혈액 순환 부족, 신장(콩팥) 기능 저하

6. 스쿼시 경기 중 근경련(쥐가 났다!)

스쿼시경기 중 흔히 경험하는 쥐(근경)는 수분의 결핍과 전해질의 불균형에 의하여 근육이 과다하게 수축되어 뭉치는 현상이다. 또한 근육을 강하게 수축할 때 척수의 운동신경이 비정상적으로 조절될 때 일어난다.

따라서 이러한 경련을 예방하기 위하여 소금과 칼륨이 충분한 수분을 섭취해야하고, 운동전에 충분히 스트레칭을 해 주어야 한다.

한편 근경련이 일단 발생하게 되면, 첫째, 수동적인 스트레칭을 서서히 실행해서 경련난 근육에 자극 주는 것을 중단하도록 하는 신경자극을 시작하게 스트레칭을 하여 근육의 감각수용기가 느끼도록 한다.

둘째, 운동 중 탈수가 되지 않도록 하고, 전해질의 불균형이 일어나지 않도록 한다. 보통 스포츠 음료수는 적당한 포도당과 전해질이 함유되어 있어 좋다. 그렇다고 지나친 소금의 섭취는 오히려 해롭다.

비록 운동 중에 근경련을 예방하기가 어렵다고는 하지만 정기적인 스트레칭, 근육의 균형발달과 올바른 자세, 그리고 적절한 훈련은 근경련 예방에 대단히 효과적이다.

7. 스쿼시 경기 후 올바른 피로회복과 재방방법

1) 글리코겐 수준 보충하기

말할 것도 없이 저장과정의 주요 영양적 목적이 있다. 글리코겐을 일정수준으로 저장하지 못하면 훈련이나 경기를 하는데 심각한 문제를 만들게 된다. 회복의 목적은 운동전의 수준으로 글리코겐을 회복시키는 것이다. 효율적이 되기 위해서는 탄수화물이 운동 후 약 1시간 이내에 보충되어야 한다. 부족한 글리코겐은 피로, 어지러움, 가벼운 두통, 불면, 근육통을 일으키게 된다. 글리코겐 재충전은 운동 후 약 1시간까지는 체중 1kg당 탄수화물 1g이 보충되어야 한다. 그리고 운동 후 4시간까지는 체중 1kg당 탄수화물 1.2g을 20~30분 간격으로 섭취한다.

2) 근육 상실을 최소화하기

근육상실은 누적되는 과정이다. 단 한 번의 훈련으로 근육상실이 일어나지는 않지만, 여러 번의 힘든 훈련 스트레스, 힘든 장거리 달리기, 혹은 힘든 중량들기와 같은 운동은 근육조직을 약하게 하여 분해하는 이화작용이 생길 수 있다. 이를 회복하기 위하여 신체는 손상된 조직이 동화작용으로 복구되어야 한다. 이화작용으로 근육의 상실을 최소화하기 위한 방법은 탄수화물과 단백질을 섭취하는 것이다. 단백질과 탄수화물의 비율은 1:4 정도가 이상적이고, 운동 후에 근육의 합성(동화작용)에 크게 도움이 된다고 한다.

3) 고갈된 전해질 보충하기

고갈된 전해질은 운동중이나 운동 간에 계속적으로 보충해야 한다. 선수는 이 기간 중에 지속적으로 보충하는 전략을 가져야 한다. 전해질의 보충은 대단히 중요한데, 예를 들어 소금은 스펀지같이 신체의 액체를 유지시키는 역할을 한다. 만약 많은 양의 순수한 물만 섭취하게 되면 많은 수분이 혈중의 소금의 농도와 다른 용해물을 희박하게 하기 때문에 우리의 신체는 지나치게 많은 수분을 가지고 있다고 생각한다. 그 결과 갈증은 없어지고, 콩팥이 소변의 배출량을 증대시킨다. 땀을 통하여 소금 성분이 배출되면 이와 같은 문제가 발생되어 탈수현상을 증가시킨다. 스포츠 활동 중의 필수적 전해질은 소금, 마그네슘, 칼륨, 염소, 칼슘이 있는데, 이들은 열사병, 메스꺼움, 혼미, 두통, 불면, 운동 후 과다 피로, 근육통, 위장장애를 일으킨다. 선수는 콜라, 커피, 차, 술을 피해야 하는데, 그 이유는 이들이 이뇨작용을 촉진하고 수분을 보충하는데 지연효과를 가진다.

4) 물 공급과 물 재공급하기

물의 공급은 가장 쉬운 회복 방법 중의 하나인데도 선수가 스트레스를 받기 전까지 잊어버리고 소홀히 한다. 선수가 훈련할 때는 어떠한 날씨나 환경에서든 간에 중요한 요인이다. 물의 공급은 혈액의 량을 안정적으로 유지시켜주고, 근육의 경련을 예방한다. 수분의 재공급에 대한 지침사항은 다음과 같다. 선수는 땀의 양을 예측하기 위하여 훈련전과 후의 체중을 측정한다. 체중의 1kg씩 감소할 때마다 1리터의 땀의 손실을 추정할 수 있다. 훈련 후에 물의 재공급량은 땀의 손실 양에 대하여 1.5배로 해서 마신다. 물의 보통 상업용인 스포츠 음료수로서 탄수화물과 전해질이 함유되고 흡수가 빠른 것이 좋다.

5) 활성산소의 효과를 상쇄하기

활성산소는 오염물질, 화학물질, 중독성 음식, 자외선, 스트레스, 지나친 에너지 연소에 의하여 만들어진다. 높은 심폐기능을 요구하는 스포츠의 선수는 특히 활성산소의 생성을 인지하고 있어야 한다. 활성산소는 건강한 세포를 죽이기도 하고, DNA 유전자를 변형시키기도 한다. 이렇게 죽게 되는 세포들 때문에 건강의 문제가 야기되기도 한다. 한편 이러한 활성산소의 생성은 항산화제(비타민 E, C, 베타-카로틴, 무기질 셀레니늄, 아연)의 섭취로 상쇄될 수 있다.

6) 염증 감소시키기

훈련의 스트레스는 미세한 근조직의 손상과 붓기를 초래한다. 염증은 치료하고 손상된 조직으로 혈류량을 증대시키기 위한 자연적인 신체의 보호기전이다. 신체의 자연적 염증반응 발생과 붓기를 최소화하는 것 사이의 균형은 대단히 중요하다. 염증 감소와 혈류증가를 시키는 가장 좋은 방법은 운동을 중단하고 해당부위에 얼음을 대고 부드러운 동작을 반복하는 것이 있다.

7) 근육통 감소시키기

근육통은 훈련의 자연적인 결과이다. 운동 후에 근육통이 발생되는 것은 잘 알려진 현상이다. 보통 이러한 근육통은 2~3일 운동 후에 더 통증이 있는데, 이러한 통증을 조절하기 위한 단계는 체계적인 정리운동이 효과적이다. 즉, 정리 운동 시 해당된 부위의 근육에 부드러운 율동적 동작과 정적 스트레칭을 통하여 혈액의 흐름을 증가시키는 것이다. 수영장에서 부드러운 운동은 대단히 효과적이다. 운동 후의 마사지 또한 근육 내의 혈액 흐름을 증가시켜서 좋지만, 매번 운동 후에 하는 것은 바람직하지 않다. 다른 방법은 약 40도C에서 3분 동안 온탕을 하고 샤워 후 다시 10~15도 C에서 냉탕을 30~60초정도 하는 것이 좋다. 온탕은 5분이상하는 것은 좋지 않으며, 건강하고 피부외상이 없는 선수가 하는 것이 좋다.

8) 면역체계 향상시키기

체계적인 고강도 훈련은 심각하게 면역체계를 손상시킬 수 있다. 생활방식을 조절하고 적절한 영양관리가 절대적이다. 비타민 C 보충제는 면역기능을 향상시키는데 도움이 된다.

9) 적절한 수면 취하기

수면은 하루에 8시간정도 지속적으로 이루어져야 한다. 만약 시차가 바뀌는 지역을 여행할 때는 휴식을 취하고 훈련시간사이에 충분한 시간을 가진다. 만약 8시간미만의 수면을 취하게 되면 수면부족 현상이 발생된다. 그러면 당일 날 수면을 좀 일찍 취하는 것이 좋고, 가능하면 30~60분의 낮잠도 도움이 된다. 그러나 지나치게 장시간의 낮잠은 오히려 생물학적 리듬을 깨뜨려서 해가 된다.

8. 스쿼시운동과 활성산소

인간은 신체적, 정신적으로 건강을 향상 혹은 유지시켜주는 최선책으로 운동을 강조하여 왔다. 사실 운동이 인간에게 있어 성인병을 예방하고 건강한 삶을 유지시켜 준다는 사실에는 의심의 여지가 없다. 그러나 환경오염, 음주 및 흡연, 자외선, 등과 같이 지나친 운동도 과도한 산소섭취와 함께 인체에 유해하다는 이론이 주장되면서, 사람들의 많은 관심과 우려를 불러일으키고 있다.

실제로 과도한 스쿼시 운동을 하게 되면 산소가 지나치게 섭취되고, 이로 인하여 인체 내에서 에너지 대사에 사용될 산소와 균형이 깨어져 불안정한 화학구조를 가진 활성산소를 생성한다. 일반적으로 적당한 양의 산소는 식균 작용을 하여 인체를 보호하지만, 필요 이상의 산소는 DNA구조, 세포막, 기관 등을 파괴하여 많은 면역성 약화와 질병의 원인이 되어 조기 노화현상과 사망으로 발전하게 된다.

그러나 체계적으로 체력과 건강을 관리한 사람들은 인체 내에는 활성산소에 대응하는 항산화 효소라는 방어체제가 잘 발달되어 있다. 인체에서 생성되는 SOD, CAT, GPX 등과 같은 항산화 효소는 환경오염, 음주 및 흡연, 자외선, 힘든 운동이나 노동 등에서 생성되는 많은 양의 활성산소를 물이나 완전한 산소로 반응시켜 인체의 해를 없애도록 한다. 따라서 설령 건강한 사람들이 일시적으로 과도한 산소를 섭취하는 환경(예, 지나친 운동)에 노출되어도 항산화 효소의 덕택으로 쉽게 정상 회복될 수 있다는 이야기이다. 그 외에 음식이나 기타 영양보조제를 통하여 섭취하는 항산화제인 비타민 C, E, 그리고 베타-카로틴은 적은 양이긴 하지만 활성산소의 해독제 역할을 한다.

그러면 구체적으로 어느 정도의 세기(강도)로 운동을 하면 활성산소가 발생될까? 그리고 어떤 강도에서 운동을 하면 활성산소를 제거하는 항산화 효소의 생성이 이루어질까?

성별, 연령, 체력상태에 따라 다소 차이가 있지만 상대적인 강도로 최대 운동 능력(강도)의 약 85% 이상이면 활성산소가 발생된다고 하고, 항산화 효소는 최대 운동 능력의 약 70~75%부터 생성된다고 대부분 스포츠 과학자들은 주장한다. 따라서 일반적으로 운동을 할 때는 최대운동 능력의 약 85%이 되지 않고 항산화 효소의 생성이 용이

한 70% 수준에서 약 50~60분 정도 운동을 하는 것이 좋다.

결국 적당한 운동 강도와 시간으로 운동을 하면 활성산소를 억제하고 항산화 방어체계를 발달시켜서 각종 성인병 예방, 심리적 안정, 체력 및 건강의 향상에 효과적이다.

9. 스쿼시 예상문제

1. 스쿼시 기본 기술 6가지는 무엇입니까?

   드라이브, 발리, 보스트, 로브, 드롭, 서브

2. 보스트의 종류에 대해 설명하시오.

   쓰리 월 보스트, 투 월 보스트, 스키드 보스트, 리버스 보스트, 백 월 보스트, 트리클 보스트

3. 로브에 대하여 설명하시오.

   앞 벽 최상단을 맞추어서 상대의 키를 넘겨 코트 뒤쪽 구석으로 볼을 떨어뜨리는 기술

4. 드롭에 대하여 설명하시오.

   앞 벽 틴 보드 바로 위를 겨냥해 세밀하게 스핀을 넣는 기술

5. 보스트에 대하여 설명하시오.

   볼을 뒷벽이나 옆벽을 맞추어서 앞 벽으로 보내는 기술

6. 발리에 대하여 설명하시오.

   볼이 바닥에 닿기 전에 공격하는 기술

7. 앞 벽에 그어져 있는 라인에 대해 높이와 명칭에 대해 설명하시오.
 프런트 월 라인 4.57m, 서비스 라인 1.83m, 틴 0.48m

8. 현재 우리나라 공인대회에서 사용되는 득점 방법에서 점수가 10:10인 상황에 대해 설명하시오.
 타이브레이크 시스템이며 점수의 차이가 2점이 날 때 까지 경기를 지속한다.

9. 스쿼시 볼의 종류 즉, 탄도를 나타내는 색깔을 탄도가 높은 순으로 설명하시오.
 파란색, 빨간색, 하얀색, 노란색

10. 스쿼시 전술게임 중 코트 분할 전술게임 3가지 이상 설명하시오.
 오른쪽 서비스 코트게임, 왼쪽 서비스 코트게임, 뒷 코트 게임, 앞 코트게임, 4/3 게임, 사이드게임, 대각선게임 등

11. 스쿼시 경기 시 필요한 운동체력요소에 대해 설명하시오.
 근력, 지구력, 순발력, 민첩성, 평형성 등 종합적으로 필요한 전신운동

12. 스쿼시 경기 중 코트 내 행위규정으로 패널티의 4단계를 설명하시오.
 컨덕트 워닝(Conduct Warning) - 컨덕트 스트록(Conduct Stroke) - 컨덕트 게임(Conduct Game) - 컨덕트 매치(Conduct Match)

13. 공식대회에서 보안경을 의무적으로 착용해야하는 규정이 있는 데 적용되는 대상에 대해 설명하시오.
 복식경기 선수, 만 18세미만 선수 의무 착용

14. 풋폴트(Foot Fault)란 무엇인가에 대해 설명하시오.
 서비스 시 한쪽발이 서비스박스에서 나와 있고 다른 한발이 서비스박스 라인을 밟았을 때 또는 두발이 모두 서비스 박스 밖으로 나왔을 때

15. 우세한 경기를 상대의 방해로 중단했을 경우, 상대선수가 볼 진행 방향에 서있는 경우, 볼의 진행방향과 관계없이 고의성 있게 상대를 볼이나 라켓으로 맞춘 경우 등 을“ (1)스트록 ”라고 하며 안전한 랠리를 위해 상대에게 위협이 되거나 어쩔 수 없이 방해를 하게 된 경우 “ 렛(2)”이 선언되며, 랠리는 다시 진행된다. 선수는 스트로크를 방해받는 어떤 경우에도 경기를 멈추고“ 렛(3)”을 요구할 수 있다. 그러나 경기를 계속하려는 시도를 한다면 인정되지 않는다. 또한 상대방의 부상이 우려되는 경우, 리시버가 준비되지 않은 상태에서 서브를 한 경우, 볼이 경기 중에 파손된 경우“ 렛(4)” 이 선언된다. 이러한 결정은 절대적으로 심판의 판단에 의해 이루어진다. 그러나 주심이 없는 경기에서는 두 선수가 합의해야 한다.

16. 스쿼시 코트 규격과 명칭에 대해 설명하시오.

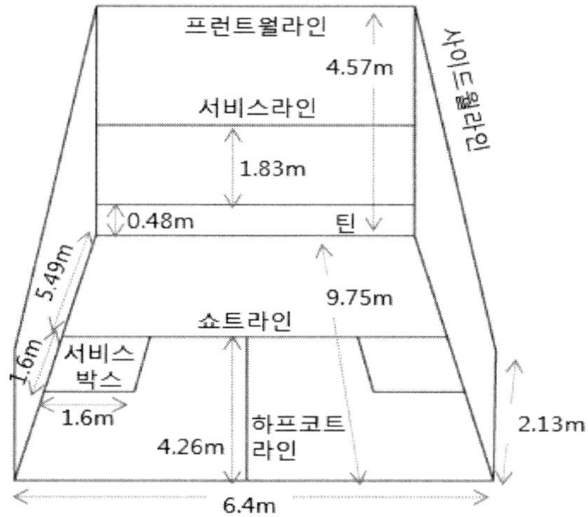

17. 스쿼시 용어 중 ‘플릭(flick)’ 에 대해 설명하시오.
    백스윙이나 마무리(follow-through)를 완전하게 하기 보다는 손목을 사용해 볼을 가볍게 쳐서 방향과 속도를 결정하는 샷

18. 스쿼시 용어 중 '닉(nick)' 에 대해 설명하시오.

바닥과 옆벽 면이 만나는 모든 부분(닉nick을 맞은 볼은 불규칙하게 바운드되기 때문에 받아치기가 어렵다.)

19. 스쿼시 자세 단점 보완순서를 설명하시오.

① Grip (그립) - 그립은 볼을 치려는 시도를 하기 전에 반드시 고려되어야 한다. 올바른 그립은 모든 스트로크에 필수적이고 타구의 성공에 중요하다. 코치는 전반적인 진행의 첫 단계에 이를 고려할 것을 기억해야 한다. 포핸드와 백핸드 모두에서 한 가지 그립을 강조하라.

② Eye on the ball (볼에 대한 시선) - 학생이 라켓 면으로 볼을 칠 때를 포함해서 볼에 항상 시선을 고정하도록 하라.

③ Movement (이동) - 학생이 올바르게 움직이고 돌아왔는가? (해당될 경우 "S" 이동을 사용하라)

④ Footwork (발 동작) - 앞선 발은 올바른가?

⑤ Balance (균형) - 올바른 체중 이동을 확인한다.

⑥ Racket head control (라켓 헤드 제어) - 최대 라켓 헤드를 제어하기 위해 손목이 고정되어 있는지 확인한다.

⑦ Swing (스윙) - 백 스윙, 타격점 (볼을 치는 위치) 및 볼을 치고 난 뒤의 마무리 동작을 확인한다.

20. 스트레칭은 왜 하는가?

부상의 위험을 줄이기 위해

반대 근육군의 충분한 발달을 가능케 한다.

이동성을 높이고 나이가 듦에 따른 이동성 부족 문제를 줄인다.

이완을 개선시키고 스트레스를 줄인다.

자세 개선을 가져온다.

이완된 근육을 통해 자유로운 혈류를 허용함으로써 혈액 순환을 개선한다.

참고문헌

김두한 · 윤태훈(2011). 『스쿼시』. 태근문화사.
김원관 · 최인수. 『스쿼시 트레이닝론』. 대한스쿼시연맹.
김원관 · 최인수 · 윤태훈(2000). 『스쿼시론』. 도서출판 숲속의 꿈.
김원관(2003). 『이것이 스쿼시다』. SPORTS KOREA. p. 347, pp. 14-17.
다마오키 히로오(1995). 『스쿼시 교실(최신)』. 국일미디어.
대한스쿼시연맹(www.koreasquash.or.kr, 2010)
대구스쿼시연맹(www.daegusquash.or.kr, 2010)
윤태훈 · 최영철(2006). 『스쿼시』. 도서출판 숲속의 꿈.
생활체육지도자연수원(2010). 『3급 생활체육지도자연수교재』. p. 210-214.
자한기르 칸(1997). 『주말에 배우는 스쿼시』. 하서출판사.
ANDREW SHELLEY. *Squash RULES*. The Crowood Press.
Austin · M. F(1995). *Smart Squash: How to win at Soft Ball*. The Lyons Press.
Carolyn · B. M(1997). *Squash*. Stackpole Books.
Crawford W. Lindesy · Jr(1996). *The book of squash(A Total Aproach to the Game)* Taylor publishing Dallas. Texas.
David Pearson. *Squash(Skills of the game)*. The Crowood Press.
David · C(1990). *Get ready for squash: A complete training program*. The Crowood Press.
Eric Sommers. *SQUASH*. The Crowood Press.
Ian McKenzie. *THE SQUASH WORKSHOP*. The Crowood Press.
James Zug. *Squash(a history of the game)*. A WARD LOCK BOOK.
Philip Yarrow. *SQUASH: Steps to Success*. 대한미디어.
Abernethy · B(1990). *Anticipation in squash: Journal of Sport Sciences*. London, England, 8(1), Spring (17-34).
Flynn · R(1992). *One, two, three&four man squash routines*.
Larmer · Alistair Perry and Troy Jones. *Roger Flynn Squash Coaching*. Victoria, Australia.
Ian · R(1993). *Skilful Squash*. A&C Black.
Jahahgir · K(1993). *Learn Squash and Racquet ball in a weekend*. knopf.
Philip · Y(1997). *Squash: steps to success*. Human Kinetecs Pub.
Pippa · S(1996). *Improve your Squash game*. Ixia Publications.
Singer · R.N. Learning Motor Skills(Macmillan, 1984)Wilkinson(1989). *How to win at squash*. British library ataloguing in Publication Data.